Paris
1743

Pellisson, d'Olivet

Histoire de l'Académie françoise

Troisième édition, revue et augmentée

Tome 2

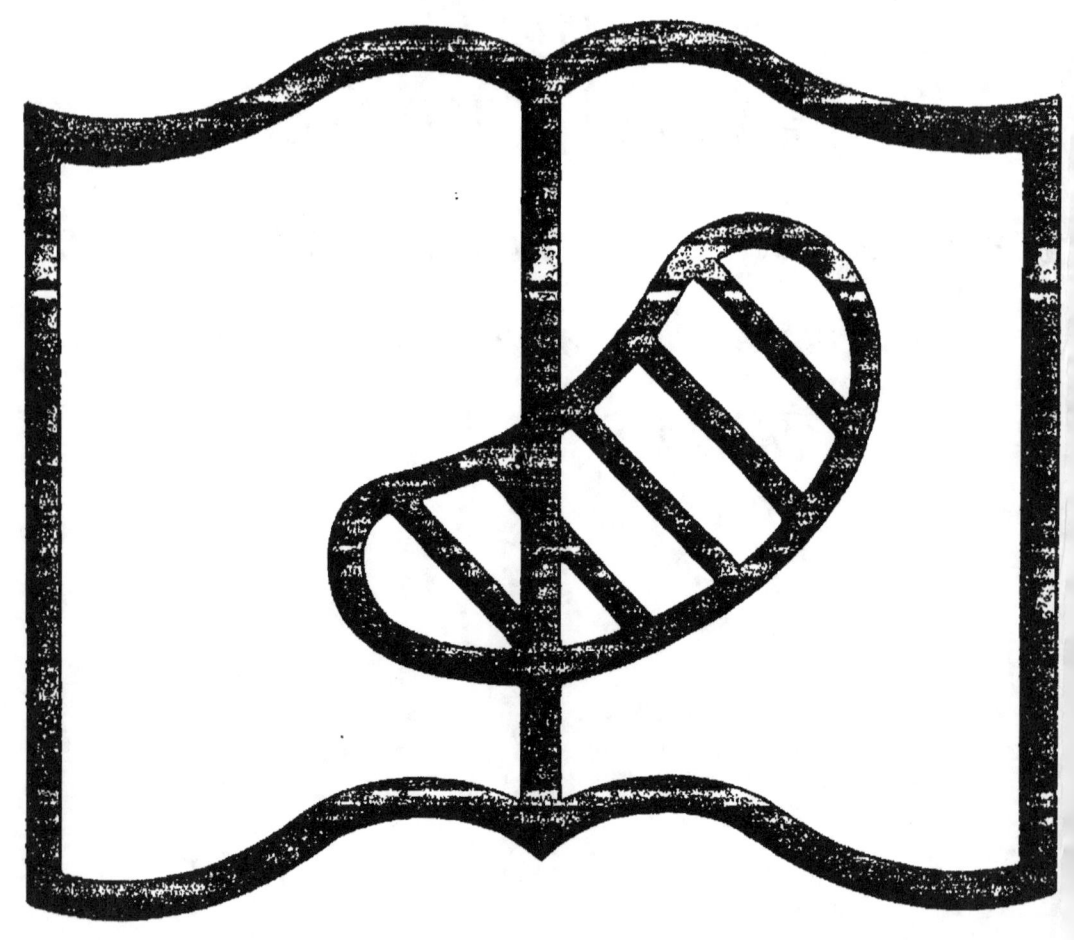

Symbole applicable
pour tout, ou partie
des documents microfilmés

Original illisible

NF Z 43-120-10

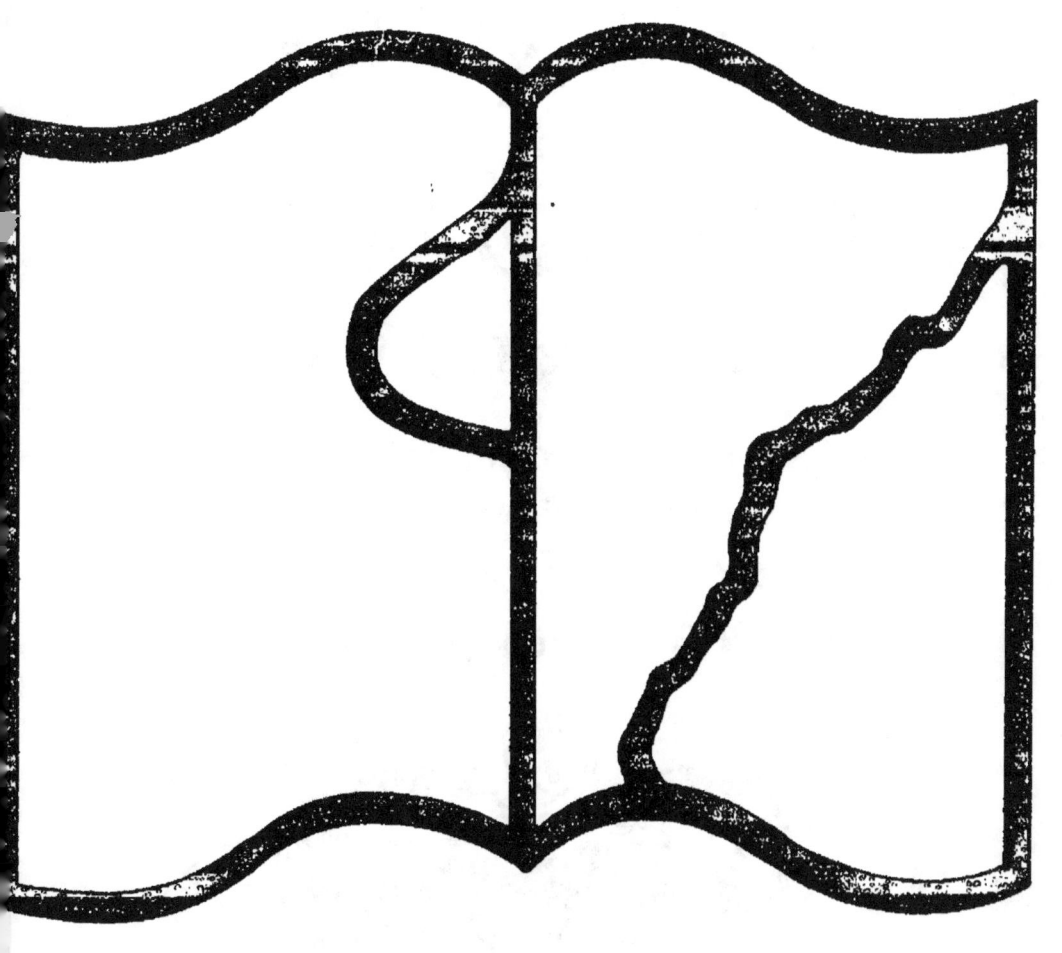

Symbole applicable
pour tout, ou partie
des documents microfilmés

Texte détérioré — reliure défectueuse
NF Z 43-120-11

HISTOIRE
DE
L'ACADÉMIE
FRANÇOISE,

Par Messieurs Pellisson, & d'Olivet,
de la même Académie.

TOME SECOND.
Troisième édition, revûe, & augmentée.

A PARIS,
Chez J. B. Coignard, Imprimeur du Roi,
& de l'Académie Françoise.

M. DCCXLIII.

AU ROI,
PROTECTEUR
DE
L'ACADÉMIE
FRANÇOISE.

IRE,

Jamais les Lettres ne fleurirent en France, que sous le règne de nos plus grands

Rois; & c'est sous le plus grand de nos Rois, c'est sous votre auguste Prédécesseur, qu'enfin elles y sont parvenues à un point de perfection, jusqu'alors inconnu depuis l'origine de la Monarchie. Quel attrait pour tous ceux qui les cultivent, de retrouver dans VOTRE MAJESTÉ les mêmes dispositions à leur être favorable! Mais en particulier, quelle gloire pour l'Académie Françoise, qu'à l'exemple de Louis le Grand, vous ayez daigné, SIRE, vous en déclarer le Protecteur, & permettre qu'à la tête de cette Compagnie, parût le premier nom de l'Univers! Vous avez même porté vos attentions & vos bontez pour elle, jusqu'à honorer de votre présence une de ses assemblées. Oui nous avons vû ce jeune Héros, de qui l'Europe attend sa félicité, nous l'avons vû présider à nos exercices, animer nos travaux; se faire instruire de nos loix; & par une grace si marquée, témoigner qu'il regarde comme un objet digne d'entrer dans les

EPITRE.

vûes d'un sage gouvernement, les progrès d'une Société destinée à nourrir le goût des beaux arts. Aussi s'est-elle montrée à vous, SIRE, par des endroits bien capables de lui attirer votre estime. Plusieurs de ses membres, illustres par leur rang, plus illustres encore par leur mérite, vous la rendent précieuse. Parlerai-je du grand Cardinal, à qui la France doit son bonheur, puisque VOTRE MAJESTÉ lui doit son éducation ? Qu'il nous est doux de le posséder, & de savoir que par un si digne interprète les mouvemens de nos cœurs sont portez aux pieds du Thrône. Il sait, & sans doute il vous l'a dit souvent, que vos vertus, SIRE, sont notre étude ; vos prospéritez, notre passion ; vos louanges, le but de nos veilles. Parmi nous l'inégalité des fortunes est comptée pour rien : celle des talens même n'inspire point de jalousie : ce qui nous rend égaux, c'est un zéle, c'est une ardeur unanime & sans bornes pour la gloire de notre

EPITRE.

Protecteur. Uniquement occupez de lui, nous l'admirons, nous le révérons, nous l'aimons. Tels sont les sentimens, dont nous sommes tous pénétrez, & avec lesquels je serai toute ma vie,

SIRE,

De votre Majesté,

Le très-fidelle sujet, & serviteur, OLIVET.

1729.

HISTOIRE
DE
L'ACADÉMIE
FRANÇOISE,
Depuis 1652 jusqu'à 1700.

Par M. l'Abbé D'OLIVET.

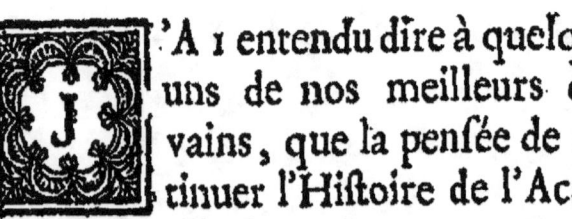'A1 entendu dire à quelques-uns de nos meilleurs écrivains, que la pensée de continuer l'Histoire de l'Académie Françoise leur étant venue plus d'une fois, deux raisons les en avoient toujours détournez : l'une tirée du sujet même ; l'autre, fondée sur ce qu'il

A iiij

n'étoit guère possible d'égaler M. Pellisson, le premier Historien de cette Académie.

Pour ce qui est d'abord du sujet, on a bien pû le trouver ingrat, & difficile à remplir, parce qu'en effet il ne reste là-dessus que peu de mémoires. Ce peu étoit même si dispersé, que la peine de le rassembler l'emportoit visiblement sur la gloire de le mettre en œuvre. Mais enfin, parce qu'aujourd'hui la matière n'est pas aussi riche qu'on le souhaiteroit, falloit-il donc n'y pas toucher ? Falloit-il, parce qu'on a déjà trop différé à l'employer, différer encore plus long-temps, & se mettre pour jamais hors d'état d'y revenir ? Au contraire, plus la stérilité du sujet augmente de jour en jour, par le peu de soin qu'on a pris de conserver des mémoires exacts, plus il faut se presser de sauver au moins les principaux faits, dont il reste encore des vestiges.

Quant à l'autre difficulté, fondée sur le mérite supérieur de M. Pellisson, j'étois véritablement celui qu'elle devoit le plus frapper. Mais elle ne m'a pas fait oublier cette ancienne maxime : *Que l'Histoire, de quelque manière qu'elle soit écrite, a le privilége de se faire lire.* Approuverions-nous que ceux qui ont écrit ce qui s'est passé sous les Césars, nous eussent refusé cette suite de l'Histoire Romaine, sous prétexte qu'il n'étoit pas aisé de trouver à Tite-Live un continuateur digne de lui? Trop de timidité, en pareil cas, viendroit pluftôt d'une ridicule vanité, que d'une sage & louable modestie.

Pour moi, persuadé qu'un Auteur ne doit que médiocrement consulter ses propres intérêts, lors qu'il a lieu de se flatter que le fond de son ouvrage, indépendamment de la forme, peut tourner à la gloire de sa nation, & au profit des Lettres; je me suis volontiers porté à recueillir ce qui regarde une Compagnie, à laquelle on doit presque toute la perfection, où la Poësie & l'Eloquence sont arrivées sous le règne de Louis le Grand.

Que savons-nous après tout, quelle sera en France la fortune des Lettres? On ne sauroit prévoir tous les accidens qui peuvent un jour la menacer. Au moins est-il certain que l'un des plus dangereux seroit le manque de protection. Or, si jamais telle étoit la destinée de nos neveux, par où la combattroient-ils plus avantageusement que par l'exemple du plus grand de nos Rois? On verra bien par ses Médailles, qu'à tous ses autres titres il ajoûta celui de Protecteur de l'Académie Françoise: mais ses Historiens, entraînez sans cesse par une foule d'événemens plus éclattans, négligeront vrai-semblablement d'écrire tout ce qu'il crut devoir faire en cette qualité. Attachons-nous donc à en donner ici un détail, qui ne se trouvera point ailleurs, qui fera honneur à sa mémoire, & qui servira peut-être à exciter, jusques dans ses derniers successeurs, le même zèle pour l'avancement des Lettres.

Voilà le but de mon ouvrage, & par quels motifs je l'ai tenté.

Je m'y renferme entre 1652, qui est l'année où M. Pellisson finit, & 1700.

Je n'y chercherai point d'autre méthode que celle qui se présente naturellement, de commencer par l'Histoire générale de l'Académie, & de passer ensuite à l'Histoire particulière des Académiciens.

PREMIERE PARTIE.

Touchant l'Académie en corps, on ne peut avoir que deux questions à proposer.

I. *Que lui est-il arrivé de mémorable, & qui ait contribué à maintenir, ou à illustrer cet établissement ?*

II. *Quelles ont été ses entreprises, ses occupations ?*

Pour ne rien confondre, je ferai mieux de traiter séparément ces deux articles, que de suivre toujours l'ordre des temps, qui eût souvent troublé l'ordre des matières.

I.

Quand on écrit l'origine d'une nation, ou d'une monarchie, on fait valoir jusqu'aux moindres événemens, qui paroissent des pronostics de sa grandeur future. Tel a été l'usage des anciens Historiens ; & c'est, sans doute, pour s'y conformer, que M. Pellisson rapporte, comme une chose très-glorieuse pour l'Académie, la visite qu'en 1652 elle reçut du Baron Spar, grand Seigneur de Suède. Mais l'estime qu'elle s'étoit acquise dès-lors dans les pays étrangers, ne tarda pas à lui attirer une autre visite infiniment plus honorable. Je parle de celle que lui rendit la Reine de Suède elle-même, cette fameuse Christine, qui se plaisoit si fort au commerce des Savans, & qui, presque à la fleur de l'âge, préféra un loisir philosophique aux embarras de la Royauté.

Avant que de quitter la Couronne, elle avoit envoyé son Portrait à l'Académie. On eut l'honneur de l'en remercier ; & voici sa réponse, dont l'original est heureusement venu jusqu'à nous.

MESSIEURS, Comme j'ai sçû que vous desiriez mon Portrait, j'ai commandé qu'on vous le donnât ; & ce présent est doublement reconnu, & par la manière dont vous l'avez reçû dans votre célèbre Académie, & par les éloquentes paroles que vous avez employées à m'en rendre grace. J'ai toujours eu pour vous une estime particulière, parce que j'en ai toujours eu pour la vertu ; & je ne doute point que vous ne m'aimiez dans la solitude, comme vous m'avez aimée sur le Thrône. Les belles Lettres que je prétends y cultiver en repos, & avec le loisir que je me réserve, m'obligent même de croire que vous m'y ferez part quelquefois de vos ouvrages, puisqu'ils sont dignes de la réputation où vous êtes, & qu'ils sont presque tous écrits dans votre langue, qui sera la principale de mon desert. Je ne manquerai pas de vous en témoigner ma reconnoissance, & de vous faire voir quand je pourrai vous être utile, que je serai toujours,

MESSIEURS,

Très-affectionnée à vous servir,

A Upsal, le 20/10 Juin 1650.   CHRISTINE.

Traversant donc la France en 1658, elle voulut honorer l'Académie de sa présence, mais sans pompe, & sans avoir donné le temps de se préparer à la recevoir d'une manière plus digne, & d'elle, & de l'Académie. Elle choisit un jour ordinaire d'assemblée, &

ne déclara son dessein que le matin même. Ce qui fut cause que plusieurs Académiciens ne purent être avertis à temps, & que ceux qui s'y trouvérent, n'eurent rien à lire où la Princesse fût intéressée.

Alors l'Académie s'assembloit chez M. le Chancelier Seguier, son Protecteur. La Princesse, en arrivant dans la salle où l'on devoit la recevoir, lui demanda tout bas de quelle sorte les Académiciens seroient devant elle, ou assis, ou debout? Un d'eux, consulté par M. le Chancelier, dit que du temps de Ronsard il se tenoit une assemblée de gens de Lettres à Saint-Victor, où Charles IX alla plusieurs fois, & que tout le monde étoit assis devant lui. On se régla là-dessus ; de manière que la Reine s'étant assise dans son fauteuil, tous les Académiciens, sans en attendre l'ordre, s'assirent sur leurs chaises autour d'une longue table : M. le Chancelier à la gauche de la Reine, mais du côté du feu : à la droite de la Reine, mais du côté de la porte, le Directeur de l'Académie, suivi de tout ce qu'il y avoit d'Académiciens, selon que le hasard les rangea : & au bas bout de la table, vis-à-vis de la Reine, le Secrètaire de la Compagnie.

Quand on fut placé, le Directeur (c'étoit M. de la Chambre) se leva pour faire son compliment. Tous les autres se levérent aussi, & l'écoutérent debout, excepté M. Seguier. Pendant le reste de la séance, qui fut d'environ une heure, ils demeurérent assis, mais découverts; & le temps se passa à lire diverses pièces de leur composition, vers & prose.

Une chose assez plaisante, & dont la Reine se mit à rire toute la premiére, ce fut que le Secrètaire voulant lui montrer un essai du Dictionnaire, qui occupoit dès-lors la Compagnie, il ouvrit par hasard son porte-feuille au mot *Jeu*, où se trouva cette phrase, *Jeux de Prince, qui ne plaisent qu'à ceux qui les font*, pour signifier des jeux qui vont à fâcher ou à blesser quelqu'un.

Je passe d'autres particularitez, que l'éloignement des temps rendroit aujourd'hui moins intéressantes, & qu'on peut voir dans une (1) lettre de M. Patru à M. d'Ablancourt.

(1) C'est la sixième des lettres de Patru à d'Ablancourt: elle n'est point datée, mais on

Quatre ou cinq ans après, le Roi choisit parmi ceux qui composoient l'Académie Françoise, *un petit nombre de Savans* (2) *les plus versez dans la connoissance de l'Histoire & de l'Antiquité, pour travailler aux Inscriptions, aux Devises, aux Médailles.* Et de-là sortit en 1663 une espèce de colonie, qui, sous le titre d'Académie des *Inscriptions & Belles-Lettres*, s'est accrue de nos jours avec tant d'éclat.

Une autre Académie, dont les découvertes ont porté la gloire du nom François bien au delà des Mers, l'Académie *des Sciences*, commença en 1666.

Jusqu'alors l'Académie Françoise n'avoit pas encore approché du Thrône; mais cette distinction lui fut enfin accordée comme par hasard, sur les remontrances de M. Rose, Secrètaire

---

y supplée par une lettre de Gui Patin à Charles Spon, du 22 Mars 1658. Deux ans auparavant, la Reine de Suède étoit déjà venue en France, & avoit été haranguée par M. Patru, au nom de l'Académie. Les Registres de ce temps-là sont perdus : ceux qui restent, ne commencent qu'en 1673.

(2) Voyez les Lettres Patentes qui confirment l'établissement de l'Académie des Inscriptions, & de celle des Sciences, en 1713.

du

du Cabinet. Le Roi, au retour de la Campagne 1667, ayant été harangué selon l'usage par les Compagnies supérieures, alla ensuite à la chasse; & comme il permettoit qu'on l'entretînt librement au débotté, les harangues du matin y furent toutes ressassées l'une après l'autre. Sur quoi M. Rose dit agréablement, que dans des occasions où il s'agit d'éloquence, c'étoit un abus de ne pas y appeler une Compagnie, la seule qui soit instituée pour cultiver l'éloquence; & que sa Majesté, après avoir réformé tant d'autres abus dans son Royaume, ne devoit pas souffrir celui-là. Il n'en fallut pas davantage: le Roi ordonna, *Que dans toutes les occasions qu'il y auroit de le haranguer, l'Académie Françoise y seroit reçue avec les mêmes honneurs que les Cours supérieures*; & l'Académie jouit pour la première fois de cette prérogative, après la conquête de la Franche-Comté, en 1668.

Pour ne pas interrompre sans raison l'ordre chronologique, marquons en cet endroit l'établissement des deux Prix qu'elle distribue tous les deux ans, l'un d'Eloquence, l'autre de Poësie.

Quant au Prix d'Eloquence, il a été fondé par M. de Balzac, mort en 1654. Divers obstacles empêchérent que sa volonté ne pût être mise à exécution jusqu'en 1671. Et comme son fonds avoit (3) profité jusqu'alors, ce Prix qu'il avoit fixé à deux cents livres, fut porté à trois cents. C'est une Médaille d'or, qui d'un côté représente Saint Louis, & de l'autre une couronne de laurier avec ce mot, A L'IMMORTALITÉ, qui est la devise de l'Académie.

Pareille somme est destinée au Prix de Poësie. Trois Académiciens, du nombre desquels étoit (4) M. Pellisson, en partagérent d'abord les frais : la Compagnie les fit trois fois de suite en corps, après la mort de M. Pellisson :

(3) On sait cela par l'Affiche des Prix de l'année 1671.

(4) On m'a dit que les deux Ajoints de M. Pellisson étoient M. Conrart, & M. de Bezons. Après la mort de M. Conrart, les deux survivans partagérent les frais ; & quand M. Pellisson se trouva seul, il les fit seul. On sait cela sûrement à l'égard de M. Pellisson ; mais pour les deux autres, on ne le sait que par conjecture ; car leur argent étoit porté au Libraire de l'Académie, sans que personne sût d'où il venoit.

enfin M. de Clermont-Tonnerre, Evêque de Noyon, & membre de l'Académie, fonda ce prix (5) à perpétuité. C'est aussi une Médaille d'or, qui a d'un côté la figure du Roi, & sur le revers la devise de l'Académie.

Plus de six mois avant la Fête de saint Louis, jour que l'Académie distribue ses Prix en pleine assemblée, elle répand par toute la France un Imprimé, où elle marque sur quels sujets on doit composer pour l'année courante, & où elle avertit :

I. *Que les Pièces qui seront présentées pour le Prix d'Eloquence, doivent avoir une Approbation signée de deux Docteurs de la Faculté de Paris, & y résidant actuellement.*

II. *Qu'elles ne doivent être tout au plus que d'une demi-heure de lecture, & qu'il faut les finir par une courte Priére à Jesus-Christ.*

III. *Que les Pièces qui seront présentées pour le Prix de Poësie, ne doivent pas*

(5) Il donna trois mille francs, qui furent constituez sur l'Hôtel de Ville de Paris en 1699. On trouve dans le Mercure Galant (Juin de la même année) le Discours qu'il fit à ce sujet dans l'Académie.

excéder cent vers ; & qu'il faut y ajoûter une courte Priére à Dieu pour le Roi, séparée du corps de l'Ouvrage, & de telle mesure de vers qu'on voudra.

IV. Que toute sorte de personnes seront reçûes à composer pour les deux Prix, hors les quarante de l'Académie, qui en doivent être les juges.

V. Que les Auteurs ne mettront point leur nom à leur Ouvrage, mais une marque ou un paraphe, avec un passage de l'Ecriture sainte pour les Discours de Prose, & telle autre Sentence qu'il leur plaira pour les Piéces de Poësie.

VI. Que les Piéces des Auteurs qui se seront fait connoître, soit par eux-mêmes, soit par leurs amis, seront rejetées, & ne concourront point ; & que tous Messieurs les Académiciens ont promis de se récuser eux-mêmes, & de ne pas donner leurs suffrages pour les Piéces dont les Auteurs leur seront connus.

VII. Que les Auteurs feront remettre leurs Piéces au Libraire de l'Académie, port franc, & avant le premier du mois de Juillet, sans quoi elles ne seront pas reçûes.

Il est certain que ces deux Prix mettent parmi nos jeunes écrivains une noble jalousie, qui sert infiniment à perfectionner leurs talens : & c'est à quoi peut-être nous devons une partie des Orateurs & des Poëtes, que nous avons eus depuis 1671.

Au commencement de l'année suivante, la perte que l'Académie (6) fit de M. le Chancelier Seguier, la mit dans la nécessité de songer à un nouveau Protecteur. Elle avoit eu déjà plusieurs occasions de paroître devant le Roi, & d'éprouver ses bontez. Ainsi, sans avoir égard à la timidité de quelques Académiciens, qui doutoient que le Roi voulût agréer le titre de Protecteur, après que deux de ses sujets l'avoient porté si long-temps; il fut arrêté que la proposition lui en seroit faite par M. de Harlay, Archevêque de Paris, Académicien lui-même, & l'homme de France né avec le plus de talent pour la parole.

On persuada sans peine à un Prince qui aimoit passionnément la gloire, & qui faisoit tous les jours de si grandes choses pour la mériter, qu'il avoit un intérêt personnel à protéger l'Académie.

(6) Il mourut le 28 Janvier 1672.

J'ai appris de M. Huet, qui étoit alors Sous-précepteur de M. le Dauphin, que la Compagnie étant allée remercier le Roi, de ce qu'il daignoit s'en déclarer le Protecteur, sa Majesté voulut que M. le Dauphin fût témoin de ce qui se passeroit dans une occasion si honorable aux Lettres. Que M. de Harlay, chargé de parler au nom de tous, mit dans un grand jour l'utilité de cet établissement, qui avoit produit, en moins de quarante ans, plus d'écrivains célèbres en tous genres, que la France jusqu'alors n'en avoit eu depuis le commencement de la Monarchie. Qu'ensuite, par divers traits de notre Histoire, il avoit représenté quels honneurs les gens de Lettres avoient toujours reçus des plus grands Princes, d'un Charlemagne, d'un Saint Louis, qui ne les croyoient pas d'un moindre ornement dans un état, que ceux qui le défendent ou l'agrandissent par les armes. Qu'après ce discours, le Roi paroissant en quelque façon ému, donna de très-grandes marques d'estime à la Compagnie; se fit nommer l'un après l'autre tous ceux des Académiciens, dont le visage ne lui étoit pas connu, & dit en particulier à M. Colbert, qui étoit là dans son rang de simple Académicien: *Vous me ferez savoir ce qu'il faudra que je fasse pour ces Messieurs.* Peut-être M. Colbert, ce Ministre si zélé pour les beaux arts, n'a-t-il jamais reçu d'ordre plus conforme à sa propre inclination.

Au reste, cette occasion n'est pas l'unique où M. de Harlay prit vivement les intérêts de l'Académie. Car, pour dire ceci en passant, la Compagnie, lorsqu'elle alla complimenter le Roi sur la mort (7) de Madame la Dauphine, n'ayant pas été reçue, selon l'usage, avec tous les honneurs rendus aux Cours supérieures, il s'en plaignit directement au Roi, & afin de rendre plus sensible la faute de l'Officier, il dit à sa Majesté, *Que François I, lorsqu'on lui présentoit pour la première fois un homme de Lettres, faisoit trois pas au devant de lui.*

Mais voyons par quelles faveurs le Roi signala d'abord sa protection. Ce qui pressoit le plus, c'étoit d'assigner un lieu, où l'Académie pût régulièrement s'assembler. Elle fut placée au

(7) Reg. de l'Acad. 12. Mai. 1690.

24 HISTOIRE

Louvre même, dans l'appartement qu'on lui a toujours conservé depuis. Et comme ceux qui dans ce temps-là travailloient à l'Histoire Métallique du Roi, étoient tous de l'Académie Françoise, ils n'oublièrent pas de faire entrer (8) cet événement dans leur Histoire, autant pour la gloire du Roi, que pour celle de leur Compagnie.

Peu de temps après, le Roi chargea M. Colbert de faire un fonds pour les

---

(8) Voici l'explication que l'on trouve de cette Médaille, dans l'Histoire du Roi.

„ Apollon tient sa Lyre appuyée sur le Tré-
„ pié, d'où sortoient ses oracles. Dans le fond
„ paroît la principale face du Louvre. La Lé-
„ gende, APOLLO PALATINUS, signifie,

besoins

besoins que l'Académie peut avoir, comme bois, bougies, journées de Copistes; & sa Majesté voulut que dans la suite il y eût pour chaque séance quarante jetons d'argent à partager entre les Académiciens présens, quoique l'assiduité, purement gratuite jusqu'alors, ne se fût jamais ralentie.

Apparemment ce fut aussi par les soins de M. Colbert, qu'ils eurent, pour commencer leur bibliothèque, six cents soixante volumes tirez de celle du Roi. Il y en a un catalogue imprimé, où se trouvent l'ordre donné (9) par le Roi au Garde de sa bibliothèque, de les envoyer à l'Académie; & le Certificat de M. Perrault, qui reconnoît, *comme Bibliothécaire de l'Académie*, qu'ils ont été portez dans le lieu où elle s'assemble, *& mis en sa garde*. Mais à la mort de M. Perrault, elle n'a point fait revivre cet emploi de

„ *Apollon dans le Palais d'Auguste*, & fait allu-
„ sion au Temple d'Apollon bâti dans l'encein-
„ te du Palais de cet Empereur. L'Exergue,
„ ACADEMIA GALLICA INTRA RE-
„ GIAM EXCEPTA. M. DC. LXXII. *L'A-*
„ *cadémie Françoise dans le Louvre.* 1672.

(9) A Nancy, le 21 Août 1673.

Bibliothécaire, qui faisoit comme un quatrième Officier, dont effectivement elle n'a pas grand besoin, si le nombre de ses livres ne s'augmente pas.

Tandis que le Roi la combloit de nouvelles graces, on peut bien croire qu'il ne refusa pas de lui confirmer ses anciens priviléges. Elle fut pleinement rétablie (1) dans son droit de *Committimus*, qui avoit été restreint (2) aux quatre plus anciens de la Compagnie; & qui est presque le seul droit utile, dont elle jouïsse. A la vérité, dans le temps dont je parle, plus du tiers des Académiciens (3) recevoit des gratifications annuelles de la Cour : mais qui n'ont pas été converties en pensions, ni attachées au corps de l'Académie.

En 1676, le Roi ordonna qu'aux pièces de Théatre qui se joueroient à la Cour, il y auroit six places marquées

(1) Par une Déclaration du 5 Décembre 1673, confirmée plusieurs fois depuis, & tout de nouveau enregitrée au Parlement le 5 Février 1721.

(2) Par l'Ordonnance du mois d'Août 1669.

(3) Voyez ci-dessous l'Article de CHAPELAIN, où sont citez les noms des Académiciens gratifiez en 1662.

pour des Académiciens : & lorſque Meſſieurs Charpentier, de Benſerade, Roſe, Furetiére, Quinault, & Racine, allérent ſe mettre en poſſeſſion de ces places, non-ſeulement ils y furent inſtallez (4) avec honneur, mais les Officiers du Gobelet eurent ordre de leur préſenter des rafraîchiſſemens entre les Actes, de même qu'aux perſonnes les plus qualifiées de la Cour.

Juſqu'aux moindres difficultez, qui pouvoient naître dans l'Académie, le Roi vouloit qu'on lui en rendît compte. Telle fut celle-ci. Le Directeur ſeul avoit un fauteuil, les autres n'étoient aſſis que ſur des chaiſes : en ſorte que les Académiciens, ou Cardinaux, ou Ducs, ou en un mot d'un rang extrêmement diſtingué, étoient d'une manière peu convenable à leur rang, ſur-tout dans les ſéances publiques. Pour y remédier, le Roi ordonna qu'à l'avenir chaque Académicien auroit ſon fauteuil : ce qui ſauvoit en même temps, & les égards dûs aux grands noms, & cette égalité flatteuſe, dont l'Académie ſe fit dès ſa naiſſance une loi inviolable.

(4) Regîtres, 27 Janvier 1676.

Elle s'est vû disputer le plus beau de ses droits honorifiques, je ne sais à quelle occasion, ni par quel motif. Quoi qu'il en soit, rapportons ici son Placet au Roi, non-seulement parce qu'il contient le fait, mais encore parce qu'il est écrit avec une sagesse, & avec une politesse, qui peuvent servir de modelle.

AU ROI.

SIRE,

L'Académie Françoise tient de vous tout ce qu'elle est; c'est de vous qu'elle a reçu toutes les graces, & tous les honneurs dont elle joüit : & quand il vous plaira de l'en priver, elle n'ouvrira la bouche, que pour vous marquer sa profonde soumission à vos ordres. Mais elle estime trop aussi ces mêmes honneurs & ces mêmes graces, pour souffrir, sans rien dire, qu'un particulier y donne atteinte : & c'est ce qui l'oblige à vous porter aujourd'hui ses plaintes respectueuses de l'innovation que le Sieur des Granges, Maître des Cérémonies, apporte au traitement qu'elle avoit accoûtumé de recevoir toutes les fois qu'elle étoit admise à l'audience de V. M. En ces sortes d'occasions, SIRE, le Sieur de Saintot qui l'a précédé dans la même charge, est toujours venu prendre & reconduire la Compagnie au lieu de son assemblée; les grands Maîtres des Cérémonies en ont aussi usé plusieurs fois de même: & c'est un honneur dont elle est en possession dès l'année 1668, que vous l'admîtes pour la première fois à vous rendre publiquement ses respects. Depuis cela, vous avez bien voulu faire encore plus pour elle, vous avez été jusqu'à ne dédaigner pas de joindre à tous vos titres celui de Protecteur de l'Académie Françoise : & cependant un honneur qu'elle avoit eu, même avant une si grande grace, & auquel la gloire d'une protection si marquée sembloit ne devoir pas permettre de toucher : le Sieur des Granges a entrepris depuis quelque temps de le lui retrancher de son chef, sur ce qu'il prétend qu'elle ne fait pas corps. Ce n'est pas seulement à l'Académie que cette prétention est injurieuse, elle l'est même au pouvoir de V. M. puisque c'est supposer que ses Lettres Patentes données à une Compagnie pour la former, ne suffisent pas pour en faire un Corps. L'Académie se contente, SIRE, de vous exposer simplement la chose. Du reste elle recevra avec une égale soumission tout ce qu'il vous plaira d'ordonner ; trop heureuse, de quelque manière qu'elle soit admise à vos pieds, pourvû que vous receviez toujours avec une égale bonté les assurances respectueuses de son dévouement & de son zèle.

On devine bien quel fut le succès d'un Placet si raisonnable. Mais des graces de cette nature ne prouvent point encore assez. Rien de si beau dans un Roi, & dans un Roi si occupé d'ailleurs, que de lui voir donner une partie de son attention & de ses soins à la discipline intérieure de l'Académie. Sur-tout, lorsqu'il y avoit des élections à faire, sa qualité de Protecteur se faisoit sentir. Témoin ce qu'on va lire touchant l'élection de M. de la Fontaine, exemple que je choisis entre plusieurs.

Pour se mettre au fait, il faut savoir que l'Académie, par un ancien Statut, dont elle ne s'écarta jamais, ne peut recevoir personne qui ne soit agréable au Protecteur. Ainsi, toutes les fois qu'il y a une place à remplir, l'ordre est qu'il y ait deux scrutins, l'un pour déterminer à la pluralité des suffrages, quel sujet elle proposera au Protecteur : l'autre, pour consommer l'élection, après que le Protecteur a répondu en faveur du sujet proposé.

Or il arriva que M. de la Fontaine ayant été choisi au premier scrutin ; & le Directeur, qui étoit M. Doujat, étant allé le lendemain savoir de sa Majesté si elle agréeroit que l'on procédât au second ; le Roi, déjà instruit par d'autres personnes, suspendit cette élection près de six mois. *Je sais*, dit-il en propres (5) termes à M. Doujat, *qu'il y a eu du bruit & de la cabale dans l'Académie*; & M. Doujat, pour lui faire entendre que tout s'étoit passé dans les formes ordinaires, voulant lui expliquer quelles étoient ces formes : *Je les sais très-bien*, reprit le Roi en l'interrompant, *mais je ne suis pas encore déterminé ; je ferai savoir mes intentions à l'Académie.*

Voici la vérité : car pourquoi la supprimer aujourd'hui que la mémoire de M. de la Fontaine est, s'il faut ainsi dire, consacrée sur le Parnasse ? D'un côté, la pluspart des Académiciens le

(5) Reg. de l'Acad. 20 Nov. 1683.

souhaitoient, à cause de son rare génie, & de sa grande réputation : mais d'un autre côté aussi, quelques-uns jugeoient qu'ayant fait & publié des Poësies, où il avoit franchi les bornes de la pudeur, il ne devoit pas être admis dans une Compagnie, qui met la vertu bien au-dessus des talens, & qui compte parmi ses membres beaucoup de Prélats. Enfin, comme il ne laissa pas d'avoir seize voix contre sept, le parti contraire se hâta de prévenir le Roi, & d'intéresser sa religion.

Pendant que les ordres du Roi se faisoient attendre, M. de la Fontaine qui avoit le succès de cette affaire infiniment à cœur, lui présenta une Balade, dont le refrein étoit,

L'événement n'en peut être qu'heureux.

Et dans l'Envoi, dont il pria Madame de Thiange de faire la lecture & le commentaire au Roi, il dit à sa Majesté :

*Ce doux penser, depuis un mois ou
  deux,*

Console un peu mes Muses inquiètes.
Quelques esprits ont blâmé certains jeux,
Certains récits qui ne sont que sornettes.
Si je défère aux leçons qu'ils m'ont faites,
Que veut-on plus ? Soyez moins rigoureux,
Plus indulgent, plus favorable qu'eux,
Prince, en un mot, soyez ce que vous êtes.
L'événement ne peut m'être qu'heureux.

Mais ce ne fut pas encore là ce qui détermina le Roi ; ou du moins il ne s'expliqua, que lorsqu'on eut nommé M. Despréaux à une autre place qui vint à vaquer. Alors, un Député de l'Académie lui en ayant rendu compte, il répondit que le choix qu'on avoit fait de M. Despréaux, lui étoit (6) *très-agréable, & seroit généralement approuvé. Vous pouvez,* ajouta-t-il, *recevoir incessamment la Fontaine, il a promis d'être sage.*

Au fond, le Roi n'avoit pas été con-

(6) Reg. de l'Acad. 20 Avril 1684.

tent de la préférence qu'on avoit donnée à la Fontaine sur Despréaux. Ces deux grands Poëtes avoient été mis en concurrence pour la même place ; & les sept voix que la Fontaine eut contre lui, avoient été pour Despréaux, qui étoit bien plus connu à la Cour. Mais pendant les six mois qui s'écoulérent d'une élection à l'autre, le Roi ne laissa qu'à peine entrevoir son inclination, parce qu'il s'étoit fait une loi de ne prévenir jamais les suffrages de l'Académie.

Passons à un autre exemple, qui fera voir que la vigilance du Roi ne se bornoit pas à l'examen du sujet proposé : mais qu'elle alloit même jusqu'à exiger que toutes les formes, qui doivent être observées dans les élections, le fussent à la rigueur.

Quoique l'Académie Françoise eût choisi pour un de ses membres, un Savant que l'Académie d'Athènes eût volontiers choisi pour son Chef après la mort de Platon ; cependant, parce que l'assemblée n'étoit ce jour-là composée que de dix-sept Académiciens, le Roi fit savoir à ces Messieurs : *Qu'il regardoit comme nul tout ce qui s'étoit fait* dans (7) leur assemblée ; la Compagnie n'ayant pû rien faire de contraire au Réglement, qui demande la présence de vingt Académiciens, pour admettre, comme pour exclurre quelqu'un du Corps. Que son intention étoit que tous les Réglemens & Statuts ordonnez pour l'Académie, fussent exécutez à la lettre, sans qu'il fût jamais permis d'y apporter aucune restriction, ni interprétation. Que dans les cas qui pourroient souffrir difficulté, il laissoit seulement la voie des remontrances.

Après quoi, la lettre du Secrètaire d'Etat portoit que l'on eût à procéder tout de nouveau à cette élection, suivant les formes ordinaires, & avec une entière liberté de suffrages. Mais, de peur qu'on ne soupçonnât que ce qui avoit déplu au Roi, fût autre chose qu'un manque de formalité, il ajoûtoit : *Et sa Majesté m'a commandé de déclarer en même temps, que ce seroit mal*

---

(7) Lettre de M. le Comte de Pontchartrain, Secrétaire d'Etat, écrite de Versailles le 12 Décembre 1707, & insérée dans les Regitres de l'Académie.

Quoique ceci ne soit arrivé qu'après 1700, l'enchaînement des matières m'obligeoit de le rapporter en cet endroit.

expliquer cet ordre, que de croire que le Roi donne aucune exclusion à M. l'Abbé Fraguier, dont le mérite est connu : rien n'étant plus contraire à l'intention de sa Majesté, qui ne souhaite en ceci, comme en toute autre occasion, que de renouveler le zèle de l'Académie sur tout ce qui peut y conserver la discipline & le travail.

Quand M. Dacier fut nommé à la charge de Secrétaire perpétuel après la mort de M. l'Abbé Regnier, M. le Cardinal de Polignac lui écrivit de Marly, où étoit la Cour : *Le Roi a fait (8) votre éloge, Monsieur, lorsque j'ai eu l'honneur de l'informer que l'Académie vous avoit choisi pour son Secrétaire perpétuel. Il étoit très-nécessaire de lui en rendre compte, car sa Majesté avoit une attention particulière au choix qui seroit fait.* La charge de Secrétaire perpétuel n'avoit encore vaqué depuis l'établissement de l'Académie que trois fois. A M. Conrart avoit succédé M. de Mézeray ; & à celui-ci, M. l'Abbé Regnier. Comment cette charge n'eût-elle pas attiré l'attention du Roi, puis-

_____

(8) Cette Lettre, en date du 13 Novembre 1713, est insérée dans les Regîtres de l'Académie.

qu'il regardoit de si près à l'élection d'un simple Académicien ? Il n'entendoit pas que des places qui doivent être la récompense du mérite, pûssent être données à la faveur; & souvent ce sage Prince a recommandé, que toutes les fois qu'il y auroit une élection à faire, on eût (9) uniquement égard au plu. digne.

Avouons cependant, puisqu'aussi-bien je serai obligé de le dire ailleurs, qu'il y a eu des cas où la Compagnie s'est vûe dans la nécessité de céder à des recommandations puissantes. Mais en même temps, ne laissons pas périr la mémoire d'une action courageuse, qui lui fit grand honneur dans le monde, & dans l'esprit du Roi. Un homme d'esprit, attaché à un grand Seigneur, employa l'intercession de M. le Dauphin (j'entens de celui qui mourut en 1711) pour se faire nommer à une place vacante; & ce Prince eut la bonté d'ordonner au Marquis de Dangeau, qu'il fît pour cela toutes les démarches les plus vives. Il les fit avec l'empressement d'un Courtisan : jusque-là qu'il-

(9) Regîtres de l'Académie, en dix ou douze endroits, & sur-tout au 24 Nov. 1691.

se fit apporter de Versailles à l'Académie, ayant une violente attaque de goutte, le jour de l'élection. Il eut beau parler au nom d'un Prince adoré des François, & pour qui tous les Académiciens eussent volontiers donné leur sang; il ne put obtenir leurs suffrages pour un sujet, qui ne leur sembloit pas avoir les qualitez requises; & bien loin que M. le Dauphin s'en fâchât, il applaudit publiquement à leur fermeté.

Autant qu'ils seront rigides & inéxorables en cas pareils, autant l'Académie sera-t-elle florissante. Par les sujets qu'elle choisira, elle fera elle-même sa destinée. Peut-être n'aura-t-elle pas toujours des Corneilles & des Racines, parce que la France peut-être n'en aura pas toujours. Mais le discernement & l'honneur de l'Académie seront à couvert, pourvû que dans tous les temps elle posséde (1) ce que le Royaume produit de meilleur. Et il

_____

(1) Je dis uniquement ce qu'il est à souhaiter que l'Académie fasse toujours; & je ne dis point, comme un Critique m'en accuse, qu'elle ait toujours possédé *tout* ce qu'il y avoit de meilleur. Car ne sait-on pas que souvent il y a des personnes d'un mérite éclat-

n'y a pas à craindre qu'en se rendant difficile, elle rebute les prétendans. Au contraire, l'ambition des bons sujets n'en sera que plus excitée, lorsqu'ils verront que l'Académie rejette constamment les médiocres, au hazard de se rendre, comme il lui arrive, l'objet de leurs insipides satires.

Je ne sache que M. le Président (2) de Lamoignon, qui ait paru aux yeux du Public dédaigner le titre d'Académicien, puisqu'ayant été nommé, il refusa. Mais quoique ceci ne soit arrivé qu'après 1700, qui est l'époque où je finis mon Histoire, j'ai crû qu'il étoit à propos d'en parler; & j'en parlerai d'autant plus savamment, que j'en ai été instruit par M. le Cardinal de Rohan lui-même, dont le témoignage réfute assez les petites épigram-

tant, qui, pour des raisons particulières, ne tournent pas leurs vûes du côté de l'Académie? Je n'ai donc rien à changer ici, étant bien persuadé qu'un lecteur équitable ne donnera pas à ma proposition un sens & une étendue qu'elle n'a point.

(2) Chrétien François de Lamoignon, Président à Mortier au Parlement de Paris, mort le 7 Août 1709.

mes, où l'on présenta cette affaire sous une autre face.

Tout Paris a connu l'Abbé (3) de Chaulieu, homme d'un commerce aimable, & dont les Poësies sont ingénieuses, faciles, originales, à la Morale près, qui est celle d'Epicure. Il se mit en tête d'être de l'Académie, & il engagea feu M. le Duc à solliciter en sa faveur. Par où il avoit déplu à M. de Tourreil, c'est ce que je ne sais point : mais le fait est que M. de Tourreil, alors Directeur de l'Académie, voulant anéantir la brigue de l'Abbé de Chaulieu, le propre jour de l'élection, déclara que M. le Président de Lamoignon se mettoit sur les rangs.

Au seul nom de ce Magistrat, qui étoit d'un mérite supérieur, à le prendre même dans la sphère d'un homme de Lettres, toute la Compagnie se tourna de son côté. Mais le soir même qu'il fut élu, feu M. le Duc lui envoya demander secrettement, & avec instance, de remercier : comptant que

___

(3) Guillaume Amfryë de Chaulieu, Intendant de Messieurs de Vendôme, mort à Paris le 27 Juin 1720.

l'Académie seroit par-là obligée d'en revenir à l'Abbé de Chaulieu.

On sut dans le monde le refus de M. de Lamoignon, sans que la cause en fût connue de personne. Le Roi, pour empêcher qu'il n'en rejaillît contre l'Académie un peu de honte, jeta les yeux sur un sujet illustre par la naissance, par les dignitez, par les qualitez naturelles & acquises : sur un sujet qui, en occupant cette même place, fît oublier qu'elle pût avoir été dédaignée par quelqu'un. Tout cela se trouvoit, & au plus haut point, dans M. le Cardinal de Rohan, alors Coadjuteur de Strasbourg. Il partoit pour l'Alsace, il avoit pris congé du Roi : la veille même de son départ, à dix heures du soir, sa Majesté lui envoya dire par un Secrétaire d'Etat, qu'elle souhaitoit qu'il différât de quelques jours, & qu'il demandât la place vacante, qui étoit celle de M. Perrault.

Après de si grandes attentions, & qui viennent de la part d'un si grand Roi, il est assez inutile que j'entre dans mille autres détails. J'aurois pû, à l'exemple de M. Pellisson, parler des Auteurs qui ont dédié, ou présenté quelques-uns de leurs ouvrages à l'Académie. J'aurois pû marquer les occasions les plus brillantes où elle a eu l'honneur de porter la parole au Roi, aux Princes & Princesses du Sang, aux Cardinaux, & aux Ministres d'Etat. Mais tous ces détails, encore une fois, qu'ajoûteroient-ils à l'idée que nous donnent de cette Compagnie, les bontez dont Louis XIV l'a honorée ?

Pour achever donc son Histoire générale, selon le plan que je m'en suis fait, j'ai maintenant à rendre compte de ses travaux.

I I.

POrter notre langue à sa perfection, & nous épurer le goût, soit pour l'Eloquence, soit pour la Poësie, c'est ce que l'Académie se proposa d'abord, selon les vûes du Cardinal de Richelieu : & pour y parvenir, elle résolut de travailler successivement à un Dictionnaire, à une Grammaire, à une Rhétorique, & à une Poëtique.

Mais peu de gens ont, ce me semble, une idée juste des travaux qu'il est raisonnable d'attendre d'une Compagnie telle que celle-ci. Peu de gens, dis-je, considèrent qu'elle ne forme pas un Corps, dont les membres tirent de leur qualité d'Académiciens leur principal établissement dans le monde : que l'Eglise, la Cour, l'Epée, ou la Robe, attachent indispensablement à d'autres devoirs la plûspart des Académiciens : & que ceux qui paroissent n'avoir point d'emplois capables de les détourner, sont presque toujours appliquez en leur particulier à des ouvrages, dont il est naturel qu'ils s'occupent encore plus que de l'ouvrage commun.

Qu'est-ce d'ailleurs, que le travail ordinaire des Compagnies, où il faut que tout se décide à la pluralité des voix ; où par conséquent la différence des sentimens donne lieu à des doutes, à des recherches, à des contestations ? Ne sait-on pas que les Compagnies les plus graves, & où l'ambition est nourrie par de grandes récompenses, ne sont pas exemptes de ces inconvéniens ? A plus forte raison se trouveront-ils dans une Académie, où la qualité des

D ij

matières ne peut faire naître de scrupule sur les distractions, & où les particuliers ne sauroient envisager leur travail comme un moyen de s'avancer.

Joignons à cela, que souvent & nécessairement il s'y forme des questions de littérature, qui, pour n'être pas tout-à-fait étrangères à la question du jour, ne laissent pas d'en reculer la décision, & de consumer du temps. On vouloit examiner un mot, & de ce mot on passe à la chose dont il présente l'idée. Une question de Grammaire devient insensiblement une question de Critique, ou d'Histoire, ou de Physique. Deux heures alors sont bien courtes dans une assemblée de gens, qui tous ont l'esprit fécond & orné.

On doit considérer aussi, que les temps n'ont pas toujours été les mêmes pour l'Académie. Ses projets étoient à peine dressez, lorsqu'elle perdit le Cardinal de Richelieu. Les temps qui suivirent, furent orageux pour le Royaume, & par conséquent fâcheux pour elle; car les Muses veulent, ou jouir de la paix, ou avoir des victoires à chanter. En un mot, quoiqu'elle ait eu quelques belles années sous la protection de M. le Chancelier Seguier, il est cependant vrai que ses jours de gloire & de travail ne doivent proprement être comptez que du jour qu'il plut au Roi de s'en déclarer le Protecteur. Jusque-là, encore incertaine de sa fortune, & n'ayant point d'assez puissant motif pour s'opiniâtrer à une entreprise aussi triste que l'est celle d'un Dictionnaire, elle n'avoit qu'imparfaitement ébauché le sien. Ainsi la révision de ce grand ouvrage, mais révision bien plus longue & bien plus pénible qu'une première façon, ne commença qu'en 1672, & il fut achevé d'imprimer en 1694.

Que l'on entre donc un peu dans les raisons de l'Académie, & l'on jugera, du moins il me le paroît, que les reproches qu'elle a eu si souvent à essuyer sur sa lenteur, sont assez mal fondez. Car enfin, l'illustre Académie de la Crusca n'a-t-elle pas mis à préparer la première édition de son Vocabulaire, près de quarante ans; & à la retoucher, plus de trente? Florence est cependant (3) *une ville où les affaires*

(3) Préface de l'Abbé Regnier, à la tête du Dictionnaire de l'Académie Françoise.

ne sont pas à beaucoup près si vives, ni en si grand nombre que dans Paris ; où les occasions des devoirs & du commerce de la vie civile sont bien moins fréquentes ; où les particuliers n'ont presque d'occupation que celle qu'ils se font d'eux-mêmes, pour ne point tomber dans l'oisiveté ; & où par conséquent l'assiduité à ce qu'ils peuvent avoir entrepris, est beaucoup moins détournée. Mais le François demande l'impossible, une extrême diligence, & une extrême perfection.

Je commencerois ici à expliquer sur quel plan a été fait le Dictionnaire de l'Académie, & dans quelle vûe : si je n'avois pas à parler auparavant de son démêlé avec le fameux Antoine Furetière, Abbé de Chalivoy. J'en puis rendre un compte exact, parce que les Regîtres (4) m'en apprennent tout le détail.

Mais d'abord, pour se mettre à portée d'en bien juger, il y a deux choses à savoir. La première, Que l'Académie, craignant l'infidélité des Copistes employez à transcrire ses cahiers, obtint, le 28 Juin 1674, un Privilége signé en commandement ; par lequel

(4) Janvier, Février, & Mars 1685.

défenses étoient faites de publier aucun Dictionnaire François, avant que le sien fût au jour. La seconde, Que le 24 Août 1684, Furetière qui étoit lui-même de l'Académie, surprit un Privilége du grand Sceau pour l'impression d'un *Dictionnaire Universel*, où, suivant le titre qu'il en avoit montré à l'Approbateur, il ne faisoit entrer que les termes *des arts & des sciences* : mais où, suivant le titre inséré dans le Privilége, il faisoit entrer *tous les mots François, tant vieux que modernes*, & par conséquent tout ce qui devoit composer l'ouvrage de l'Académie, qu'on le soupçonnoit d'avoir pillé.

Tel étoit le fond du procès, & voici de quelle manière l'Académie se conduisit. Elle dissimula ses soupçons le reste de l'année 1684. Ce ne fut qu'au commencement de l'année suivante, qu'étant avertie qu'on imprimoit actuellement le Dictionnaire de Furetière, elle indiqua, lui présent, une assemblée extraordinaire, où il seroit interrogé là-dessus. Il ne s'y trouva point.

Cependant, pour donner à l'accusé tout le temps de se reconnoître, la

Compagnie ne voulut rien statuer, qu'auparavant il n'eût été ou entendu, ou du moins averti une seconde fois. Elle chargea seulement le Secrètaire, qui étoit M. l'Abbé Regnier, d'aller en personne chez lui, pour lui intimer l'ordre de paroître à l'assemblée suivante. Il y manqua encore.

On délibéroit si on le feroit avertir tout de nouveau, lorsque M. de Novion, premier Président du Parlement, & alors Directeur de l'Académie, fit savoir que c'étoit lui-même qui l'avoit empêché d'y assister, parce qu'il se flattoit de pouvoir accommoder l'affaire, en le portant à lui remettre de bonne grace, & son Privilége, & son Manuscrit.

Furetière, quelques jours après, donna effectivement son Privilége & la première lettre de son Dictionnaire à M. le premier Président, qui, pour terminer les choses à l'amiable, proposa que l'on tînt chez lui une conférence, où il prioit la Compagnie d'envoyer des Commissaires. Elle lui en remit le choix. Il nomma Messieurs de Chaumont, Perrault, Charpentier, & T. Corneille, à qui la Compagnie

ajoûta

ajoûta M. l'Abbé Regnier, chargé, en qualité de Secrètaire, de garder les titres & les papiers de l'Académie.

Avant le jour arrêté pour cette premiére conférence, on apprit que déjà Furetiére avoit fait imprimer des essais de son Dictionnaire, accompagnez d'une Epître au Roi, & d'un Avertissement, où il attaquoit le Privilége, & même l'honneur de la Compagnie.

D'abord les Commissaires, lorsqu'ils furent chez M. le premier Président, produisirent le Privilége de l'Académie, & firent observer les clauses qui portoient défenses expresses d'imprimer aucun Dictionnaire François, avant que celui de l'Académie fût imprimé : clauses qui n'avoient été demandées, comme je l'ai déjà dit, que pour prévenir l'infidélité des Copistes : mais dont l'événement présent faisoit assez voir la nécessité, puisque l'infidélité se trouvoit même dans un membre de l'Académie.

Ils obligérent ensuite Furetiére à faire lecture de son Privilége, où M. Charpentier, sur l'Approbation duquel ce Privilége avoit été accordé, fit voir qu'on avoit glissé un titre tout différent de celui qui étoit énoncé dans son Approbation; puisque dans *l'Approbation* il ne s'agissoit que d'un Dictionnaire contenant les *termes des arts & des sciences*; au lieu que dans le *Privilége* il s'agissoit d'un Dictionnaire contenant *tous les mots François, tant vieux que modernes.*

De-là ils en vinrent à l'examen des cahiers, que Furetiére avoit confiez à M. le premier Président : & par la confrontation de plusieurs endroits, mais endroits décisifs, il fut convaincu d'avoir employé la méthode, les définitions, les phrases de l'Académie : ou sans aucun changement, ou avec des changemens si légers, & si visiblement affectez, qu'ils le démasquoient encore mieux.

Il parut si déconcerté, que les Commissaires dans l'état où ils le voyoient, crurent ne pouvoir sans inhumanité, le presser de s'expliquer actuellement; & suppliérent M. le premier Président de trouver bon qu'à trois jours de-là ils retournassent tous ensemble chez lui.

Entre ces deux conférences, la Compagnie permit à Messieurs Racine, la

Fontaine, & Despréaux, amis de Furetière dès l'enfance, d'aller le voir au nom de tous, pour le disposer à donner des marques de sa soumission, & pour tâcher d'adoucir le plus qu'ils pourroient, la peine que cette humiliation devoit lui faire. Ils trouvèrent un esprit inaccessible à la raison; ce n'étoit plus le même homme; la honte qu'il avoit essuyée chez M. le premier Président, s'étoit tournée en fureur.

Ainsi la négociation de ces trois illustres amis fut inutile; la seconde conférence n'opéra rien de plus; & Furetière ne fut touché, ni des prières vives & pressantes de ses confrères, ni des remontrances de M. le premier Président, qui finit par lui dire qu'il ne pouvoit, *ni comme Juge, ni comme Académicien, ni comme son ami*, se dispenser de le condamner.

Il n'y eut donc plus d'autre parti à prendre, que de procéder contre lui dans les formes. C'étoit à l'Académie à s'en faire justice elle-même, puisque ses Statuts l'autorisent, & même l'obligent à destituer un Académicien, qui aura fait *quelque action indigne d'un homme d'honneur*. Et quelle action plus indigne d'un homme d'honneur, que d'avoir usurpé le travail de sa Compagnie, & cherché à la flêtrir par des libelles répandus dans le Public? Aussi ne balança-t-on pas. Furetiere, après avoir été de l'Académie pendant vingt-trois ans, en fut exclus (5) le 22 Janvier 1685.

Mais le premier scrutin, ou pour la destitution, ou pour l'élection d'un Académicien, n'étant, comme je l'ai dit ailleurs, qu'un moyen établi pour faire que la Compagnie déclare ce qu'elle pense; après quoi sa pensée doit être notifiée au Protecteur, sans l'agrément duquel on ne va jamais au dernier scrutin : le Roi, qui, depuis qu'il étoit Protecteur de l'Académie, n'avoit entendu parler d'aucune destitution, apprit celle-ci avec quelque sorte d'étonnement. Il voulut savoir pre-

―――――――――――

(5) La séance étoit ce jour-là composée de Messieurs de Chaumont, Evêque d'Acqs, Chancelier. Regnier, Secrétaire. Charpentier. L'Abbé Tallemant l'aîné. Le Clerc. L'Abbé Testu. L'Abbé Tallemant le jeune. Boyer. Quinault. Perrault. Racine. L'Abbé Gallois. De Benserade. L'Abbé Huet. Le Président Rose. L'Abbé de Lavau. L'Abbé de Dangeau. D'Aucour. De la Fontaine. Corneille.

mièrement de quoi (6) Furetière étoit coupable : en second lieu, si l'on avoit essayé d'autres manières pour le ramener : & enfin si toutes les formes nécessaires pour destituer quelqu'un du Corps, avoient été gardées. On dressa sur ces trois chefs un assez long mémoire ; & comme on y faisoit entrer la suppression du Privilége, le Roi s'attachant à cet article particulier, se contenta de répondre que l'affaire devoit suivre le cours ordinaire de la justice. Personne n'osa faire observer à sa Majesté, que la suppression du Privilége, & l'expulsion de Furetière, étoient deux faits tout différens. Il n'y eut donc point de nouveau scrutin : & pour la révocation du Privilége, on se pourvut au Conseil, où il fut supprimé par Arrêt contradictoire du 9 Mars 1685.

Furetière, non content d'avoir oublié ce qu'il devoit à sa Compagnie, oublia dès-lors ce qu'un homme d'honneur se doit toujours à lui-même. Sa colère lui dicta des volumes de médisances & de railleries contre ses anciens confrères : mais railleries gros-

(6) Regit. de l'Acad. 27 Janvier 1685.

sières, médisances brutales, qui ne donnent pas une trop bonne idée de son esprit, & qui en donnent une bien plus mauvaise de son cœur. C'est ainsi qu'il passa misérablement les trois dernières (7) années de sa vie à écrire des libelles diffamatoires. Le torrent de ses invectives ne put être arrêté, ni par la censure (8) publique des Magistrats, ni par la modération de ses confréres, qui ne lui opposérent qu'un généreux (9) silence, dont l'Académie leur donna l'exemple. Car une chose remarquable, & qui ne peut que faire beaucoup d'honneur à cette Compagnie, c'est qu'il ne parut rien d'elle contre lui. Elle n'avoit cependant, pour le confondre, qu'à exposer naivement ce qui s'étoit passé de part & d'autre.

(7) Il mourut à Paris le 14 Mai 1688, âgé de 68 ans. Il avoit été reçu à l'Académie le 15 du même mois, en 1662.

(8) Ordonnance du Lieutenant de Police, du 24 Décembre 1686, contre ses Factums & autres libelles.

(9) Il ne parut contre Furetière, qu'une petite Epigramme de la Fontaine, & deux lettres, l'une de M. Doujat, l'autre de l'Abbé Tallemant l'ancien. Encore ces lettres ne furent-elles imprimées qu'après la mort de Furetière, & sans l'aveu des auteurs.

Elle n'avoit, dis-je, qu'à faire alors en qualité de partie offensée, ce que je viens de faire ici en qualité d'Historien.

Revenons, il est temps, au Dictionnaire de l'Académie; & si nous voulons juger sainement de cet ouvrage, commençons par bien examiner dans quelle vûe il a été, & a dû être composé.

Quelle étoit donc la fin, & la fin unique de l'Académie ? *De* (1) *porter la langue que nous parlons, à sa dernière perfection, & de nous tracer un chemin pour parvenir à la plus haute éloquence.* C'est donc sous cette idée particulière, qu'il faut envisager son travail; & non pas, comme les autres Dictionnaires, sous une idée vague & indéterminée, qui ne présente à l'esprit qu'un recueil alphabétique de mots, avec leur explication.

Ainsi pour aller droit à son but, & pour se renfermer dans son objet, elle a dû faire un choix exact des mots & des phrases, que le bel usage emploie dans la conversation, dans les discours publics, dans la Poësie, dans

(1) Voyez Tome I, page 8.

l'Histoire, & généralement dans tous les écrits, qui doivent être à la portée de tout le monde.

Par la même raison, elle n'a dû faire entrer dans son ouvrage, ni les termes des (2) arts & des sciences, à moins que ce ne soient des mots extrêmement connus, & qui aient passé dans le discours ordinaire : ni les vieux mots, à moins que ce ne soient les primitifs de quelques autres conservez par l'usage : ni certaines façons de parler nouvelles & affectées, que la mode & le caprice voudroient introduire, mais qui n'ont pas encore le sceau de l'autorité publique : ni les termes d'emportement & de débauche, qui peuvent blesser la religion & la pudeur : ni enfin ceux qui n'ont cours que parmi le peuple, ou qui ne sont que dans la bouche des provinciaux.

On ne met pas les proverbes, ni les phrases qui en viennent, au rang de celles qui ne sont absolument que pour le peuple. Outre qu'en toutes les langues les proverbes contiennent la morale vulgaire du pays, & que pour

(2) Il y en a un Dictionnaire à part, dont T. Corneille est le principal auteur.

cela seul ils mériteroient d'être conservez, ils peuvent d'ailleurs être placez quelquefois de manière qu'ils aient du sel & de la grace, soit dans le discours familier, soit dans les ouvrages qui en approchent.

Rien n'étoit plus difficile, que de faire bien connoître la valeur & la propriété de chaque mot, ou en le définissant, ou en l'expliquant par des synonymes. Qui croiroit, par exemple, que le mot *Bon*, un mot si commun & si court, pût avoir jusqu'à soixante & quatorze significations (3) toutes différentes ? On les voit dans le Dictionnaire de l'Académie, qui cite elle-même cet exemple pour montrer de quelle difficulté, mais en même temps de quelle nécessité il est de saisir la notion précise de chaque terme ; sans quoi l'on ne peut se flatter, ni de savoir une langue, ni d'écrire avec justesse.

Toutes les langues ont deux sortes de mots : les uns primitifs, & simples; les autres dérivez, ou composez. Il y a donc deux manières de ranger les

(3) Préface du nouveau Dictionnaire de l'Académie.

mots dans un Dictionnaire : l'une, de les mettre tous, de quelque nature qu'ils soient, dans leur ordre alphabétique : l'autre, de les disposer par racines, c'est-à-dire, de n'observer l'ordre de l'alphabet que pour les mots primitifs, & de placer sous chaque primitif tous les mots qui en dérivent.

Or, de ces deux méthodes, la dernière est véritablement la plus savante, la plus propre à instruire un lecteur studieux ; parce qu'elle lui fait voir d'un coup d'œil, à la suite d'un mot simple, tous ceux qui en ont été formez : de même qu'on voit dans les arbres généalogiques, sous chaque chef de famille, tous ses descendans, & toutes les branches qui en sortent. Mais cette méthode n'accommodoit pas l'impatience du François ; ainsi l'Académie, après l'avoir employée dans la première édition de son Dictionnaire, a cru devoir l'abandonner dans la seconde.

Quand je dis la seconde édition, je dis mal : c'est plustôt un Dictionnaire nouveau, puisqu'il y a un ordre tout différent, & une infinité de changemens essentiels, soit additions, soit corrections.

Ni dans l'un ni dans l'autre de ces Dictionnaires, l'Académie ne cite d'auteurs. On le trouve mauvais. Hé qui voudroit-on qu'elle citât ? Depuis quatre-vingts ans, nos écrivains les meilleurs ont été de son Corps : lui conviendroit-il de les citer ?

Il est vrai que l'Académie de la Crusca cite toujours. Mais avant qu'elle commençât son Vocabulaire, l'Italie avoit des Auteurs reconnus pour classiques, & nous n'en avons point encore de tels.

S'il nous restoit aujourd'hui un Dictionnaire Latin, commencé par *Scipion*, *Térence*, *Lélius* ; continué par *Lucrèce*, *Catulle*, *Cicéron*, *César* ; achevé par *Virgile*, *Horace*, *Mécénas* ; leur ferions-nous un crime de n'avoir pas joint à leur autorité, celle de quelque écrivain suranné, ou peut-être celle d'un *Mévius*, & d'un *Bavius*? Comme sont citez dans les nouveaux Furetières, & dans les nouveaux Richelets, quantité de petits écrivains, dont les ouvrages *parent*, *demi rongez*, *les rebords du Pont-neuf*.

Il y a cependant quelques Académiciens, qui souhaiteroient que l'on citât : & même ils l'ont proposé depuis peu encore dans une assemblée générale, où ils ont principalement insisté sur les raisons suivantes.

I. *Que des exemples font ce qu'une définition ne sauroit faire ; qu'une définition est souvent plus capable d'embrouiller les idées, que de les démêler : mais que plusieurs exemples bien choisis nous mettent devant les yeux, & le véritable sens d'un mot, & toutes ses diverses acceptions, & avec quels autres mots l'usage permet de le construire.*

A cela on répond, qu'en bannissant les citations d'Auteurs, jamais l'Académie n'a prétendu bannir les exemples. Au contraire, il n'y a pas de mots qu'elle n'accompagne d'exemples. Mais ces exemples, importe-t-il qu'on les tire de quelque Auteur, ou que la Compagnie les fasse exprès pour les alléguer ? Est-ce qu'on attribuera plus d'autorité à un particulier, qu'à toute une Compagnie ? Est-ce que Racine, par exemple, lorsqu'il écrit une phrase dans la chaleur de la composition, sera plus infaillible la plume à la main, qu'il ne l'est dans une assemblée, où de sang froid, & avec réflexion, il approuve cette même phrase, après que d'habiles Grammairiens, lui présent., l'ont examinée à la rigueur ?

II. *Que le Dictionnaire de l'Académie, tel qu'il est, rebute par trop de sécheresse; au lieu que la lecture en deviendroit agréable, si chaque mot étoit suivi de citations, qui fussent par elles-mêmes, ou ingénieuses, ou instructives.*

A cela on répond, que plus elles feront agréables, plus elles amuseront le Lecteur, dans un temps où il n'a pas besoin d'être amusé. Car un écrivain quand ouvre-t-il son Dictionnaire ? Quand tout à coup sa plume est arrêtée par un doute sur la langue. Dans ce temps-là, plus on se hâte de l'instruire, plus on le sert utilement. Les momens alors lui sont précieux. Des exemples clairs & courts lui suffisent. Mais que par hasard il trouve des pensées brillantes, sententicuses, elles ne feront bonnes qu'à le dérouter, en lui donnant l'occasion de se distraire, & le loisir de se refroidir. Je m'en rapporte à ceux qui sont dans l'habitude d'écrire.

III. *Que les exemples alléguez par l'Académie, ne sont que phrases communes,* qui ont été faites sur le champ dans ses assemblées, & qui se renferment presque toutes dans les bornes de la conversation ; qu'on ne trouve que dans des ouvrages faits à loisir, les expressions hardies, figurées ; & que par conséquent, renoncer à citer des phrases d'Auteurs, c'est renoncer aux expressions non communes, & bannir d'un Dictionnaire le plus beau de notre langue.

À cela on répond, que les phrases figurées sont l'ouvrage, non pas d'un Dictionnaire, mais du génie. C'est au génie seul à enfanter toutes ces hardiesses, qui contribuent si fort au merveilleux de la Poësie, & au sublime de l'Eloquence. Comment les mettre dans un Dictionnaire, puisque le nombre n'en sauroit être limité, & qu'elles naissent perpétuellement sous la plume d'un écrivain, dont l'imagination est montée à un certain degré de chaleur ? Il y auroit même du danger pour un écrivain novice, à trouver ces sortes d'expressions hors du lieu où elles ont été mises originairement. Ce seroit l'exposer à s'en servir mal à propos ; & peut être qu'une imitation vicieuse le conduiroit à ne faire qu'un tissu de phrases étudiées, qui de tous les styles est le plus mauvais.

Enfin, pour ne pas m'étendre davantage sur ce sujet, toutes les fois que le pour & le contre des citations a été mûrement examiné, la Compagnie s'est toujours (4) déterminée à les exclurre de son Dictionnaire.

(4) Un de nos meilleurs Grammairiens, le célèbre Patru, étoit fortement pour les citations. C'est ce qu'on verra par la lettre suivante, dont je m'imagine que ceux qui aiment l'Histoire littéraire, seroient fâchez que je les eusse privez.

Mon cher, tu sauras que Cassandre *&* Richelet, *nos anciens camarades, dont le premier est mon Secrètaire, & l'autre mon Lecteur, me demandent leurs appointemens. Voici en quelle monnoie. Ils ont envie de faire un Dictionnaire, qui soit composé de citations extraites de nos bons Auteurs, & ils croient que si je veux revoir l'ouvrage, un Libraire les payera bravement. Cette idée leur est venue sur ce que l'Académie, contre mon avis, qui fut toujours celui de* Chapelain, *& de beaucoup d'autres, persiste dans la résolution de ne point citer.* Cassandre *a déjà fait un essai qui me donne me hercle une bonne opinion de ce qu'on fera sur le même plan. Il s'est attaché aux mots qui sont de peu d'usage, & qui regardent les plantes, les animaux, l'Anatomie, ou la Pharmacie.* Richelet *va dépouiller tout d'*Ablancourt. *J'en ferai autant pour mes Plaidoyers. Nous ne*

J'allois oublier un autre reproche qu'on lui fait encore : c'est d'avoir jusqu'à présent retenu l'ancienne manière d'écrire, qui marque l'analogie & l'é-

forons que crayonner les passages. Un petit Copiste à six deniers portera le tout sur du papier, qui ne sera écrit que d'un côté. Tellement qu'il ne faudra que découper ce papier, & rapporter chaque morceau en son lieu & place, où il sera collé. Tu sais que les Indices ne se font pas autrement. Nous sommes convenus que pour ta part, non-seulement tu ferois la même chose pour tes propres ouvrages, mais de plus (garde-toi de dire non) pour tout Balzac. Il a été réglé, ordonné, nous réglons, ordonnons, que tu fourniras cette tâche. Richelet est sûr de cinq ou six Auteurs vivans, qui, pour avoir le plaisir & l'honneur d'être citez eux-mêmes, fourniront d'autres extraits par-dessus le marché : & chacun gardera le silence, pour mettre sa petite vanité à l'abri, comme de raison. Je m'en suis ouvert au Rapin, & au Bouhours, qui s'y jettent à corps perdu. Allons, notre ami, travaille & beaucoup, & promptement. Songe que nous n'avons pas, comme toi, un Bréviaire bien payé, quoique mal récité. Adieu : nous nous aimions à la bavette, aimons-nous toujours. Ce 4 Avril 1677.

J'ai entre les mains l'original de cette lettre, qui s'adressoit à M. de Maucroix, Chanoine de Reims. On y voit clairement la vraie origine de ce Dictionnaire, dont Richelet passe pour l'unique auteur : & cela étant, on aura moins de peine à croire ce qu'il dit au mot tymologie

tymologie des mots; au lieu de se conformer à la nouvelle, qui supprime, ou remplace par des accens, la plupart des lettres inutiles pour la prononciation. Ce que j'ai donc à dire là-dessus, c'est qu'à l'égard de l'orthographe, comme en tout ce qui concerne la langue, jamais l'Académie ne prétendit rien innover, rien affecter. Sa loi, dès son établissement, fut de s'en tenir (5) *à l'orthographe reçûe, pour ne pas troubler la lecture commune, & n'empêcher pas que les livres déjà imprimez ne fussent lûs avec facilité.* Dès-lors il fut résolu, *qu'on travailleroit pourtant à ôter toutes les superfluitez, qui pourroient être retranchées sans conséquence.* Et c'est aussi ce qu'elle a voulu faire insensiblement: mais le Public est allé plus vîte, & plus loin qu'elle. Peut-être est-il allé trop loin, & trop vîte. Quoiqu'il en soit, elle dit très-bien, que *comme il ne faut point* (6) *se presser de rejeter l'ancienne*

Octave, page 62 des Remarques imprimées à la tête de ce Dictionnaire, dans la première édition, qui est de 1680, qu'il vint à bout de ce travail *en quinze ou seize mois.*

(5) Voyez Tome I, page 135.
(6) Préface du nouveau Dictionnaire.

Tome II. F

orthographe, on ne doit pas non plus faire de trop grands efforts pour la retenir. Ce qui signifie que, toujours asservie à l'usage, elle a respecté l'ancien, tant que ç'a été celui de nos écrivains les plus célèbres : mais qu'elle est disposée néanmoins à subir la loi du nouveau, lorsqu'il aura entièrement pris le dessus.

J'ai déjà dit que son Dictionnaire parut pour la première fois en 1694. Elle n'en commença la révision qu'en 1700. Il y eut donc six années d'intervalle, qui furent employées à recueillir, & à résoudre des doutes sur la langue, dans la vûe que cela serviroit de matériaux à une Grammaire, ouvrage qui devoit immédiatement suivre le Dictionnaire, selon le plan du Cardinal de Richelieu.

On arrêta que pour ce travail, qui n'étoit regardé que comme un préliminaire, la Compagnie se partageroit; & qu'à l'un des bureaux M. l'Abbé de Choisy tiendroit la plume, à l'autre M. l'Abbé Tallemant. D'abord ces deux bureaux travaillèrent avec l'ardeur qu'inspirent les nouvelles entreprises. On y rassembla les trois premiers mois de quoi faire deux petits Recueils, l'un desquels fut imprimé en 1698, sous le titre de *Remarques & décisions de l'Académie Françoise, recueillies par M. L. T.* Ces trois lettres initiales veulent dire *Monsieur l'Abbé Tallemant.* Il eut ordre (7) de se désigner à la tête du volume, soit parce que le style étoit purement de lui, soit parce que la Compagnie ne vouloit pas, à ce que je soupçonne, prendre sur elle toutes ces décisions, qui ne venoient que d'un bureau particulier, composé seulement de cinq ou six Académiciens. Quant au Recueil de M. l'Abbé de Choisy, elle ne jugea pas à propos d'en permettre l'impression, parce qu'il l'avoit écrit de ce style gai, libre, dont il a écrit son *Voyage de Siam.* Mais bien loin qu'en cela il fût à blâmer, la plufpart des lecteurs lui auroient sû gré, si je ne me trompe, d'avoir corrigé par un peu de badinage la sécheresse des questions grammaticales.

Au bout de trois mois, les deux bureaux se réunirent pour travailler conjointement à des *Observations sur les Remarques de Vaugelas.* Elles furent achevées en 1700, & mises au net par

(7) Reg. de l'Acad. 16 Janvier 1698.

F ij

T. Corneille : l'Abbé Regnier, Secrètaire perpétuel, ayant prié que l'on tînt de temps en temps la plume à sa place, pour n'avoir qu'à s'occuper de sa Grammaire. Car la Compagnie n'alla pas loin dans l'examen des doutes sur la langue, sans juger qu'un ouvrage de systême & de méthode ne pouvoit être conduit que par une personne seule. Qu'au lieu de travailler en corps à une Grammaire, il falloit en donner le soin à quelque Académicien, qui, communiquant ensuite son travail à la Compagnie, profitât si bien des avis qu'il en recevroit, que par ce moyen son ouvrage, quoique d'un particulier, pût avoir dans le Public l'autorité de tout le Corps.

On en chargea donc l'Abbé Regnier, qui, comme il le dit lui-même dans la Préface de sa Grammaire, y employa tout ce qu'il avoit pu acquérir de lumières *par cinquante ans de réflexions sur notre langue, par quelque* (8) *connoissance des langues voisines, & par trente-quatre ans d'assiduité dans les assemblées de*

---

(8). Modestie à part, il pouvoit dire, par une parfaite connoissance de l'Italien & de l'Espagnol. Ses Ouvrages le prouvent.

l'Académie, *où il avoit presque toujours tenu la plume.*

Qu'un jour l'Académie fasse pour lui ce qu'elle a fait pour Vaugelas ; qu'elle donne de courtes observations sur le petit nombre d'endroits, où il pourroit avoir trop déféré à ses préjugez ; & non-seulement ces deux habiles Grammairiens, Vaugelas & Regnier, suffiront à quiconque voudra savoir notre langue ; mais peut-être conviendra-t-on qu'il n'y a point de langue vivante où l'on ait de si grands secours que dans la nôtre, & dont les principes aient été recherchez avec tant de pénétration, éclaircis avec tant d'exactitude.

Ainsi, des quatre anciens projets, Dictionnaire, Grammaire, Rhétorique, Poëtique, en voilà deux d'exécutez avant la fin du dernier siècle : & les deux, qui seuls appartenoient proprement à notre langue. Car la Rhétorique & la Poëtique sont essentiellement les mêmes pour toutes les nations, & dans tous les temps. Ou s'il y a quelque chose de particulier pour nous dans la Rhétorique, c'est seulement ce qui regarde les figures de l'élocution ; & dans la Poëtique, c'est seulement ce qui regarde nos rimes, la construction du vers, & certaines pièces dont la forme n'est connue que parmi nous, comme le Virelai, la Ballade, le Rondeau. A cela près, je le répéte, tous les préceptes qui renferment l'essence de ces deux arts, sont invariables, & il y auroit de la présomption à croire qu'on puisse enchérir sur ce que les Anciens nous en ont transmis.

Pour se rendre donc utile à notre nation, ce n'est pas de nouveaux préceptes en ce genre, c'est des exemples que l'Académie devoit au Public. En a-t-elle donné ? Il ne faut que parcourir la liste des ouvrages qu'elle a produits, & qui sont au nombre de six ou sept cents, à n'y comprendre que ceux des Académiciens, dont nous parlons M. Pellisson & moi. Or nous ne parlons que de quatre-vingt-cinq Académiciens, qui est tout ce qu'il y en a eu de morts jusqu'en l'année 1700.

Quand donc l'ignorance ou l'envie se plaisent à dire que l'Académie Françoise ne fait rien, par-là qu'entendent-elles ? Que cette Académie en corps ne travaille pas ? En ce sens, non-seulement il n'est pas vrai qu'elle ne travaille point; mais il est vrai que c'est la seule des Académies, qui ait travaillé, & qui travaille, parce qu'en effet le travail des autres n'est pas de nature à pouvoir se faire en commun. Ces riches Mémoires, qui leur font tant d'honneur, & dont les volumes se multiplient si promptement, contiennent-ils quelque production d'une Académie en corps ? Ils contiennent des dissertations fournies par divers particuliers : & une dissertation de M. de Mairan, par exemple, n'est pas plus l'ouvrage de l'Académie des Sciences, qu'une Tragédie de Racine est l'ouvrage de l'Académie Françoise. Si cela est, on m'avouera que six ou sept cents volumes, dont la liste, pour venir jusqu'au temps présent, seroit augmentée de plus d'un tiers, font assez voir que cette Académie n'est pas une Compagnie de gens oisifs.

En un mot, le véritable fruit de ses assemblées ne consiste point dans les travaux qui s'y font en commun. Il consiste bien pluftôt dans les lumiéres, que les écrivains qui sont du corps, se trouvent à portée d'y puiser mutuellement, pour se rendre plus capables de servir le Public. Ce n'est pas une loi pour eux de consulter la Compagnie sur leurs ouvrages : ils sont aussi maîtres de leur plume, que s'ils n'étoient pas Académiciens : & comme la Compagnie ne répond, ni de leur doctrine, ni même de leur style, aussi ne la consultent-ils qu'autant qu'ils le jugent à propos pour leur propre satisfaction. Mais plus la liberté est grande à cet égard, plus elle les invite à ne point se refuser le secours d'une Critique faite par leurs confréres. Critique toujours rigoureuse, parce qu'elle vient de gens éclairez ; toujours utile, parce qu'elle tombe sur des gens dociles ; toujours agréable, parce qu'elle n'éclatte qu'entre amis.

Voilà, à peu près, ce que je m'étois proposé de dire sur l'Académie Françoise, considérée en général : il me reste à parler des Académiciens en particulier.

SECONDE PARTIE.

JE n'ai dessein de faire ni des éloges, ni des satires. Il y a un milieu. Je m'attache à des récits vrais dans le fond, simples dans la forme.

Pour louer, quelquefois il me suffira d'avoir consulté mon propre goût ; mais pour censurer, il faudra que j'y sois autorisé par le jugement du Public.

Je ne considére dans les personnes dont j'ai à parler, que la qualité seule d'Académicien : leurs autres qualitez sont étrangéres à mon sujet : ou si de temps en temps il m'arrive d'y toucher, ce sera par occasion, & autant que je le croirai nécessaire pour donner une juste idée de leur mérite.

Tel à qui je consacrerois un éloge dans toutes les formes, si j'écrivois l'Histoire de nos grands Prélats, ou de nos grands Magistrats, n'aura donc ici de moi qu'un article très-court ; & peut-être serai-je plus long sur l'Abbé Cotin, par exemple, que sur M. de Harlay, Archevêque de Paris : quoiqu'il n'y ait d'ailleurs nulle proportion entre un Poëte médiocre, & un Prélat qui, durant plus de trente ans, conduisit avec tant d'habileté les plus importantes affaires de l'Eglise.

Il est vrai qu'en me bornant presque au littéraire, je me prive de tout ce qui pouvoit le plus orner mon ouvrage. Mais j'ai devant moi l'exemple d'un grand maître, Cicéron. Dans un livre où son dessein est de faire connoître les Orateurs illustres qui l'ont précédé, il ne s'arrête qu'à leur qualité d'Orateur. Plusieurs avoient commandé des armées, avoient été Consuls. De petites digressions sur leurs exploits militaires, & sur leurs vertus civiles, devoient bien tenter un homme qui ne haïssoit pas les occasions de paroître éloquent. Il a pourtant le courage de se captiver ; & d'une matière si abondante, si variée, il n'en prend que ce qui va directement à son but.

Je remonte à quelques-uns des Académiciens, dont a parlé M. Pellisson, mais seulement à ceux sur qui j'ai pu recouvrer des mémoires exacts. Quant aux autres, je me suis contenté de mettre en forme de notes, comme on l'a vû dans le Tome précédent, le peu que j'avois à dire sur leur sujet.

Un point essentiel, c'est de rapporter jusqu'aux moindres ouvrages d'un Académicien, & d'en citer toujours la première édition, parce que sur cette date, les Critiques voient si c'est un fruit, ou de la jeunesse, ou de l'âge mûr. Ils voient si c'est un ouvrage postume, & qui dès-lors mérite plus d'indulgence, car l'Auteur peut n'y avoir pas mis la dernière main. Et quand il y a plusieurs ouvrages d'un même Auteur, on peut quelquefois, en observant le temps où ils ont été faits, parvenir à connoître les changemens arrivez dans ses études, dans son goût, dans ses opinions, & même dans sa fortune.

I.

JEAN-LOUIS GUEZ
DE BALZAC,

Conseiller (1) *du Roi en ses Conseils, l'un des premiers Académiciens, mort le 18 Février 1654.*

Il naquit (2) en 1594 à Angoulême, où son père, Gentilhomme de Languedoc, avoit épousé une Demoiselle, qui lui apporta en mariage la terre de Balzac, située dans le voisinage de cette ville, sur les bords de la Charente.

A l'âge de dix-sept ans il alla en

---

(1) Pour éviter tout anachronisme, il est à observer que les titres dont le nom d'un Académicien est suivi, répondent la plupart, non pas au temps de sa réception, mais aux derniers temps de sa vie.

(2) Bayle, dans son Diction. art. BALZAC, rem. A, prétend que Balzac étoit né en 1595, ou même plus tard. Mais j'ai trouvé 1594 dans un Mémoire de la propre main de Chapelain.

Hollande, je ne sais à quelle occasion. Mais il nous apprend lui-même, que peu de temps après il accompagna dans plusieurs voyages le Duc d'Espernon, à qui son pére étoit attaché; & qu'ensuite s'étant donné au Cardinal de la Valette, il alla en qualité de son Agent, passer dix-huit mois à Rome, pendant les années 1621, & 1622.

À son retour d'Italie, n'étant encore âgé que de vingt-huit ans, il se confina dans sa terre de Balzac, d'où il ne sortit presque plus le reste de ses jours, que pour se montrer cinq ou six fois à Paris. Il s'y laissoit attirer par quelques lueurs de fortune sous le Ministére du Cardinal de Richelieu, qui, avant que d'être Ministre & Cardinal, avoit recherché (3) son amitié. Mais enfin l'ame fiére de M. de Balzac (4) ne put se résoudre à cette patience & à ces

(3) Voyez les Oeuvres de Balzac, édition *in-folio*, Tome II, page 402.
(4) Aujourd'hui l'usage est de dire *Balzac* tout court. Mais dans un article qui lui est consacré à lui en particulier, la bienséance veut que je lui donne encore du *Monsieur*, au moins pour l'ordinaire; car je ne répons pas que l'usage ne m'entraîne quelquefois, sans que j'y pense. J'observerai la même rè-

bassesses, que l'ambition exige de ceux qui n'ont que du mérite. Il ne voulut pas obtenir à force de persévérance & d'importunité, les graces qu'il croyoit dûes à l'éclat de sa réputation ; & il préféra au superflu que la Cour (5) lui eût vendu trop cher à son gré, le nécessaire & l'honnête que sa campagne lui fournissoit.

Peut-être aussi qu'à cet égard sa mauvaise santé faisoit partie de sa philosophie. A quoi bon courir après les richesses, si l'on ne se sent pas en état d'en pouvoir jouïr ? Il n'avoit pas trente ans, que déjà il se plaignoit d'être *plus* (6) *vieux que son pére, & aussi usé qu'un vaisseau qui auroit fait trois fois le voyage des Indes.* A ces hyperboles on

gle à l'égard des autres Académiciens, qui sont déjà éloignez du temps où j'écris.

(5) Il n'eut jamais de la Cour que deux mille francs de pension à prendre sur l'Epargne, mais dont il fut rarement payé. On y ajoûta les titres de *Conseiller d'Etat*, & d'*Historiographe de France*, qu'il appelle de *magnifiques bagatelles*, Tom. I, pag. 870. Il ne prenoit que le titre de *Conseiller du Roi en ses Conseils*.

(6) Voyez Tom. I, pag. 12, une de ses lettres du 4 Juillet 1622.

reconnoît M. de Balzac. Il dit ailleurs, & remarquons que c'est dans un ouvrage composé peu de temps avant sa mort, *Que si on pouvoit* (7) *séparer de sa vie, les jours que la douleur & la tristesse en ont retranchez, il se trouveroit que depuis qu'il est au monde, il n'a pas vécu un an tout entier.*

Il fut d'abord connu par ses *Lettres*, dont le premier volume parut en 1624. Elles causèrent, si j'ose ainsi parler, une révolution générale parmi les beaux-esprits. Jusqu'alors ils avoient formé une République, où les dignitez se partageoient entre plusieurs : mais cette République tout-à-coup devint une Monarchie, où M. de Balzac fut élevé à la Royauté par tous les suffrages. *On ne parloit* (8) *pas de lui simplement, comme du plus éloquent homme de son siècle, mais comme du seul éloquent.*

Placé ainsi sur le thrône de l'Eloquence, il vit ce qui peut-être ne s'étoit jamais vû entre Auteurs, la jalousie de tous ses contemporains se taire devant lui. Mais ce que la jalousie n'osa tenter, fut entrepris par le zèle d'un

(7) Voyez Tom. II, pag. 638.
(8) Despréaux, Réflex. VII sur Longin.

jeune Feuillant, nommé Dom André de Saint Denys, qui prit feu sur quelques paroles (9) indiscrètes de M. de Balzac, & lâcha contre lui un petit écrit (10) assez piquant. Les amis de M. de Balzac (11) répliquérent pour lui. Et alors, la guerre s'allumant de plus en plus, le Général même des Feuillans, caché sous le nom (12) de

(9) *Qu'il y a quelques petits Moines qui sont dans l'Eglise, comme les rats & les autres animaux imparfaits étoient dans l'Arche.* Balzac, Tom. I, pag. 141.

(10) Il a pour titre : *Conformité de l'Eloquence de M. de Balzac avec celle des plus grands personnages du temps passé & du présent.*

(11) Entre autres le Prieur Ogier, qui publia *l'Apologie pour M. de Balzac* en 1627.

Quant à M. de Balzac, il ne fit rien paroître là-dessus que dix-sept ans après ; car son Apologie faite par lui-même, sous le titre de *Relation à Ménandre*, ne parut que dans ses *Oeuvres diverses*, imprimées pour la première fois en 1645.

(12) *Phyllarque*, comme qui diroit *Prince des feuilles*, par allusion à sa qualité de Général des Feüillans. Il le nommoit en son véritable nom *Jean Goulu*. Ses deux volumes contre Balzac, intitulez *Lettres de Phyllarque à Ariste*, parurent, le premier en 1627, & le second en 1628.

Phyllarque, publia deux volumes, où il traite le pauvre Balzac, non-seulement de plagiaire & d'ignorant, mais de voluptueux, de libertin, & d'athée.

Pas la moindre apparence de tout cela dans les écrits de M. de Balzac, qui étoit réellement un homme de bonnes mœurs, & plein de religion. Mais que ne voit-on pas dans un Auteur, quand on le lit avec les yeux de la colère, de la vengeance, ou d'un zèle faux & amer, passion la plus aveugle de toutes ?

Je ne dis rien (13) de quelques petits écrivains, qui se déclarèrent pour l'un ou pour l'autre parti. Car du moment qu'un Auteur célèbre a une guerre sur les bras, aussi-tôt il s'élève une nuée de combattans, qui veulent à quelque prix que ce soit, paroître dans la mêlée. Mais après la bataille, leur nom retombe dans l'oubli, & l'on ne se souvient que des Chefs.

(13) Je ne m'engagerai pas non plus à raconter la querelle de Girac & de Costar, survenue long-temps après : elle ne regarde qu'indirectement M. de Balzac : d'ailleurs l'affaire seroit d'une discussion, qui me conduiroit trop loin.

Au reste, les vains efforts d'une Critique outrée, bien loin de ternir la gloire de M. de Balzac, ne servirent qu'à en augmenter l'éclat. Il fit dans la suite beaucoup de petits ouvrages, tous marquez au même coin. Il en fit de Critiques, de Moraux, de Politiques, de Théologiques. Il s'y montra toujours le créateur de son élocution. Il eut quantité d'imitateurs, mais dont aucun ne l'égala : & s'il eut un concurrent dans l'art de bien écrire une lettre, c'est que pour aller au même but, Voiture prit un chemin tout différent.

Voiture & lui étoient à peu près de même âge. Ils avoient l'un & l'autre beaucoup d'esprit. Ils cultivoient l'un & l'autre la prose & la poësie. Ils apportoient l'un & l'autre (14) un soin extrême à la composition de leurs ouvrages. Ils possédoient l'un & l'autre tout ce qu'il y avoit de beau en

---

(14) Pour Balzac, il avoue qu'*une petite lettre lui coûtoit plus qu'un gros livre à ce dévoreur de livres*, en parlant de Saumaise, Tom. I, pag. 878. Et dans une autre de ses lettres, pag. 920, il s'écrie : O *bien-heureux écrivains, M. de Saumaise en Latin, & M. de Scudéry en François ! J'admire votre facilité, &*

François, en Italien, en Espagnol, en Latin. Balzac fit divers ouvrages en Latin ; & Voiture montra par quelques essais, que pour se distinguer aussi en cette langue, il n'avoit qu'à vouloir s'en donner la peine. Voilà en quoi ces deux illustres écrivains se ressembloient.

A cela près, rien de plus opposé que leurs caractères. L'un se portoit toujours au sublime : l'autre, toujours au délicat. L'un avoit une imagination élevée, qui jetoit de la noblesse dans les moindres choses : l'autre, une imagination enjouée, qui faisoit prendre à toutes ses pensées un air de galanterie. L'un, même lorsqu'il vouloit plaisanter, étoit toujours grave : l'autre, dans les occasions même sérieuses, trouvoit à rire. L'un vouloit être admiré : l'autre, se rendre aimable.

On fut long-temps partagé sur leur mérite, comme il arrive nécessairement, lorsqu'il s'agit de comparer

---

j'admire votre abondance ! Vous pouvez écrire plus de Calépins, que moi d'Almanachs.

A l'égard de Voiture, il n'y a qu'à voir la *Défense* de ses ouvrages par Costar, pag. 16, & 17.

deux Auteurs, qui n'ont pas écrit dans le même goût. Enfin la Postérité, qui seule peut (15) *établir le vrai mérite des ouvrages*, s'est accordée en ce point, que ni Balzac, ni Voiture, ne lui paroissent être sans défauts. Et pour me borner ici à ce qui regarde le premier, on est revenu, il y a long-temps, de ses hyperboles : on lui reproche l'affectation & l'enflure : on ne lui trouve pas toujours ce vrai, que la nature veut par-tout, & qui n'est autre chose que la nature elle-même.

Par où donc M. de Balzac, malgré ses défauts, se fit-il regarder de toute la France, comme le *plus éloquent* homme de son siècle ? Par le secret qu'il trouva, de donner *à notre langue* (16) *un tour & un nombre qu'elle n'avoit point auparavant*. Mais ceci demande un éclaircissement, qu'il faut prendre de plus loin.

Jusques à François I, notre langue fut assez négligée. Elle sortit du cahos, pour ainsi dire, avec les sciences & les arts, dont ce Prince fut plustôt

(15) Despréaux, Réflex. VII sur Longin.
(16) *Entretiens d'Ariste & d'Eugéne.* Quatrième édition de Cramoisy, pag. 150.

le pére que le restaurateur. En peu de temps, à la vérité, elle fit d'étonnans progrès, ainsi que nous le voyons par les écrits d'Amyot pour la prose, & de Marot pour les vers. Mais attentifs à leurs plus pressans besoins, les écrivains de ce temps-là n'alloient pas tant à polir notre langue, qu'à l'enrichir. Il ne s'agissoit pas encore de chercher l'agréable, qui consiste dans l'élégance & dans l'harmonie. Il falloit pourvoir d'abord au nécessaire, qui consiste dans l'abondance des mots, & dans la clarté de la construction.

Enfin Malherbe vint, & le premier en France
Fit sentir dans les vers une juste cadence,

dit M. Despréaux. Mais cette cadence, Malherbe ne la vouloit que pour les vers. Car nous lisons dans sa vie, *Qu'il se moquoit* (17) *de ceux qui disoient que la prose avoit ses nombres; & qu'il s'étoit mis dans l'esprit que de faire des périodes nombreuses, c'étoit faire des vers*

(17) Vie de Malherbe par Racan, pag. 47 de l'édition de Paris 1723.

en prose. Apparemment l'oreille de Malherbe n'étoit faite que pour la poésie. Quoiqu'il en soit, Cicéron, le meilleur juge qu'il y eut jamais en matière de style, pensoit bien différemment ; & peu s'en faut qu'il ne décerne (18) les honneurs divins à un Orateur, qui connoît les graces de l'harmonie.

Il étoit réservé à M. de Balzac d'introduire ces graces dans notre prose. La gloire qui lui appartient en propre, dont il est en possession depuis plus d'un siècle, & qui vrai-semblablement ne mourra jamais, consiste en ce qu'il nous a fait sentir que notre langue, sans le secours du vers, étoit susceptible d'un tour nombreux. A moins pourtant qu'on ne veuille lui faire un crime d'avoir souvent employé dans le style épistolaire, le tour & la cadence du style oratoire. Mais c'est une faute qui ne fait tort qu'à lui, & dont l'effet ne laisse pas d'être heureux pour nous ; puisqu'elle nous a découvert le

---

(18) *Quem Deum, ut ita dicam, inter homines putant ? Qui... in ipsa oratione quasi quemdam numerum, versumque conficiunt.* Cic. de Orat. III. 19.

mérite de l'harmonie. Il a mal appliqué son art, mais il l'a trouvé, & nous en profitons.

J'ai parlé ailleurs du Prix qu'il a fondé, & que l'Académie donne tous les deux ans, pour contribuer à former ceux qui se destinent à la chaire. En le fondant, il a immortalisé tout ensemble, & sa passion pour l'Eloquence, & son zèle pour la Religion. Car, je le dis encore, non-seulement sa foi, mais ses mœurs étoient véritablement chrétiennes, & sa mort fut des plus édifiantes. Peut-on lire, sans en être vivement ému, la relation que nous (19) en avons ? Quels sentimens d'humilité, de résignation, de confiance en Dieu ! Sa foible santé l'avoit depuis long-temps averti de se préparer à sa dernière heure. Dans cette vûe il s'étoit bâti deux chambres aux Capucins d'Angoulême, où plusieurs fois l'année il alloit se recueillir. Il voulut être inhumé parmi les pauvres de l'Hôpital.

Mais de toutes les preuves qu'un Auteur donne de sa religion, je ne sais si

---

(19) Parmi les Oeuvres de Balzac, tout à la fin du Tome II.

l'une des moins suspectes n'est pas de se réconcilier avec des gens, qui mal à propos, & de gaieté de cœur, ont travaillé à le flêtrir. Rien donc de plus glorieux pour M. de Balzac, rien de plus exemplaire que sa réconciliation avec les Feuillans. Tout se passa de part & d'autre dans les règles de la charité. Dom André de S. Denys, qui avoit été l'agresseur, alla exprès à Balzac pour le voir; & M. de Balzac non-seulement le reçut à bras ouverts, mais lui jura une tendre amitié, dont en effet ses derniers ouvrages sont tout pleins. Il voulut même laisser à l'Eglise de ce Religieux un monument de sa piété : & comme ses idées ne se bornoient pas à quelque chose de vulgaire, son présent fut une cassolette de vermeil, avec une fondation pour l'entretien des parfums.

Tous ses ouvrages, rassemblez par les soins de M. Conrart, furent imprimez en deux volumes *in-folio*, à Paris, 1665. Mais par les raisons que j'ai touchées ci-dessus, il est à propos d'en marquer les premières éditions, à l'exception pourtant de ses Lettres; car puisqu'elles sont toutes datées, qu'importe

porte de savoir quand elles sont tombées entre les mains de l'Imprimeur ?

OUVRAGES DE M. DE BALZAC.

I. *Lettres*. Paris, 8. 1624, &c.
II. *Le Prince*. Paris, 4. 1631.
III. *Discours sur une Tragédie* (de Daniel Heinsius) *intitulée*, Herodes infanticida. Paris, 8. 1636.
IV. *Discours Politique sur l'état des Provinces-Unies*. Leyde, 4. 1638. C'est un écrit de dix pages, dont parle Bayle dans l'article BALZAC, remarque A. En l'examinant, on verra que les conséquences qu'il en tire contre la Catholicité de Balzac, sont bien téméraires. Il paroît n'avoir pas pris garde que cet écrit se retrouve dans le Balzac *in folio*, Tom. II, pag. 482.
V. *Oeuvres diverses*. Paris, 4. 1644.
VI. *Le Barbon*. Paris, 8. 1648.
VII. Carminum libri tres : ejusdem Epistolæ selectæ. *Paris*, 4. 1650.
VIII. *Socrate Chrétien, & autres œuvres*. Paris, 8. 1652.
IX. *Entretiens*. Paris, 4. 1657.
X. *Aristippe*. Paris, 4. 1658.

II.

PIERRE DE BOISSAT,

Chevalier & Comte Palatin, l'un des premiers Académiciens, mort le 28 Mars 1662.

Il naquit (1) en 1603 à Vienne en Dauphiné. Ce fut dès l'enfance un prodigieux talent pour les vers. On lui dictoit un thême en prose françoise, & sur le champ, à mesure qu'on le dictoit, il le tournoit en vers latins. Aussi fut-il dès-lors appelé *Boissat l'esprit*, nom qui lui resta toujours dans sa province, & qui, sans doute, étoit fondé sur ce que l'inclination à la Poësie fut de tout temps un des signes les plus certains, par où se manifeste l'esprit d'un enfant.

Au sortir du Collége, il s'appliquoit à l'étude du Droit, lorsqu'en 1622 le

(1) Nous avons sa Vie par Nicolas Chorier son compatriote, *De Petri Boessatii, Equitis & Comitis Palatini, vita, amicisque literatis, libri duo*, imprimée à Grenoble, 1680.

Connétable de Lesdiguiéres fit marcher des troupes contre les Huguenots du Vivarez. Il y alla en qualité de volontaire; & les éloges qu'y mérita sa bravoure, lui firent oublier que sa famille l'eût destiné à la Robe.

Peu de temps après il fit le voyage de Malthe, où il fut comblé de politesses, non-seulement à cause de son mérite personnel, mais parce que son pére (2) avoit écrit l'Histoire de cet Ordre si célèbre.

A son retour, une tempête le jeta sur les côtes de Languedoc. Henri de Montmorency, alors Gouverneur de cette province, lui fit un bon accueil, & n'oublia rien pour le retenir. Mais le Connétable de Lesdiguiéres ayant invité la Noblesse de Dauphiné à secourir le Duc de Savoie contre les Génois en 1625, aussi-tôt M. de Boissat prit congé du Duc de Montmorenci, pour voler où la gloire l'appeloit. Il s'y distingua, & par l'épée, & par la

(2) Pierre de Boissat, pére de l'Académicien, outre son *Histoire de Malthe*, a publié divers autres ouvrages, sur lesquels on peut voir Gui Allard, dans sa Bibliothèque du Dauphiné.

plume : car les Génois décriant fort la conduite du foldat François, il arrêta le cours de leurs libelles par une Apologie qu'il fit en latin, & qu'il adreffa (3) au Pape Urbain VIII.

Il fe trouva en 1627 à la défenfe de l'Ile de Rhée : l'année fuivante, au fiége de la Rochelle. Il en revint à la fuite de Gafton Duc d'Orléans, Prince qui aimoit les efprits cultivez, & qui, dans les temps où la guerre lui donnoit du relâche, faifoit tenir chez lui de favantes conférences, où l'on arrivoit préparé fur les matières qu'il avoit indiquées lui-même. Ce fut par-là que M. de Boiffat eut occafion de fe lier avec ceux de nos écrivains qui primoient alors, & nommément avec Faret, Baudoin, & Bourbon. Il s'étoit fait une habitude, même à l'armée, d'apprendre par cœur quelque chofe tous les jours, & de le réciter à haute voix. De là une grande facilité à parler d'un ton foutenu, & une mémoire enrichie de mille traits remarquables, qui le faifoient infiniment briller dans ces affemblées.

(3) Chorier, de qui j'apprens ceci, ne dit point fi cette Apologie eft imprimée.

Quelques duels où il fut heureux, achevant de le mettre bien dans l'esprit de Gaston, ce Prince le fit Gentilhomme de sa chambre ; & dans tout ce qu'il entreprit contre le Roi son frére, en Lorraine, en Flandres, en Allemagne, il n'eut point de confident plus chéri que M. de Boissat, dont la bouche étoit propre à persuader, & le bras prompt à exécuter.

Après la bataille de Nortlingue, Gaston réconcilié avec le Roi, & de retour à Paris, garda toujours auprès de lui M. de Boissat, à qui l'une des quarante places de l'Académie naissante fut alors donnée par le Cardinal de Richelieu.

Pendant que ces premiers Académiciens s'exerçoient à faire entre eux des discours d'Eloquence, il en fit (4) un *de l'Amour des corps*, pour l'opposer à celui qu'un de ses confréres avoit fait quinze jours auparavant, *de l'Amour des esprits*.

Aimé de son Maître, estimé du premier Ministre, honoré des Savans, il voyoit sa fortune plus riante que jamais, lorsqu'en 1636 il résolut d'aller

(4) Voyez Tome I. pag. 98.

se montrer dans sa patrie. Ce fut pour lui une source intarissable de chagrins. Etant à Grenoble, il se trouva, masqué en femme, à un bal que donnoit le Comte de Sault, Lieutenant de Roi en Dauphiné. Il s'y servit du privilége des masques pour tenir des propos (5) libres à Madame la Comtesse de Sault. Elle s'en offensa, mais si fort, qu'elle se porta dès le lendemain à une cruelle vengeance, qui seize mois après fut suivie d'un accommodement, dont l'acte solennel est inséré dans le Tome premier de cette Histoire.

Après un si triste accident, il perdit toute idée de reparoître à la Cour, & il se confina pour toujours à Vienne. Heureusement il avoit une ressource, avec laquelle point de séjour qui ne plaise ; point de disgrace qu'on ne dévore. Je veux dire l'amour de l'étude. Il crut qu'une femme pourroit lui être aussi de quelque consolation, & il épousa Clémence de Gessans, niéce d'un

(5) Ceci est différemment rapporté dans le *Segrésiana* : mais je suis pas à pas mon guide Nicolas Chorier, qui en savoit bien autant là-dessus, que ceux qui ont fait parler M. de Segrais.

grand (6) Maître de Malthe. Un autre secours encore, mais le plus efficace qu'il pût opposer à ses adversitez, ce fut la dévotion solide, qu'il embrassa pour le reste de ses jours, & même, si cela se peut, avec quelque sorte d'excès.

Il poussa effectivement l'esprit de pénitence jusqu'à des signes extérieurs, que les bienséances du monde ont peine à souffrir. Il négligeoit ses cheveux, se laissoit croître la barbe, affectoit de porter des habits grossiers, attroupoit & catéchisoit les pauvres dans les carrefours, faisoit de fréquens pélérinages à pied. En un mot, il ne vouloit nulle différence entre les vertus d'un Cavalier, & celles d'un Moine.

On raconte que la Reine de Suède passant par Vienne en 1656, les principaux de la Ville priérent M. de Boissat, qui lui étoit connu par ses Poesies, de marcher à leur tête pour lui faire compliment; & que s'étant présenté devant elle avec un air de mal-propre-

_____

(6) Elle étoit Clermont de Chaste. Il eut de ce mariage deux enfans : un fils, qui fut tué à sa premiére campagne ; & une fille, mariée en Savoie au Comte de Saint Maurice.

té, il lui fit un sermon pathétique sur les jugemens de Dieu, & sur le mépris du monde. Christine, rentrée depuis peu dans le sein de l'Eglise, mais toujours femme & Princesse, souffrit impatiemment qu'au lieu de lui donner des louanges, l'Orateur se jetât sur une matière si lugubre. Quand il se fut retiré, *Ce n'est point là*, dit-elle, *ce Boissat que je connois : c'est un Prêcheur, qui emprunte son nom.* Après quoi, de tout le temps qu'elle fut à Vienne, elle ne voulut pas le revoir.

Outre les deux ouvrages françois, qu'il a publiez sous son nom, & qui sont des monumens de sa piété ; l'Auteur de sa Vie nous apprend que deux autres ouvrages, l'*Histoire Négrepontique*, & les *Fables d'Esope* avec des notes, imprimez sous le nom de Jean Baudoin, sont certainement de M. de Boissat, qui ne les trouvant pas assez graves pour lui, consentit que son ami les adoptât.

A l'égard de ses compositions latines, tant prose que vers ; ne croiroit-on pas sur la (7) foi de Chorier, qu'el-

_____

(7) Non-seulement Chorier, dans la Vie de Boissat, ne dit nulle part que ces ouvra-
les

les n'ont pas été imprimées ? Et cependant elles l'ont été. J'en ai tenu depuis peu l'exemplaire qui appartenoit à Chorier lui-même, & qui se garde dans la bibliothèque du grand Collége de Lyon, d'où l'on m'a fait la grace de me l'envoyer. C'est un assez gros *in-folio*, sans frontispice, sans préface, & où il manque par-ci par-là quelques feuillets, à la place desquels on a mis du papier blanc. Je soupçonne que c'étoit originairement le propre exemplaire de l'Auteur, & que n'ayant pas voulu s'en priver tout-à-fait, du moins il prit le parti de le mutiler, afin que ses ouvrages ne lui survêcussent pas en leur entier. Car on m'a dit que peu de temps avant sa mort, l'édition prête à paroître, il la supprima par délicatesse de conscience, de peur qu'elle ne lui attirât des louanges. Puis donc que cet exemplaire pourroit bien être l'unique reste du sacrifice, j'en vais détailler exactement le contenu.

On y trouve d'abord sept Relations en prose, qui sont autant d'ouvra-

---

ges soient imprimez, mais il donne à entendre le contraire, dans son *Etat politique de la Province de Dauphiné*, Tom. I, pag. 126.

Tome II.   I

ges séparez, & dont voici les titres.

I. *Pusinensis obsidio.* II. *Navigatio Melitensis.* III. *Ligustica expeditio.* IV. *Anglorum ad Rheam exscensio, & Rupella obsessa.* V. *Rupella capta.* VI. *Silva-Ducensis expugnatio.* VII. *Lotharingia capta.* Ce sont les Relations des guerres où M. de Boissat s'étoit trouvé en personne. La dernière est divisée en six livres.

Voilà pour la prose. On trouve ensuite ses Poësies, qui toutes ensemble montent bien, je crois, à quinze ou seize mille vers.

I. *Martellus.* Poëme Epique sur la défaite des Sarazins par Charles Martel, en six livres, dont le plan & les argumens se voient dans les Poësies latines de N. Chorier.

II. *Hermonii, sive Institutionum Imperialium libri IV.* C'est une paraphrase en vers latins, des Institutes de Justinien.

III. *Sylvarum liber primus, heroïca poëmatia continens: secundus, Elogia quibusdam imaginibus ad vivum expressis apponenda.*

IV. *Elegiarum libri tres: primus, sacras continens: secundus, funereas: tertius, communes.*

V. *Hebraarum Heroïdum Epistolæ.*
VI. *Sacra Metamorphoses.*
VII. *Nobilium plantarum Metamorphoses.*
VIII. *Epigrammatum liber singularis.*
IX. *Tumulorum liber singularis.*
X. *Sacri argumenti Disticha, quibus veteris Testamenti figuræ ad novi mysteria reducuntur.*

Un excellent Juge à qui j'ai montré divers morceaux de ces Poësies, y a trouvé plus de facilité que d'élégance, plus de fécondité que de choix.

Au reste, ce fut Gaspar Lascaris, Vice-Légat d'Avignon, qui fit M. de Boissat Comte Palatin. Il descendoit de ces fameux Lascaris, qui dans le quinzième siècle, après la prise de Constantinople, se réfugiérent en Italie, où ils contribuérent infiniment à la renaissance des Lettres. Il avoit hérité de leur inclination pour les *Savans.* Chapelain, sans l'avoir sollicité, reçut pareillement de lui un Brevet de *Comte Palatin*, mais dont il eut la modestie de ne jamais faire usage.

Ouvrages de M. de Boissat.

I. *Histoire Négrepontique, contenant la vie & les amours d'Alexandre Castriot.* Paris, 8. 1631.

II. *Les Fables d'Esope, illustrées de Discours moraux, philosophiques, & politiques.* Paris, 8. 1633.

III. *Relation des Miracles de Notre-Dame de l'Ozier : avec des vers à la louange de la Sainte Vierge, en cinq langues,* qui sont la Grecque, la Latine, l'Espagnole, l'Italienne, & la Françoise. *Lyon,* 8. 1659.

IV. *Morale Chrétienne.* M. Pellisson parle de cette Morale, comme d'un ouvrage prêt à imprimer : & Gui Allard, dans sa Bibliothèque du Dauphiné, en parle comme d'un livre imprimé.

V. Ouvrages latins, dont la liste est ci-dessus dans le corps de cet article.

III.

FRANÇOIS LE MÉTEL
DE BOISROBERT,

Abbé de Châtillon sur Seine, Conseiller d'Etat, l'un des premiers Académiciens, mort en 1662.

Tout ce qui peut se dire aujourd'hui d'un homme mort depuis plus de soixante ans, jamais ne vaudra le témoignage d'un de ses contemporains. Puis-je donc mieux faire que de transcrire ici ce qui se trouve dans les *Origines de Caen*, dont l'illustre Auteur avoit fort connu l'Abbé de Boisrobert ? J'y ajoûterai seulement quelques notes, à la manière des Commentateurs.

„ François le Métel de Boisrobert
„ naquit à Caen dans la Paroisse de
„ Notre-Dame de Froiderue, fils d'un
„ Procureur de la Cour des Aydes de
„ Rouen. Il y a eu à Caen d'ancien-
„ nes familles de son nom, qui pour-
„ roient faire croire qu'il en étoit sorti.

,, L'agrément (1) de son esprit, & de
,, son humeur, lui méritérent (2) la fa-
,, veur du Cardinal de Richelieu, &
,, ensuite l'Abbaye de Châtillon sur Sei-
,, ne, le Prieuré de la Ferté-sur-Aube,

(1) Il avoit souverainement le don de cette *niaiserie affectée, qui est familière à Caen*, & que Patris se vantoit d'avoir enseignée à Voiture, comme nous l'apprenons de M. Huet, dans l'endroit de ses Origines de Caen, où il parle de Patris. Un conte charmoit dans la bouche de Boisrobert. Il étoit *grand dupeur d'oreilles*. C'est lui-même qui le dit, en représentant à Conrart, qui l'invitoit à publier ses Poësies, qu'elles pourroient bien n'avoir pas sur le papier, tout l'agrément qu'il avoit l'art de leur donner, quand il les récitoit.

En récitant, de vrai je fais merveilles.
Je suis, Conrart, un grand dupeur d'o-
reilles.

(2) Il y eut un intervalle de disgrace, & voici à quel sujet. Quand la Tragédie de *Mirame* fut jouée pour la première fois, le Cardinal fit défense d'y laisser entrer qui que ce fût, hors les personnes qu'il auroit nommées lui-même. Boisrobert cependant ne laissa pas d'y faire entrer secrettement deux femmes d'une réputation équivoque. La Duchesse d'Aiguillon, qui ne l'aimoit point, comme ordinairement les parens des Grands n'aiment point leurs Favoris, profita de cette occasion pour

,, avec d'autres bénéfices. Il prenoit la
,, qualité d'Aumônier du Roi, & de
,, Conseiller d'Etat. Et par dessus tout
,, cela, il obtint des lettres d'anoblisse-

le perdre, en remontrant au Cardinal que Boisrobert étoit le seul qui eût osé mépriser ses ordres, & qu'à la vûe de la Reine, & de toute la Cour, il avoit été le *profanateur de son palais*. C'est ce que portent les lettres manuscrites de Chapelain. Je n'en ai point voulu adoucir les termes, exprès pour mettre dans son jour l'action que fit l'Académie en corps, action qui mérite d'être immortalisée. La Compagnie n'ignoroit pas que la niéce du Cardinal étoit irritée, elle savoit que dans le fond Boisrobert avoit tort, & cependant elle eut le courage de députer au Cardinal, pour lui redemander Boisrobert après quelques mois d'exil. Qu'il est beau de voir entre les premiers Académiciens, non-seulement une société de littérature, mais encore une société d'intérêts ! Ils suivoient cette admirable maxime de Quintilien : *Non est sanctius sacris iisdem, quàm studiis initiari*. Le Cardinal reçut parfaitement bien les députez, & après leur avoir dit qu'ils méritoient d'avoir un confrére moins étourdi que Boisrobert ; il ajoûta que l'heure du pardon n'étoit pas encore venue, mais qu'elle pourroit venir. En effet, à quelque temps de là, Boisrobert rentra dans ses bonnes graces ; mais pour en joüir bien peu, car le Cardinal mourut la même année.

„ ment pour lui & ses freres, l'un des-
„ quels étoit le Sieur d'Ouville, Au-
„ teur de ce Recueil de Contes qui est
„ entre les mains de tout le monde, &
„ de la Comédie intitulée : *Aimer sans*
„ *savoir qui*. Il eut bonne part à l'é-
„ tablissement de l'Académie Françoi-
„ se. Jamais homme n'a employé sa
„ faveur plus volontiers pour les gens
„ de mérite. Il mourut en l'année 1662,
„ dans de grands sentimens de repen-
„ tir de n'avoir pas réglé assez exacte-
„ ment sa vie, suivant les devoirs de
„ sa profession.

Ouvrages de M. de Boisrobert.

I. *Paraphrase* (en vers) *sur les sept Pseaumes de la Pénitence de David*. Paris, 12. 1627.

II. *Lettres diverses*, dans le Recueil de Faret, 1627.

III. *Histoire Indienne d'Anaxandre & d'Orasie*. Paris, 8. 1629.

IV. *Les Epîtres* (en vers : première partie) *de Boisrobert*. Paris, 4. 1647.

V. *Les Nouvelles héroïques & amoureuses*. Paris, 8. 1657.

VI. *Les Epîtres en vers* (seconde partie) *& autres Oeuvres poëtiques*. Paris, 8. 1659.

VII. *Poësies diverses* dans le *Sacrifice des Mu-*

ses, dont il est l'éditeur, & dans d'autres Recueils de son temps.

Pièces de Théatre.

I. *La Lisiméne, ou l'heureuse Tromperie*, Tragi-comédie. 1633.
II. *Les Rivaux amis*, Tragi-comédie. 1639.
III. *Les deux Semblables*, Comédie. 1642.
IV. *Le Couronnement de Darie*, Tragi-comédie. 1642.
V. *La belle Paléne*, Tragi-comédie. 1642.
VI. *La vraye Didon, ou la Didon chaste*, Tragédie. 1643.
VII. *La Jalouse d'elle-même*, Comédie. 1650.
VIII. *Les trois Orontes*, Comédie. 1653.
IX. *La folle Gageure, ou les Divertissemens de la Comtesse de Pembroc*, Comédie. 1653.
X. *Cassandre, Comtesse de Barcelone*, Tragi-comédie. 1654.
XI. *L'Inconnu*, Comédie. 1655.
XII. *L'Amant ridicule*, Comédie. 1655.
XIII. *Les généreux Ennemis*, Comédie. 1655.
XIV. *La belle Plaideuse*, Comédie. 1655.
XV. *Les Apparences trompeuses*, Comedie. 1656.
XVI. *La belle Invisible, ou la Constance éprouvée*, Comédie. 1656.
XVII. *Les Coups d'Amour & de Fortune, ou l'heureuse Infortunée*, Tragi-comédie. 1656.
XVIII. *Théodore, Reine d'Hongrie*, Tragi-comédie. 1658.

IV.

HIPPOLYTE-JULES PILET
DE LA MESNARDIERE,

Lecteur ordinaire de la Chambre du Roi, reçu à l'Académie en 1655, mort le 4 Juin 1663.

Il étoit de Loudun, & sa patrie même lui fournit une belle occasion de se faire Auteur. Ce fut quand les Religieuses de cette ville se crurent possédées. Un docte Médecin (1) publia une dissertation, où son dessein étoit de prouver qu'il ne leur arrivoit rien d'étonnant, qui ne pût être l'effet d'une imagination dérangée par un excès de mélancolie. La thèse contraire fut défendue par M. de la Mesnardière, qui ne faisoit que de sortir alors des Ecoles de Nantes, où il avoit été reçu Docteur en Médecine.

Quelquefois la destinée d'un ouvra-

(1) Marc Duncan, Ecossois, dont il est parlé dans le Dictionnaire de Bayle, article CERISANTES.

ge dépend moins de son mérite réel, que des conjonctures où il voit le jour. Celui-ci plut infiniment au Cardinal de Richelieu : & aussi-tôt l'Auteur flatté de se voir dans l'estime du premier Ministre, vint à Paris, où il fut d'abord Médecin ordinaire de Gaston Duc d'Orléans. C'est le titre qu'il prenoit (2) en 1638. Mais ce qui me feroit soupçonner qu'il ne tarda pas à se dégoûter de sa profession, c'est que les charges de *Maître d'Hôtel* & de *Lecteur*, qu'il a successivement exercées chez le Roi, ne semblent pas faites pour un Médecin, qui se plairoit à être couru du Public. Quoiqu'il en soit, au moins voyons-nous que M. de la Mesnardière, dès qu'il se fut fixé à Paris, ne fit plus d'ouvrages de Médecine, & ne parut occupé que de Belles-Lettres.

Il ouvrit sa carrière par le Panégyrique de Pline, dont il publia une paraphrase des plus libres, sans respect pour le tour concis de l'original. Tombant ensuite dans une autre extrémité,

(2) Dans le Privilége du *Panégyrique de Trajan*, & à la tête de ses *Raisonnemens sur la nature des esprits.*

il traduisit servilement les Lettres du même Auteur; & par la torture où il se mit pour les rendre mot à mot, il n'y laissa presque rien de cette facilité, qui fait le mérite du style epistolaire. Il ne considéroit pas qu'entre la paraphrase, & la version littérale, il y a un milieu: que celle-ci dérobe toujours des graces nécessaires, & que celle-là en prête rarement d'utiles.

Il a donné un assez gros volume sur la *Poëtique*, & ce n'est pourtant que l'ébauche d'un plus vaste dessein. La mort du Cardinal de Richelieu, qui l'avoit engagé à ce travail, fut apparemment cause qu'il ne l'acheva pas. Il s'étoit proposé d'abord d'embrasser toutes les parties de l'art; mais il n'a exécuté que ce qui regarde la Tragédie, & l'Elégie. Il donne là-dessus, & des préceptes, & des exemples. Les préceptes, il les emprunte des Anciens, & il les expose, non pas toujours avec une briéveté didactique, mais souvent avec un faste oratoire. Les exemples, il les tire quelquefois de son propre fonds. Car il avoit fait quantité de vers, & une Tragédie, entre autres, intitulée, *Alinde*, qui n'eut point de succès.

Un Auteur si bien instruit des règles, faire une mauvaise Tragédie ! Seroit-ce donc la faute des règles ? Non, puisqu'elles ne sont autre chose qu'un amas d'observations (3) prises dans la raison même, & fondées sur l'expérience de ceux qui ont le mieux réussi. Mais, pour entendre les règles d'un art, il ne faut que de la lecture, & du sens commun : au lieu que pour être artisan habile, il faut du génie, & un génie propre à ce qu'on veut faire.

On a regardé autrefois cet Auteur comme *un Virtuose, qui avoit fort bien écrit de toutes manières, & qui avoit laissé des ouvrages de lui, sérieux & galans, dignes de beaucoup* (4) *d'estime*. Physicien, Traducteur, Critique, Poëte, Historien, dans quel genre ne s'étoit-il pas exercé ? Aujourd'hui, & tous ces ouvrages, & l'Auteur lui-même, sont presque tombez dans l'oubli.

Gardons-nous cependant de croire

___

(3) Ce que Cicéron dit de l'Eloquence, il faut le dire des autres arts : *esse non eloquentiam ex artificio, sed artificium ex eloquentia natum*. De Orat. I, 32.

(4) Mémoires de Bussy, année 1661.

que la Postérité lui ait fait tort ; elle rend toujours justice ; c'est même le seul juge non suspect. Pour moi, prévenu peut-être par l'opinion que deux de ses contemporains (5) avoient de lui, j'avoue qu'en parcourant ses ouvrages, j'y ai cru voir moins de jugement, que d'imagination ; une attention bien plus grande à étaler de belles paroles, qu'à employer des pensées solides; une continuelle envie de se faire admirer, plustôt que d'instruire. Tout écrivain qui ne fait pas son capital du bon sens, renonce à l'immortalité.

(5) Chapelain, *Mémoire sur quelques gens de Lettres vivans en 1662*; & Chevreau, *Lettre à Tanegui le Febvre*.

OUVRAGES DE M. DE LA MESNARDIERE.

I. *Traité de la mélancholie : savoir si elle est la cause des effets que l'on remarque dans les Possedées de Loudun.* La Flèche, 8. 1635.

II. *Raisonnemens de la Mesnardière, Conseiller & Médecin de S. A. R. sur la nature des esprits qui servent aux sentimens.* Paris, 12. 1638.

III. Traduction du *Panégyrique de Trajan.* Paris, 4. 1638.

IV. *La Poëtique.* Paris, 4. 1640.

V. *Le Caractère Elégiaque.* Paris, 4. 1640.
VI. *La Pucelle d'Orléans, Tragédie.* Paris, 4. 1642. L'Auteur de cette Tragédie n'y est point nommé : mais Samuel Chapuzeau, dans son *Théatre François*, pag. 116, la donne à la Mesnardière ; & Paul Boyer, dans sa *Bibliothèque universelle*, pag. 167, la donne à Benserade.
VII. *Alinde, Tragédie.* Paris, 4. 1643.
VIII. Traduction des *Lettres* (des trois premiers livres seulement) *de Pline le Consul.* Paris, 12. 1643.
IX. *Les Poësies de Jules de la Mesnardière, Maître d'Hôtel ordinaire de sa Majesté.* Paris, fol. 1656. Ses Imitations de l'*Anthologie* font partie de ce volume. Dans l'exposé de son Privilége, il dit que ses *compositions latines, tant Prose que Vers, ayant été bien reçûes du Public*, il desiroit en donner une nouvelle édition. Je n'ai rien vû de cela, si ce n'est quelques vers latins dans des Recueils de son temps.
X. *Lettre* (pp. 65) *du Sieur du Rivage, contenant quelques observations sur le Poëme Epique, & sur le Poëme de la Pucelle.* Paris, 4. 1656.
XI. *Chant Nuptial* (d'environ 700 vers) *pour le Mariage du Roi.* Paris, fol. 1660.
XII. *Relations de Guerre, contenant le Secours d'Arras en* 1654, *le Siège de Valence en* 1656, *& le Siège de Dunkerque en* 1658. Paris, 8. 1661.

V.

JEAN OGIER DE GOMBAULD,

l'un des premiers Académiciens, mort en 1666.

Où trouver aujourd'hui des mémoires sur M. de Gombauld, si personne de son temps n'avoit pris soin de nous en laisser ? Heureusement M. Conrart y a pourvû : & comme l'éloge qu'il en a fait, n'a été imprimé qu'à la tête (1) d'un livre peu commun, j'ai jugé qu'on seroit très-aise de le trouver ici, non-seulement pour connoître la personne de M. de Gombauld, mais pour connoître en même temps le style & la politesse de M. Conrart. Il nous dit, & voici ses propres termes :

„ Que Jean-Ogier de Gombauld,
„ étoit Gentilhomme (2) de Xainton-

(1) Des Traitez & Lettres de M. de Gombauld sur la Religion.
(2) Né à Saint-Just de Lussac, près de Brouage.

ge,

„ge, & cadet d'un quatrième maria-
„ge, comme il avoit accoûtumé de le
„dire lui-même, par raillerie, pour
„s'excuser de ce qu'il n'étoit pas riche.
„Qu'il étoit grand, bien fait, de bon-
„ne mine, & sentant son homme de
„qualité. Que sa piété (3) étoit sin-
„cére, sa probité à toute épreuve, ses
„mœurs sages & bien réglées. Qu'il
„avoit le cœur aussi noble que le
„corps; l'ame droite & naturellement
„vertueuse; l'esprit élevé, moins fé-
„cond que judicieux; l'humeur arden-
„te & prompte, fort portée à la co-
„lére, quoiqu'il eût l'air grave & con-
„certé. Qu'après avoir achevé à Bor-
„deaux toutes ses études, en la plus-
„part des sciences, sous les plus ex-
„cellens maîtres de son temps, il vint
„à Paris, sur la fin du règne du Roi
„Henri le Grand, où il ne tarda guè-
„re à être connu & estimé. Ce grand
„Monarque ayant été malheureuse-
„ment assassiné, tous les François le
„pleurérent comme le pére de la pa-
„trie; & tous les Poëtes semérent son
„tombeau de fleurs funèbres, qu'ils

(3) M. de Gombauld étoit Protestant, aussi-bien que M. Conrart.

„ avoient cueillies fur le Parnaffe. M.
„ de Gombauld, quoique jeune, ne
„ fut ni des derniers, ni des moindres.
„ Sous la Minorité de Louis le Jufte,
„ & fous la Régence de la Reine Marie
„ de Médicis fa mére, il fut des plus
„ confidérez de cette grande & magni-
„ fique Princeffe, & il n'y avoit point
„ d'homme de fa condition, qui eût
„ l'entrée plus libre chez elle, ni qui
„ en fût vû de meilleur œil. Comme
„ elle étoit d'humeur libérale, & qu'el-
„ le aimoit à l'exercer envers ceux
„ qu'elle en jugeoit dignes, elle don-
„ noit des penfions confidérables à
„ beaucoup d'hommes de favoir & d'ef-
„ prit. Celle de M. de Gombauld étoit
„ de douze cents écus : ce qui lui don-
„ noit moyen de paroître en fort bon
„ équipage à la Cour, foit à Paris, ou
„ dans les voyages, qui étoient fré-
„ quens en ce temps-là. Et comme il
„ étoit autant ennemi des dépenfes fu-
„ perflues, qu'exact à faire honnête-
„ ment les néceffaires, il fit un fonds
„ affez confidérable, de l'épargne de
„ ces années d'abondance : ce qui lui
„ vint bien à propos pour paffer cel-
„ les de ftérilité qui y fuccédérent,

„ quand les guerres civiles & étrangé-
„ res eurent diminué, & enfin tari les
„ sources d'où les premières avoient
„ coulé. On le réduisit d'abord de dou-
„ ze cents écus à huit cents, où il est
„ demeuré jusqu'à sa mort, sans être
„ payé, néanmoins, depuis la guerre
„ de Paris, que par les offices de quel-
„ ques personnes puissantes & géné-
„ reuses, dont il avoit l'honneur d'ê-
„ tre connu & protégé ; entre lesquel-
„ les M. le Duc & Madame la Duches-
„ se de Montausier doivent tenir le pre-
„ mier rang. Durant quelques années
„ il fut aussi gratifié d'une pension sur
„ le Sceau, par M. Seguier Chance-
„ lier de France. Il avoit toujours vê-
„ cu fort sain, à quoi sa frugalité &
„ son économie avoient extrêmement
„ contribué. Mais un jour qu'il se pro-
„ menoit dans sa chambre, ce qui lui
„ étoit fort ordinaire, le pié lui ayant
„ tourné, il tomba, & se blessa de telle
„ sorte à une hanche, qu'il fut obli-
„ gé de garder presque toujours le lit,
„ depuis cet accident jusqu'à la fin de
„ sa vie, qui a duré près d'un siècle ; si
„ une date écrite de sa main dans un
„ des livres de son cabinet, étoit le

K ij

» temps véritable de sa naissance, com-
» me il l'avoit dit en confidence à quel-
» qu'un qui n'en a parlé qu'après sa
» mort. Il avoit été honoré de la bien-
» veillance de tous les Grands & de
» toutes les Dames des trois Cours qu'il
» avoit vûes, c'est-à-dire, celles de
» Henri IV, de Louis XIII, & de
» Louis XIV glorieusement régnant en
» nos jours : & pendant les Régences
» de deux grandes Reines, Marie de
» Médicis & Anne d'Autriche, il étoit
» des plus assidus à se trouver à leurs
» cercles, principalement à celui de la
» première de ces Princesses. Mais il se
» rendoit avec encore plus de soin &
» de plaisir au délicieux réduit de tou-
» tes les personnes de qualité, & de
» mérite, qui fussent alors : je veux
» dire, à l'Hôtel de Rambouillet, qui
» étoit comme une Cour abrégée &
» choisie, moins nombreuse, mais, si
» je l'ose dire, plus exquise que celle
» du Louvre, parce que rien n'appro-
» choit de ce Temple de l'Honneur,
» où la Vertu étoit révérée sous le
» nom de l'incomparable Arténice, qui
» ne fût digne de son approbation &
» de son estime. Enfin M. de Gombauld

„ fut aimé & admiré de tous ceux qui,
„ comme lui, avoient sacrifié aux Mu-
„ ses & aux Graces ; & je ne doute
„ point que la Postérité ne lui soit en-
„ core plus équitable que le siècle où il
„ a vécu ; & que le mérite de ses ouvra-
„ ges ne fasse obtenir à son nom l'im-
„ mortalité, qui est la récompense de
„ tous les hommes de Lettres, quand
„ ils ont pu parvenir au rang où celui-
„ ci s'étoit élevé.

Ouvrages de M. de Gombauld.

I. *Endymion*, Roman. Paris, 8. 1624.
II. *Amaranthe*, Pastorale. Paris, 8. 1631.
III. *Les Poësies de Gombauld*. Paris, 4. 1646.
IV. *Lettres*. Paris, 8. 1647.
V. *Epigrammes*, divisées en trois livres. Paris, 12. 1657.
VI. *Les Danaïdes*, Tragédie. Paris, 12. 1658.
VII. *Traitez & Lettres de feu M. de Gombauld touchant la Religion*. Amsterdam, 12. 1669.

VI.

GILLES BOILEAU,

Contrôleur (1) *de l'Argenterie du Roi, reçu à l'Académie en 1659, mort en 1669.*

Il naquit (2) à Paris en 1631, & son illustre frére M. Despréaux en 1636. Les essais du cadet annoncérent ce qu'on a vû de lui dans la suite, des chef-d'œuvres de versification & de bon sens. Il n'y eut point en lui, si j'ose ainsi dire, d'enfance poëtique. L'aîné, au contraire, né avec beaucoup d'esprit, mais avec un jugement moins sain, ne se forma jamais l'idée du parfait. Il ne se défioit pas de sa trop grande facilité à écrire : facilité que M. Despréaux n'avoit point, & qui doit être toujours suspecte, quand ce

(1) Il avoit été auparavant Payeur des Rentes de l'Hôtel de Ville.
(2) De Gilles Boileau, Greffier de la Grand'Chambre du Parlement ; & d'Anne de Nielle.

n'est point le fruit d'un long exercice.

A cela près, les écrits des deux frères nous montrent que le même sang couloit dans leurs veines. Tout ce que l'aîné a fait de son chef, est satirique. Il affectoit même de se donner (3) pour un homme redoutable, la plume à la main. Il attaqua, & Scarron, & Costar, & Ménage. Ce dernier, qui étoit ce qu'on appelle Auteur, & par conséquent vindicatif, lorsqu'il apprit que Gilles Boileau venoit d'être nommé à une place de l'Académie, engagea Mademoiselle de Scudéry à le traverser par le moyen de M. Pellisson : & les mouvemens que M. Pellisson se donna dans l'intervalle des deux scrutins, qui fut de six semaines, causèrent une espèce (4) de schisme Acadé-

(3) Voyez une de ses Lettres en vers, dans le Recueil de Sercy, Tom. III, pag. 157.
(4) On peut voir là-dessus une lettre de M. Chapelain à M. Huygens, du 9 Avril 1659, dans les *Mélanges de Littérature tirez des Lettres manuscrites de M. Chapelain*, pag. 137.
Voyez aussi dans le *Recueil des lettres de M. de la Chambre* la lettre XL, adressée à M. Pellisson : elle est datée de l'année 1658, mais c'est une faute bien visible, puisque Colletet, à qui G. Boileau succéda, ne mourut qu'en 1659.

mique, dont l'histoire seroit longue à raconter. Il suffit d'en avoir fait mention, pour faire observer à ceux qui écrivent des satires personnelles, que c'est un métier où l'on gagne peu d'amis.

Quant aux Traductions de Gilles Boileau, nous en avons deux considérables : celle d'Epictéte, qui a été (5) fort approuvée ; & celle de Diogéne Laërce, qui est demeurée presque inconnue. Devoit-il se flatter qu'une compilation informe & obscure, car Diogéne Laërce n'est pas autre chose, pût réussir en François, à moins que d'être éclaircie & redressée par de savantes notes, qui embrasseroient toute la Philosophie des Anciens, & vaudroient mieux que l'original ?

Il a traduit en vers le quatrième livre (6) de l'Enéide. Quantité d'endroits qu'on y admire, font regretter

---

(5) Cette Traduction *est bonne, & précédée d'une Vie d'Epictéte la plus ample & la plus exacte que j'aie vûe jusqu'ici. L'érudition & la critique y ont été répandues habilement.* Bayle, Réponse aux Questions d'un Provincial, Tom. I, ch. 18.

(6) Cette Traduction du IV livre de l'Enéide fait partie de ses *Oeuvres posthumes.*

qu'il n'y ait pas mis la dernière main : ou pluſtôt, qu'il ne fût pas capable de limer aſſez ce qu'il faiſoit, pour en venir à une certaine préciſion, qui contribue infiniment à la vigueur du ſtyle. Car, ſi je ne me trompe, les écrits de ſon frére doivent en partie leur force à cette préciſion mâle & rigide, qui n'ôte rien de néceſſaire à la penſée, mais ne laiſſe rien de ſuperflu dans les mots.

Il travailloit ſur la Poëtique d'Ariſtote, lorſqu'une mort prématurée l'enleva. Il en avoit déjà fait plus des deux tiers : & M. Deſpréaux, en 1709, donna ſon manuſcrit en ma préſence à M. de Tourreil, qui témoignoit avoir envie d'achever l'ouvrage.

Je me ſouviens qu'à cette occaſion M. Deſpréaux fit l'éloge de ſon frére. Ils ne s'aimoient (7) pas dans leur jeuneſſe; ils avoient à démêler entre eux des intérêts d'Auteurs, & qui plus eſt, de Poëtes; doit-on s'étonner que la tendreſſe fraternelle en ſouffrît ? Mais enfin, dans le temps dont je parle, les ſentimens de M. Deſpréaux

(7) Voyez les Remarques de M. Broſſette ſur le vers 94 de la Sat. I. de Deſpréaux.

Tome II.

étoient si changez à son égard ; qu'il se proposoit de mettre à la tête de cet ouvrage, si M. de Tourreil l'achevoit, une Préface où il exalteroit le mérite de son aîné : & comme peu à peu le discours tomba sur les Traductions en général, Quoi, dit-il, l'A-
„ cadémie ne voudra-t-elle jamais con-
„ noître ses forces ? Toujours bornée
„ à son Dictionnaire, quand donc
„ prendra-t-elle l'essor ? Je voudrois
„ que la France pût avoir ses auteurs
„ classiques, aussi-bien que l'Italie.
„ Pour cela il nous faudroit un certain
„ nombre de livres, qui fussent décla-
„ rez exempts de fautes, quant au
„ style. Quel est le Tribunal qui aura
„ droit de prononcer là-dessus, si ce
„ n'est l'Académie ? Je voudrois qu'el-
„ le prît d'abord le peu que nous
„ avons de bonnes Traductions ; qu'el-
„ le invitât ceux qui ont ce talent, à
„ en faire de nouvelles ; & que si elle
„ ne jugeoit pas à propos de corriger
„ tout ce qu'elle y trouveroit d'équi-
„ voque, de hasardé, de négligé, elle
„ fût au moins exacte à le marquer au
„ bas des pages, dans une espèce de
„ commentaire, qui ne fût que gram-

„ matical. Mais pourquoi veux-je que
„ cela se fasse sur des Traductions ? Par-
„ ce que des Traductions avouées par
„ l'Académie, en même temps qu'elles
„ seroient lûes comme des modelles
„ pour bien écrire, serviroient aussi de
„ modelles pour bien penser, & ren-
„ droient le goût de la bonne Antiqui-
„ té familier à ceux qui ne sont pas en
„ état de lire les originaux. Ce n'est
„ pas l'esprit qui manque aux François,
„ ni même le travail; c'est le goût; &
„ il n'y a que le goût ancien, qui puisse
„ former parmi nous, & des auteurs,
„ & des connoisseurs.

Ainsi parla ce sage Critique, avec un feu qu'il n'avoit guère dans la conversation, à moins qu'elle ne roulât sur des matières de son ressort. Et revenant encore au même sujet, après que M. de Tourreil se fut retiré : Sa-
„ vez-vous, me demanda-t-il, pour-
„ quoi les Anciens ont si peu d'admi-
„ rateurs ? C'est parce que les trois
„ quarts tout au moins de ceux qui les
„ ont traduits, étoient des ignorans ou
„ des sots. Madame de la Fayette, la
„ femme de France qui avoit le plus
„ d'esprit, & qui écrivoit le mieux,

„ comparoit un sot Traducteur à un laquais que sa Maîtresse envoie faire un compliment à quelqu'un. Ce que sa Maîtresse lui aura dit en termes polis, il va le rendre grossièrement, il l'estropie : plus il y avoit de délicatesse dans le compliment, moins ce laquais s'en tire bien : & voilà en un mot, la plus parfaite image d'un mauvais Traducteur.

„ Mais, ajoûta M. Despréaux, ce n'est pas même assez qu'un Traducteur ait de l'esprit, s'il n'a la sorte d'esprit de son original. Car l'homme qui sort d'ici, n'est pas un sot, à beaucoup près. Et cependant, quel monstre que son Démosthéne ? Je dis monstre, parce qu'en effet c'est un monstre qu'un homme démesurément grand, & bouffi. Un jour que Racine étoit à Auteuil chez moi, Tourreil y vint, & nous consulta sur un endroit qu'il avoit traduit de cinq ou six façons, toutes moins naturelles, & plus guindées les unes que les autres. *Ah le bourreau ! Il fera tant qu'il donnera de l'esprit à Démosthéne*, me dit Racine tout bas. Ce qu'on appelle esprit dans ce

„ fens-là, c'eſt préciſément l'or du bon
„ ſens converti en clinquant.

J'écoutois M. Deſpréaux avec une ardeur de jeune homme, & j'ai ſi ſouvent pris plaiſir à me rappeler ſes paroles, que je ſuis preſque certain de les avoir ici rapportées ſans altération. Mais inſenſiblement j'oublie que dans un article qui n'eſt fait que pour l'aîné, je parle un peu trop du cadet.

OUVRAGES DE M. BOILEAU.

I. *Le Tableau de Cébès*, avec une petite pièce en proſe, intitulée : *La belle Mélancholie*. Paris, 8. 1653.
II. *La Vie d'Epictéte, & l'Enchiridion, ou l'Abrégé de ſa Philoſophie*. Paris, 8. 1655.
III. *Avis* (pp. 50) *à M. Ménage, ſur ſon Eglogue intitulée*, Chriſtine, *avec un Remerciment à M. Coſtar*. Paris, 4. 1656.
IV. *Réponſe* (pp. 54) *à M. Coſtar*. Paris, 4. 1659.
V. *Traduction de Diogéne Laërce de la Vie des Philoſophes*. Deux volumes. Paris, 12. 1668.
VI. *Oeuvres poſtumes*. Paris, 12. 1670.
VII. *Poëſies diverſes*, dans le *Ménagiana*, & dans les Recueils de ſon temps.

VII.

HONORAT DE BUEIL, MARQUIS DE RACAN,

l'un des premiers Académiciens, mort en Février 1670.

Il naquit en 1589 à la Roche-Racan, château situé à l'extrémité de la Touraine, sur les confins du Mayne & de l'Anjou. En 1605 il étoit *Page* (1) *de la Chambre sous M. de Bellegarde, qui, par l'ordre exprès d'Henri IV, avoit pris Malherbe dans sa maison, & lui avoit donné sa table, un cheval, & mille livres d'appointemens. Racan, cousin germain de Madame de Bellegarde, & qui déjà commençoit à faire des vers, eut par cette rencontre la connoissance de Malherbe, dont il apprit ce qu'il a jamais su de la Poësie Françoise.* Ainsi parle M. de Racan lui-même; mais sa mo-

(1) Vie de Malherbe, pag. 15. Je cite la nouvelle édition, qui est à la tête des Oeuvres de Malherbe, *Paris*, 1723.

destie le trompe ; car il avoit un plus grand maître que Malherbe, je veux dire la nature. C'est la nature qui le fit Poëte ; & tout autre maître n'auroit pu que contribuer à le rendre bon versificateur.

A son retour (2) *de Calais, où il fut porter les armes en sortant de Page*, il consulta Malherbe sur le genre de vie qu'il devoit choisir. Malherbe, au lieu de répondre directement là-dessus, lui récita cet ingénieux conte du Poge, dont la Fontaine a fait une de ses plus jolies Fables, intitulée, *le Meûnier, son fils, & leur âne*. Enfin, à l'âge de trente-neuf ans, le Marquis de Racan se maria : & sa postérité est aujourd'hui tout ce qui reste de la maison de *Bueil*, maison des meilleures qu'il y ait en France.

Pour bien juger de son mérite poétique, sachons d'abord ce qu'en pensoit Malherbe. Il disoit que Maynard étoit de tous ses disciples *celui qui faisoit* (3) *les meilleurs vers, mais qu'il n'avoit point de force ; que Racan avoit de la force, mais qu'il ne travailloit pas*

(2) Vie de Malherbe, pages 37, & 38.
(3) Vie de Malherbe, pages 36, & 37.

assez ses vers ; que le plus souvent pour s'aider d'une bonne pensée, il prenoit de grandes licences ; & que de Maynard & de Racan on feroit un grand Poëte.

Joignons à cela le sentiment d'un (4) Critique, qui ne se trompa jamais. *La vérité est*, dit-il en parlant de Malherbe, *que la nature ne l'avoit pas fait grand Poëte. Mais il corrige ce défaut par son esprit, & par son travail ; car personne n'a plus travaillé ses ouvrages que lui, comme il paroît assez par le petit nombre de pièces qu'il a faites. Notre langue veut être extrêmement travaillée. Racan*, ajoûte M. Despréaux, *avoit plus de génie que Malherbe, mais il est plus négligé, & songe trop à le copier. Il excelle sur-tout, à mon avis, à dire les petites choses ; & c'est en quoi il ressemble mieux aux Anciens, que j'admire sur-tout par cet endroit. Plus les choses sont sèches & mal-aisées à dire en vers, plus elles frappent quand elles sont dites noblement, & avec cette élégance qui fait proprement la Poësie.*

Voilà deux témoignages, qui, rendus à près de cent ans l'un de l'autre, nous donnent exactement la même

---

(4) Despréaux, Lettre à M. de Maucroix.

idée de M. de Racan : qu'il avoit beaucoup de génie, qu'il étoit né Poëte, mais qu'à la facilité, & à la supériorité du talent, il n'ajoûtoit pas toujours l'opiniâtreté du travail.

On trouvera dans la *Vie de Malherbe*, écrite par M. de Racan, diverses particularitez, qui concernent M. de Racan lui-même, & qu'il raconte d'une manière si franche, si désintéressée, qu'on douteroit presque s'il est l'auteur de l'ouvrage. Mais une personne de sa condition étoit au dessus de cet amour propre, dont un auteur, qui n'est qu'auteur, ne se défend jamais bien.

Je suis, au reste, trop sérieux dans tout ce volume, pour que je me permette ici de l'égayer par l'avanture des trois Racans, & par quelques autres contes semblables, dont le *Ménagiana* est la source.

Ouvrages de M. de Racan.

I. *Les Bergeries*. Paris, 8. 1625.
II. *Lettres diverses*, dans le Recueil de Faret, 1627.
III. *Les sept Pseaumes*, &c. Paris, 8. 1631.
IV. *Poësies diverses*, dans les Recueils de 1621, 1627, 1633.

V. *Odes sacrées, dont le sujet est pris des Pseaumes de David, & qui sont accommodées au temps présent.* Paris, 8. 1651.

VI. *Discours contre les Sciences*: à la fin du volume précédent.

VII. *Mémoires sur la Vie de Malherbe.* Paris, 12. 1651.

VIII. *Dernières Oeuvres, & Poësies Chrétiennes, tirées des Pseaumes, & de quelques Cantiques du vieux & nouveau Testament.* Paris, 8. 1660. Cette dernière édition contient tous les Pseaumes: il n'y en avoit qu'une partie dans les éditions de 1631, & 1651.

Urbain Coustelier, Libraire de Paris, a donné le Recueil des Oeuvres de M. de Racan, mais avec des fautes & des omissions, sur lesquelles on peut voir le Mercure, Septembre 1724.

VIII.

HARDOUIN DE PÉRÉFIXE,

Archevêque de Paris, Chancelier des Ordres du Roi, reçu à l'Académie en 1654, mort le 31 Décembre 1670.

Il étoit d'une famille originaire de Naples, établie depuis un siècle dans le Mirebalais.

Apres avoir pris le bonnet en Sorbonne, il prêcha dans Paris ; & sa réputation commencée par l'éclat de ses talens, soûtenue par la sagesse de sa conduite, l'ayant fait connoître à la Cour, il fut nommé Précepteur de Louis XIV.

Jamais la France ne rappelera l'idée de ce grand Roi, qu'elle ne bénisse la mémoire de ceux qui l'élevérent dans la vertu. C'est à quoi tendent les deux ouvrages que M. de Péréfixe a publiez. L'un en Latin, & c'est proprement un recueil de Maximes, qui renferment les devoirs d'un Roi enfant. L'autre en François, où il instruit un Roi majeur, non plus par de simples maximes, mais par des exemples, d'autant plus propres à faire impression sur le feu Roi, que c'étoient ceux d'Henri IV.

Vouloir, comme d'audacieux Critiques l'ont avancé, qu'à l'égard de ce dernier livre, il n'ait fait qu'emprunter la plume de Mézeray, ce n'est pas faire attention à la différence des styles. Mézeray, dans tout ce qui est certainement de lui, retombe à tout moment dans un style dur & peu châtié. Donnera-t-on à la même plume une Histoire écrite purement, avec élégance, avec dignité ? Outre que dans cette Histoire d'Henri IV, nous y retrouvons d'un bout à l'autre un goût pour la vertu, & un certain air de sagesse, que M. de Péréfixe avoit pareillement répandu dans son premier ouvrage.

Pendant qu'il étoit Précepteur du Roi, il fut fait Evêque de Rhodez, & depuis il eut l'Archevêché de Paris, où il se gouverna en grand homme, recouvra la jurisdiction spirituelle du Faubourg Saint Germain, acquit celle de Versailles, & fit pour son Eglise beaucoup d'autres choses importantes, mais qui appartiennent moins aux Mémoires de l'Académie, qu'à ceux du Clergé.

Ouvrages de M. de Péréfixe.

I. Institutio Principis. *Paris*, 16. 1647.
II. *Histoire d'Henri IV*. Paris, 4. 1661.

IX.

JEAN DE MONTIGNY,

Evêque de Léon, reçu à l'Académie en Janvier 1670, mort le 28 Septembre 1671.

Tout ce que j'ai pu savoir de sa personne, c'est qu'il étoit fils & frère d'Avocats Généraux au Parlement de Bretagne ; qu'il fut plusieurs années Aumônier de la Reine Marie Thérèse ; nommé ensuite à l'Evêché de Léon ; & que l'année même qu'il en prit possession, étant allé aux Etats de sa province, qui se tenoient à Vitré, il y mourut. Les circonstances de sa mort se trouvent dans les lettres de Madame de Sévigné. Du 20 Septembre 1671 : *L'Evêque de Léon a été à la dernière extrémité à Vitré, avec un transport au cerveau ; il est hors d'affaire.* Du 23 : *Enfin après avoir été balotté cinq ou six fois de la mort à la vie, les redoublemens opiniâtres de la fièvre ont décidé en faveur de la mort ; il ne s'en soucie* guère, car son cerveau est embarrassé. Du 27 : *Le pauvre Léon a toujours été à l'agonie, depuis que je vous ai mandé qu'il se mouroit ; il y est plus que jamais, & il saura bien-tôt mieux que vous, si la matière raisonne. C'est un dommage extrême que la perte de ce petit Evêque ; c'étoit, comme disent nos amis, un esprit lumineux* (1) *sur la Philosophie.* Du premier d'Octob. *Il mourut lundi. Ce pauvre petit Evêque avoit trente-cinq ans, il étoit établi, il avoit un des plus beaux esprits du monde pour les sciences, c'est ce qui l'a tué, il s'est épuisé.*

Par le peu qui nous reste de M. de Montigny, on voit que la Philosophie ne lui avoit pas ôté le goût de la Poësie & de l'Eloquence. Sa prose est correcte, élégante, nombreuse : sa versification coulante, noble, pleine d'images. Quelques années de plus, où n'alloit-il pas ? Mais mourir à trente-cinq

___

(1).Dans une autre de ses lettres, qui est du 2 Septembre, elle dit qu'il étoit *Cartésien „à brûler.* Mais, ajoûte-t elle, il soûtient „ aussi que les bêtes pensent. Voilà mon „ homme. Il est très-savant là-dessus ; il a „ été aussi loin qu'on peut aller dans cette „ Philosophie ; & M. le Prince en est demeuré „ à son avis.

ans, c'est pour un homme de Lettres, mourir au berceau.

Ouvrages de M. de Montigny.

I. *Lettre* (pp. 31) *à Eraste, pour réponse à son libelle contre la Pucelle* de Chapelain. Paris, 4. 1656.
II. *Oraison funèbre d'Anne d'Autriche, Reine de France.* Rennes, 4. 1666.
III. *Le Palais des Plaisirs*, Pièce d'environ 200 vers, imprimée dans le *Recueil de Poësies Chrétiennes & diverses*, Tom. II.
IV. *Poësies diverses*, en d'autres Recueils.

X.

FRANÇOIS DE LA MOTHE LE VAYER,

Conseiller d'Etat ordinaire, reçu à l'Académie le 14 Février 1639, mort en 1672.

Il naquit à Paris en 1588. Sa famille, qui est originaire du Mans, a donné & donne encore aujourd'hui d'excellens sujets à la Robbe. Il prit dans sa jeunesse le même parti, & fut long-temps Subſtitut de M. le Procureur Général du Parlement, charge qu'il avoit héritée de ſon (1) pére. Il s'en défit enfin, pour n'avoir plus à s'occuper que de ſes ouvrages. Et certainement, ſi l'on examine la quantité, & la qualité de ceux qu'il a mis au jour, on ne croira pas qu'il ait pu avoir quelque autre occupation dans tout le cours de ſa vie. Il a tout embraſſé dans ſes écrits, l'ancien, le moderne, le ſacré, le profane, mais ſans confuſion. Il avoit tout lu, tout retenu, & fait uſage de tout. Si quelquefois il ne tire point aſſez de lui-même, pour ſe faire regarder comme auteur original ; du moins il en tire toujours aſſez, pour ne pouvoir être traité de copiſte, ou de compilateur ; & ſa mémoire, quoiqu'elle brille par-tout, n'efface jamais ſon eſprit.

Quand il fut queſtion de donner un Précepteur au Roi (c'eſt du ſavant Naudé que nous apprenons ceci, & je me ſers de ſes propres termes) *on jeta premièrement les yeux ſur M. de la Mothe-le-Vayer, comme ſur celui que le Cardinal*

(1) Félix de la Mothe-le-Vayer, dont l'éloge ſe voit dans la Croix du Maine, pag. 84.

de Richelieu avoit destiné à cette charge, tant à cause du beau livre qu'il avoit fait sur l'éducation de M. le Dauphin, qu'eu égard à la réputation qu'il s'étoit acquise par beaucoup d'autres compositions françoises, d'être le Plutarque de la France ; mais la Reine ayant pris résolution de ne donner cet emploi à aucun homme qui fût marié, il fallut par nécessité (2) songer à un autre.

Un obstacle innocent lui ayant donc fait manquer la première place, qui puisse être confiée à un homme de Lettres, il eut la seconde, celle de Précepteur de Philippe, alors Duc d'Anjou, & depuis Duc d'Orléans, frère unique de Louis XIV.

Je ne puis dissimuler que la doctrine répandue dans les écrits de ce savant homme, paroît tendre au Pyrrhonisme : mais aussi rendons-lui cette justice, qu'il prend toute sorte de précautions, & dans une infinité d'endroits, pour faire bien sentir qu'il ne confond nullement, & qu'on ne doit nullement confondre la nature des connoissances humaines, dont il nie l'évidence, avec

(2) Dialogue de Mascurat, pag. 375.

la nature des véritez révélées, dont il reconnoît la certitude.

Peut-on, comme il le prétend, tenir en même temps pour douteux les objets de la raison, ou des sens; & pour certains, les objets de la foi? Si ce n'est là une contradiction formelle, c'est du moins un étrange paradoxe. Mais je ne laisse pourtant pas de dire, qu'en parlant d'un Pyrrhonien de ce caractère, il est juste d'observer, & pour son honneur, & pour l'édification publique, qu'il n'a donné, ou cru donner nulle atteinte à sa religion. Justice dûe surtout à M. de la Mothe-le-Vayer, dont les glorieux emplois nous parlent en sa faveur, & qui, comme Bayle (3) lui-même l'a dit, *étoit un homme d'une conduite réglée, & semblable à celle des anciens Sages : un vrai Philosophe dans ses mœurs.*

Au milieu de sa nombreuse bibliothèque, où il pouvoit bien dire avec le bon Chrysale de Molière,

Raisonner est l'emploi de toute ma maison,
Et le raisonnement en bannit la raison,

(3) Bayle, Dict. art. VAYER.

il se voyoit entouré de livres écrits en divers siècles, en diverses langues, dont l'un lui disoit blanc, l'autre noir. Frappé d'y trouver cette multiplicité, cette contrariété d'opinions sur tous les points que Dieu a livrez à la dispute des hommes, il en vint à conclurre que la Sceptique étoit de toutes les Philosophies la plus sensée. Heureux ceux qui, comme lui, ne chancellent que dans les routes de l'Histoire & de la Physique ! Un doute éclairé peut quelquefois servir de flambeau pour s'y conduire. Mais si le Pyrrhonisme étend ses droits jusque sur la Morale, il ne sauroit qu'être l'auteur de tous maux, & le destructeur de toute société.

Un événement à remarquer dans la vie d'un Philosophe tel que M. de la Mothe-le-Vayer, c'est qu'à l'âge de soixante & seize ans, étant veuf depuis un temps infini, il se remaria. Cependant, lorsqu'on lit ce qu'il a écrit pour & contre le mariage, on jugeroit qu'un homme qui pense ainsi, regrette peu sa première femme ; & que si quelqu'un est sûr d'aimer le célibat toute sa vie, c'est lui. Mais combien de choses imprévûes, contre lesquelles nos plus sages résolutions ne tiennent pas ? Il avoit de son premier mariage un fils unique, né avec de l'esprit, avec d'heureuses inclinations, élevé avec soin, & qui tenoit déjà (4) un rang distingué parmi les gens de Lettres. Ce fils unique, âgé seulement de trente-cinq ans, meurt entre les bras de son pére. Qu'on ne s'étonne donc pas, que dans un si juste désespoir, la foiblesse du vieillard l'emporte sur la fermeté du Philosophe. D'autant plus que la femme dont il fit choix, étoit d'un âge qui le mettoit (5) à couvert des mauvaises plaisanteries.

(4) C'est à lui que Despréaux adresse sa quatrième Satyre : *D'où vient, cher le Vayer*, &c. Nous avons de lui d'excellentes notes sur une Traduction de Florus, qu'il publia en 1656 sous le nom de Monsieur frére du Roi, mais dont vrai-semblablement il est l'auteur. Il mourut en Septembre 1664.

Le Roman de *Tarsis & Zélie* n'est point de lui : il est d'un de ses cousins, nommé François le Vayer de Boutigny, Maître des Requêtes, mort en 1688.

„ (5) M. de la Mothe-le-Vayer, pour se
„ consoler de la mort de son fils unique, s'est
„ aujourd'hui remarié à 78 ans ; & a épousé la
„ fille de M. de la Haie, jadis Ambassadeur à

Il mourut dans sa quatre-vingt-cinquième année, & jusque-là il fut en état de satisfaire pleinement sa plus forte passion, je veux dire, de composer des ouvrages : & il faut convenir que la pluspart de ceux mêmes qu'il fit dans un âge décrépit, devoient le faire trouver jeune dans sa façon de penser.

Mais cet auteur si fécond avoit près de cinquante ans, lorsqu'il publia le premier de ses écrits. C'est une observation qui me fait souvenir d'une chose que j'ai entendu conter à M. Huet. La première fois qu'il vit le P. Sirmond, qui étoit alors plus que nonagénaire : *Ne vous pressez pas*, lui dit ce sage & docte vieillard, *de rien donner au Public ; il n'y a rien dans les sciences, qui n'ait ses coins & ses recoins, où la vûe d'un jeune homme ne perce pas ; attendez que vous ayez cinquante ans sur la tête, pour vous faire auteur.* Il ne s'agit pas ici des Orateurs ; encore moins des Poëtes : leur objet demande qu'ils

„ Constantinople, laquelle a bien 40 ans. Elle
„ étoit demeurée pour être Sibylle. *Gui Patin, Lettre du 30 Décembre 1664.*

profitent du temps où l'imagination a toute sa force.

OUVRAGES DE M. DE LA MOTHE-LE VAYER.

I. *Discours de la contrariété d'humeurs, qui se trouve entre certaines nations, & singulièrement entre la Françoise & l'Espagnole : avec deux Discours politiques, l'un sur la Bataille de Lutzen, & l'autre sur la proposition de trève aux Pays-bas en 1633.* Paris, 8. 1636.

II. *Petit Discours Chrétien de l'immortalité de l'ame, avec le Corollaire, & un Discours sceptique sur la Musique.* Paris, 8. 1637.

III. *Considérations sur l'Eloquence Françoise de ce temps.* Paris, 8. 1638.

IV. *Discours de l'Histoire.* Paris, 8. 1638.

V. *De l'Instruction de M. le Dauphin.* Paris, 4. 1640.

VI. *De la Vertu des Payens.* Paris, 4. 1642.

VII. *De la Liberté, & de la Servitude.* Paris, 12. 1643.

VIII. *Opuscules, ou petits Traitez, en quatre parties, dont chacune contient sept Traitez.* Paris, 8. Tom. I, 1643, II, & III, 1644. IV. 1647.

IX. *Opuscule, ou petit Traité sceptique sur cette commune façon de parler : N'avoir pas le sens commun.* Paris, 12. 1646.

X. *Jugement sur les anciens & principaux Historiens Grecs & Latins.* Paris, 4. 1646.

XI. *Lettres touchant les nouvelles Remarques (de Vaugelas) sur la Langue Françoise.* Paris, 8. 1647.

DE L'ACADÉMIE. 143

XII. *Petits Traitez en forme de Lettres écrites à diverses personnes studieuses.* Paris, 4. 1647.

XIII. *La Géographie du Prince.* Paris, 8. 1651.

XIV. *La Rhétorique du Prince.* Paris, 8. 1651.

XV. *La Morale du Prince.* Paris, 8. 1651.

XVI. *L'Oeconomique du Prince.* Paris, 8. 1653.

XVII. *La Politique du Prince.* Paris, 8. 1654.

XVIII. *La Logique du Prince.* Paris, 8. 1655.

XIX. *En quoi la piété des François diffère de celle des Espagnols, dans une profession de même Religion.* Paris, 12. 1657.

XX. *La Physique du Prince.* Paris, 8. 1658.

XXI. *Nouveaux Traitez en forme de Lettres.* Paris, 8. 1659.

XXII. *Derniers petits Traitez en forme de Lettres.* Paris, 8. 1660.

XXIII. *Prose chagrine.* Trois volumes. Paris, 12. 1661.

XXIV. *La Promenade : Dialogue entre Tubertus Ocella, & Marcus Bibulus.* Quatre volumes. Paris, 12. Tom. I, 1662. II, III, & IV, 1663.

XXV. *Homélies Académiques.* Trois volumes. Paris, 12. Tom. I, 1664. II, 1665. III, 1666.

XXVI. *Problêmes sceptiques.* Paris, 12. 1666.

XXVII. *Doute sceptique : Si l'étude des belles Lettres est préférable à toute autre occupation ?* Paris, 12. 1667.

XXVIII. *Observations diverses sur la composition & sur la lecture des livres.* Paris, 12. 1668.

XXIX. *Deux Discours : le premier, Du peu de certitude qu'il y a dans l'Histoire : le second, De la connoissance de soi-même.* Paris, 12. 1668.

XXX. *Discours pour montrer que les doutes de la Philosophie sceptique sont de grand usage dans les Sciences.* Paris, 12. 1669.

XXXI. *Mémorial de quelques conférences avec des personnes studieuses.* Paris, 12. 1669.

XXXII. *Introduction chronologique à l'Histoire de France.* Paris, 12. 1670.

XXXIII. *Soliloques sceptiques.* Paris, 12. 1670.

XXXIV. *Hexaméron rustique.* Paris, 12. 1670.

XXXV. *Quatre Dialogues faits à l'imitation des Anciens, par Orasius Tubero.* Francfort, 4. 1606.

XXXVI. *Cinq autres Dialogues du même Auteur, &c.* Francfort, 4. 1606. La date de ces Dialogues, & des précédens, est supposée, tant pour le lieu de l'impression, que pour l'année. Ils n'ont point été mis, non plus que les trois volumes cottez ici numero 32, 33, & 34, dans le Recueil des Ouvrages de l'Auteur, dont l'édition en quinze tomes *in-12* est, à cela près, complette: au lieu que l'édition *in-folio* ne contient que les Ouvrages publiez jusqu'en 1667.

XI.

JEAN CHAPELAIN,

Conseiller du Roi en ses Conseils, l'un des premiers Académiciens, mort le 22 Février 1674.

Il naquit (1) à Paris en 1595, le 4 Décembre. Sa mére qui avoit fort connu Ronsard, & dont l'idée étoit frappée des honneurs que ce Poëte avoit reçus de son siécle, souhaitoit passionnément qu'un de ses fils pût entrer dans la même lice. Du moment donc qu'elle vit en celui-ci d'heureuses dispositions pour l'étude, elle le voua, si j'ose ainsi dire, à la Poësie. Dans cette vûe, elle le mit en pension dès l'âge de neuf ans chez le célèbre Frédéric Morel, Doyen des Lecteurs du Roi, d'où il alloit au Collège de Calvi prendre les leçons de Nicolas Bourbon, excellent Poëte latin, &

---

(1) De Sébastien Chapelain, Notaire au Châtelet; & de Jeanne Corbière, fille d'un Michel Corbière, ami particulier de Ronsard.

qui fut un des Académiciens nommez par le Cardinal de Richelieu. Il fit d'étonnans progrès sous de si grands maîtres : & non-seulement il se rendit habile dans les Humanitez, mais à ses heures perduës il apprit de lui-même l'Italien & l'Espagnol.

Au sortir des classes, il entra chez le Marquis de la Trousse, grand Prévôt de France, qui lui confia d'abord l'éducation de ses enfans, & ensuite l'administration de ses affaires. Il y demeura (2) dix-sept ans entiers, pendant lesquels, vivant presque toujours à la Cour, il résista par prudence à la tentation de rimer. Il craignoit que s'il s'étoit une fois donné pour Poëte, la calomnie ne vînt à lui attribuer tôt ou tard quelqu'une de ces impudentes satires, qui sont dans les Cours la res-

---

(2) Supposé qu'il ait traduit *Guzman d'Alfarache*, comme on le croit, ce fut pendant ce temps-là. Mais il n'en convenoit point ; & M. Pellisson, lorsqu'il donna la liste des ouvrages publiez jusqu'en 1652 par Chapelain, ne fait point mention de celui-ci, quoiqu'imprimé long-temps auparavant. Il faut cependant avouer que l'Abbé de Marolles, dans son *Dénombrement d'Auteurs*, ne permet pas d'en douter.

source ordinaire des mécontens & des fous. Mais il ne laissoit pas de s'appliquer sourdement à la Poëtique, & il est le premier de nos François, qui ait songé à en faire une étude sérieuse. Car jusque-là nos Poëtes, contens de savoir les règles de la versification, se figuroient qu'à cela près tout étoit arbitraire dans leur art.

Quoique dès-lors l'Italie n'eût point mal débrouillé la Poëtique d'Aristote, cependant le Cavalier Marin n'avoit suivi que son caprice dans son *Adone*. Il vint à la Cour de France, où étoient Malherbe & Vaugelas, qu'il pria d'entendre la lecture de ce Poëme, avant qu'il en risquât l'impression. Ils lui proposérent d'y appeler un jeune homme de leur connoissance, qui savoit aussi-bien qu'eux l'Italien, & mieux qu'eux la Poëtique. C'étoit M. Chapelain. Il trouva dans ce Poëme d'excellentes parties, mais qui n'alloient pas à faire un tout. Que le sujet étoit mal pris, mal conduit. Que néanmoins on pouvoit, à l'aide d'une préface raisonnée, jeter de la poussière aux yeux, & prévenir les critiques. Il parla en homme si éclairé, que ses trois auditeurs le jugèrent seul capable d'exécuter ce qu'il proposoit. Et cette préface, qu'enfin ils arrachèrent de lui, fut le premier ouvrage par où il se laissa connoître. Ouvrage qui ne suffiroit pas aujourd'hui pour établir la réputation d'un Auteur : mais qui, dans un temps où personne n'étoit au fait de la Poëtique, fut regardé, même parmi les gens de Lettres, comme une nouveauté d'un grand prix.

Un rien détermine souvent la vocation d'un écrivain. Quand M. Chapelain vit le succès de sa Dissertation, il se crut appelé à faire un Poëme épique. D'ailleurs, les discours que sa mère lui avoit tenus sur la gloire des grands Poëtes, ne s'étoient pas effacez de son esprit. Il arrêta donc son sujet : mais naturellement moins vif que judicieux, il employa d'abord cinq années de suite à le méditer, & ne fit son premier vers qu'après avoir ébauché le tout en prose. Tant de flegme, peut-être, n'annonce point cet enthousiasme, qui fait qu'un Poëte ne sauroit attendre pour rimer, que sa raison ait si long-temps délibéré sur ce que son imagination entreprend. Peut-être même que la sécheresse & la dureté qu'on reproche au Poëme de *la Pucelle*, viennent de ce que l'Auteur commença si tard à versifier. Car la méchanique du vers demande une habitude prise de jeunesse. *Les faveurs dont Parnasse m'honore*, disoit Malherbe, *non loin de mon berceau commencérent leur cours*. Au lieu que M. Chapelain, lorsqu'il mit la main à l'œuvre, passoit trente-quatre ans.

Tant que son plan ne fut vû qu'en prose, les connoisseurs en furent charmez. Jusque-là que Messieurs d'Andilly & le Maistre en parlérent au Duc de Longueville, comme d'un projet où la gloire de sa maison étoit intéressée ; & ils en parlérent si efficacement que, pour engager M. Chapelain à ne point perdre de vûe son travail, ce généreux Prince lui assura mille écus de pension.

Quelque temps auparavant, il avoit eu du Cardinal de Richelieu une pension de pareille somme : & cela, au sortir d'une conférence sur les pièces de Théatre, où il montra en présence du Cardinal, qu'on devoit indispensablement observer les trois fameuses unitez, de temps, de lieu, & d'action. Rien ne surprit tant que cette doctrine ; elle n'étoit pas seulement nouvelle pour le Cardinal ; elle l'étoit pour tous les Poëtes qu'il avoit à ses gages. Il donna dès-lors une pleine autorité sur eux à M. Chapelain. Et quand il voulut que le Cid fût critiqué par l'Académie, il s'en reposa principalement sur lui, comme on le voit dans l'Histoire de M. Pellisson.

Peu de Savans eurent part aux libéralitez du Cardinal Mazarin : il étoit trop distrait par le bruit des armes : cependant la réputation de M. Chapelain frappa ses oreilles, & il lui assigna une pension de quinze cents francs sur l'Abbaye de Corbie.

Toute la Cour, toute la France fut entraînée par de tels suffrages en faveur de M. Chapelain. Tous les beaux-esprits, Balzac à leur tête, le reconnurent pour leur juge. Lui, au milieu des biens & des honneurs, qui sembloient l'accueillir de toutes parts, toujours modeste, *doux, complaisant, officieux,* & qui plus est, *sincére*, il soutenoit, il rehaussoit par la sagesse de sa conduite l'opinion que l'on avoit de son esprit.

Il avoit partagé (3) son Poëme en vingt-quatre Chants. Les douze premiers parurent en 1656. Jusqu'alors on n'avoit vû de lui que des Odes, des Sonnets, d'autres petits ouvrages de Poësie, tous assez bons pour ne pas nuire à la haute idée que l'on se faisoit d'un Poëme, le fruit de tant de veilles. On s'attendoit à un chef-d'œuvre, & il faut convenir que la prévention fut d'abord victorieuse, puisqu'il se fit jusqu'à six éditions de la Pucelle en dix-huit mois. Deux hardis Critiques (4) cherchérent-ils à chagriner M. Chape-

(3) Il n'y en a jamais eu d'imprimé que les douze premiers Chants. C'est ce qui fait dire à M. Huet, que le Public n'ayant vû qu'une partie de ce Poëme, *des gens raisonnables ne doivent pas sur une partie juger du tout.* Il prétend même, & son jugement est bien digne d'attention, que pour la constitution de la Fable, & pour les vertus essentielles de l'Epopée, ce Poëme vaut infiniment. Voyez de quelle manière il s'en explique, & dans ses Mémoires latins, liv. III, & dans *Huetiana*, art. XIX.

Au reste, il y a dans la Bibliothèque du Roi une copie des douze derniers Chants, très-correcte, & revûe par l'Auteur lui-même.

(4) *La Mesnardière*, sous le nom du Sieur *du Rivage* ; & *Linière*, sous le nom *d'Eraste*.

lain ? Son illustre Mécène le Duc de Longueville prit soin de le vanger, en doublant dès-lors, & pour le reste de ses jours, la pension qu'il lui payoit depuis près de trente ans.

Ajoûtons (& ceci prouve incontestablement que l'impression de ce Poëme ne fit point de brèche d'abord à la réputation de son Auteur) ajoûtons qu'en 1662, le Roi voulant faire des gratifications à tout ce qu'il y avoit de Savans célèbres, tant en France que dans toutes les autres parties de l'Europe, ce fut sur-tout à M. Chapelain que s'adressa M. Colbert, pour avoir la liste de ces Savans, & pour connoître le plus ou le moins qu'ils avoient de mérite, afin que les bienfaits du Roi fussent, non-seulement placez, mais mesurez. Il y eut soixante *Gratifiez*; ainsi les appeloit-on ; & de ces soixante, il y en avoit (5) quinze étrangers, & quarante-cinq François, dont plus de vingt étoient alors de l'A-

(5) Pour l'Italie : *Leo Allatius*, Bibliothécaire du Vatican ; le Comte *Graziani*, Secrètaire d'Etat du Duc de Modène ; *Ottavio Ferrari*, Professeur en Eloquence à Padoue ; *Carlo Dati*, Professeur en Humanitez à Flo-

cadémie, (6) ou en ont été depuis.

Un homme donc, à qui le Cardinal de Richelieu, le Cardinal Mazarin, & M. Colbert n'ont pu refuser leur confiance ; un homme qui eut relation avec tous les Savans de son temps, & qui ne fut le rival d'aucun, mais l'ami & le confident de tous, le directeur de leurs études, le dépositaire de leurs

rence : *Vicenzo Viviani*, premier Mathématicien du Grand Duc.

Pour la Hollande & la Flandre : *Isaac Vossius*, Historiographe des Provinces-Unies ; *Nicolas Heinsius*, Résident de L. H. P. en Suède ; *Jean-Frédéric Gronovius*, Professeur en Histoire à Leyde ; *Christien Huygens de Zuylichem*, célèbre Mathématicien ; *Gaspar Gevartius*, Historiographe de l'Empereur, & du Roi d'Espagne.

Pour l'Allemagne, &c : *Jean-Henri Boëclerus*, Professeur en Histoire à Strasbourg ; *Thomas Reinésius*, Conseiller de l'Electeur de Saxe ; *Jean-Christophe Wagenseilius*, Professeur dans l'Académie d'Altorf ; *Jean Hévélius*, fameux Astronome de Dantzic ; *Hermannus Conringius*, Professeur en Politique à Helmstad.

(6) Messieurs Chapelain, d'Ablancourt, Conrart, Gomberville, Cotin, Bourzeys, Charpentier, Perrault, Fléchier, Cassagnes, des Marests, Corneille, Segrais, Racine, Huet, Mézeray, le Clerc, Gombauld, la Chambre, Silhon, Boyer, Quinault.

intérêts ; un homme que l'ambition n'a point tenté, que les faveurs des Grands n'ont point ébloui, que les richesses n'ont point tiré de son premier état, que la Satire même n'a point aigri ; un tel homme, dis-je, ne méritoit-il pas d'être chéri & loué, comme en effet il l'a été par Balzac, par Sarasin, par Ménage, par Vaugelas, par Messieurs (7) de Port-Royal, & par un si grand nombre d'écrivains illustres, que si je les nommois tous ici, on croiroit que je fais un catalogue de tout ce qu'il y en a eu, & dedans & dehors (8) le Royaume, durant près de quarante ans ?

(7) Ils parlent de lui, sans le nommer, dans la Préface de leur Grammaire Espagnole.

(8) Le savant Nicolas Heinsius ayant appris la mort de M. Chapelain, la mande en ces termes à Grævius, du 8 Mars 1674. *Me interim mirificè adfligit excessus è vivis Johannis Capellani, cujus memoria semper in hoc pectore erit sanctissima. Amisi sanè amicum incomparabilem. Sed tantum virum exornare laudibus meritissimis non est hujus loci.* Et Grævius lui répond : *Incredibile est quanto me dolore mors Capellani affecerit : quam ex te primùm intelligo. Amisit Gallia insigne gentis suæ decus. Magnam jacturam in eo fecit res literaria, cujus commo-*

Quand on aura dit qu'il versifioit durement, tout sera dit. Mais ne connoît-on rien d'excellent, rien d'admirable, que l'art de faire des vers coulans & harmonieux ? Pour bien juger de son mérite, ne confondons point sa personne avec ses ouvrages. Autrefois on jugeoit de ses ouvrages sur l'idée qu'on avoit de sa personne; & de-là vient que la plufpart de ses amis, gens d'ailleurs sensez, & de bon goût, estimoient de bonne foi sa Pucelle, quoique peu estimable. Aujourd'hui, si l'on vouloit au contraire, sur l'idée qu'on a de ses ouvrages, juger de sa personne, ce seroit une autre injustice, & d'autant plus criante, qu'elle tomberoit sur un homme d'un savoir peu commun, & d'une vertu encore plus rare.

Je parle d'une vertu rare : en voici un trait, dont je fournirai la preuve à qui voudra. Dès que M. le Duc de

dis ille perpetuò invigilabat, unus omnium candidissimus ingeniorum æstimator, qua ad optimarum artium dignitatem augendam ubique gentium & plausu & præmiis incitabat, ipso ingenio, doctrina, gravitate, vitaque sanctitate in primis conspicuus, &c.

Montauzier fut nommé Gouverneur de M. le Dauphin, il jeta les yeux sur M. Chapelain pour la place de Précepteur; & même obtint l'agrément du Roi, avant que d'en avoir parlé à M. Chapelain. Qu'arrive-t-il ? Que M. Chapelain résiste à M. de Montauzier, & refuse obstinément ce glorieux emploi, alléguant que son grand âge le rendoit trop sérieux, trop infirme, pour qu'il pût se flatter d'être agréable à un Prince encore si jeune. Faut-il d'autres marques d'un parfait desintéressement ? Et de quel poids après cela peuvent être les invectives de ces écrivains mal intentionnez, & mal instruits, qui l'accusent d'une sordide avarice ?

On s'étonnera peut-être de me voir tant de zèle pour la mémoire de M. Chapelain. J'en dirai naïvement le motif; c'est qu'ayant lû plusieurs volumes de ses lettres manuscrites, où son ame se découvre à fond, je lui paye, sans avoir égard aux préjugez, le tribut d'estime que je crois lui devoir.

Il fut enterré à Saint Méry, où se lit une inscription latine en son honneur, un peu trop longue pour la rapporter ici, & qu'on peut voir dans le Tome quatrième *Sylloges epistolarum à viris illustribus scriptarum*, pag. 328.

Ouvrages de M. Chapelain.

I. *Lettre ou Discours de M. Chapelain, portant son opinion sur le Poëme d'Adonis du Chevalier Marino*, à la tête de ce Poëme. Paris, fol. 1623.

II. *Paraphrase* (en vers) *sur le Miserere*. Paris, 4. 1636.

III. *Ode* (de 300 vers) *à M. le Cardinal Duc de Richelieu*. Paris, 4. 1637.

IV. *Ode* (de 380 vers) *pour la naissance de M. le Comte de Dunois*. Paris, 4. 1646.

V. *Ode* (de 360 vers) *pour M. le Duc d'Anguien*. Paris, 4. 1646.

VI. *Ode* (de 460 vers) *pour M. le Cardinal Mazarin*. Paris, 4. 1647.

VII. *La Pucelle, ou la France délivrée. Poëme Héroïque*. Paris, fol. 1656.

VIII. *La Couronne impériale*, pour la Guirlande de Julie, dans *Huétiana*, art. XLIV.

IX. *Mélanges de Littérature, tirez des lettres manuscrites de M. Chapelain*. Paris, 12. 1726.

X. *De la lecture des vieux Romans, Dialogue*, imprimé dans les *Mémoires de Littérature & d'Histoire*, Tom. VI.

XII.

VALENTIN CONRART,

Conseiller & Secrètaire du Roi, l'un des premiers Académiciens, mort le 23 Septembre 1675.

Que ne devons-nous pas à la mémoire de M. Conrart ? Il a été, pour ainsi dire, le pére de l'Académie Françoise ; c'est dans sa maison qu'elle est née ; elle ne fut d'abord composée que de ses plus chers amis ; sa probité, la douceur de ses mœurs, l'agrément de son esprit les avoit rassemblez ; & quoiqu'il ne sût ni Grec ni Latin, tous ces hommes célèbres l'avoient choisi pour le confident de leurs études, pour le centre de leur commerce, pour l'arbitre de leur goût.

Ils lui confièrent même la charge de Secrètaire, la seule qui soit perpétuelle dans l'Académie : ensorte qu'il étoit proprement l'ame de cette Compagnie naissante : mais une ame qui en gouvernoit les mouvemens avec tant de dignité, qu'en peu de temps elle l'eut mis au rang des Compagnies les plus augustes de l'Etat.

A la vérité, il possédoit l'Italien & l'Espagnol; mais enfin, puisqu'il n'avoit pas la moindre teinture de ce qu'on appelle langues savantes, avouons pour encourager les honnêtes gens qui lui ressemblent, que sans ce secours un esprit naturellement délicat & juste peut aller loin. Je ne sais même si M. Conrart, ne voulant être ni Théologien, ni Jurisconsulte, n'eût pas eu assez de sa langue toute seule, pour arriver au double but que nous nous proposons dans nos travaux littéraires, éclairer notre raison, orner notre esprit. Rarement la multiplicité des langues nous dédommage de ce qu'elle nous coûte. Homére, Démosthène, Socrate lui-même, ne savoient que la langue de leur nourrice. Un jeune Grec (1) employoit à l'étude des

„ (1) Nemini dubium esse potest, quin
„ Græcæ nationi multò facilior ad scientias
„ via fuerit, quàm ceteris, quippe in solo
„ judicio, non in memoria excolenda, aut
„ peregrino ullo sermone laborabat. Romanis
„ callere alienam linguam necesse fuit. Et ta-

choses, ces précieuses années qu'un jeune François consacre à l'étude des mots.

On a écrit (2) de M. Conrart, qu'entendant lire des Traductions, il devinoit où le Traducteur avoit bronché. D'accord : il ne lui falloit pour cela que du sentiment, guide aussi sûr, disons incomparablement plus sûr, qu'un savoir mal digéré. Mais de quoi je doute, c'est que son oreille pût *faire* (3) *la différence d'un vers de Virgile d'avec un vers de tout autre Poëte latin.* Comment le comprendre ? Un Allemand qui entendra chanter divers endroits de nos Opéra, dira bien, sans savoir le François, ce qui sera de Lulli, & ce qui n'en sera point. Mais pour l'harmonie poëtique, n'est-elle pas d'un tout autre genre ? Et cet Allemand, qui n'a point l'oreille faite au son de

,,men cum iis multò meliùs quàm cum po-
,,steris actum est, quòd hanc solam edisce-
,,bant, nos & latinam eorum ediscendam
,,habemus : illi peregrinatione, usu, & com-
,,mercio cum Græcis, nos improbo labore.
,, *Nic. Borbon. præfat. in Thucyd.* pag. 197.

(2) Voyez Balzac, Tom. II, pag. 654.
(3) Voyez les *Oeuvres posthumes de Maucroix*, première Lettre à un P. de la C. de J.
nos

nos mots, mettra-t-il quelque différence entre la dureté de Chapelain, & la douceur de Racine ?

Qu'on ne s'étonne pas, au reste, si M. Conrart, avec tant d'esprit, & avec tant de goût, n'a fait que si peu (4) d'ouvrages. Trop de modestie, trop de peine à se contenter soi-même, l'envie immodérée de donner à la lecture un temps que la composition nous dérobe, les emplois publics, les soins domestiques, les maladies habituelles,

---

(4) On m'a communiqué, depuis les deux premières éditions de cette Histoire, un manuscrit original de M. Conrart, où sont contenues vingt-quatre Epîtres dans le goût d'Horace. J'en rapporterai un morceau, pour faire juger de la versification.

Au dessous de vingt ans, la fille en priant Dieu
Dit : Donne-moi, Seigneur, un mari de bon
   lieu,
Qui soit doux, opulent, libéral, agréable.
A vingt-cinq ans : Seigneur, un qui soit
   supportable,
Un qui parmi le monde au moins puisse
   passer.
Enfin, quand par les ans elle se sent presser,
Qu'elle se voit vieillir, qu'elle approche de
   trente :
Un tel qu'il te plaira, Seigneur, je m'en
   contente.

millé raisons peuvent mettre obstacle à la fécondité des meilleures plumes : & une partie tout au moins de ces raisons avoit lieu à l'égard de M. Conrart, qui fut horriblement goutteux les trente dernières années de sa vie.

Mais au défaut de ses propres ouvrages, ceux d'autrui nous parlent en sa faveur. Car les premiers (5) écrivains de son temps se firent tous un mérite, & comme à l'envi, de lui dédier quelques-uns de leurs livres. Assûrément, cette foule d'épîtres dédicatoires à un simple particulier, qui n'étoit pas un *Montôron*, prouve bien l'estime qu'on avoit pour lui.

Aussi nous en parle-t-on (6) comme d'un homme qui avoit souverainement les vertus de la société. Il

―――――――

(5) D'*Ablancourt* lui dédia son Minucius Félix, & son Lucien. *Costar*, ses Entretiens. *Ménage*, ses Origines de la langue Françoise. *Giry*, sa Traduction du Dialogue des causes de la corruption de l'Eloquence. *Cassagnes*, sa Rhétorique de Cicéron. *Borel*, son Trésor des recherches, &c.

(6) Je peins ici M. Conrart d'après ce qui m'en a été dit par feu M. l'Abbé de Dangeau, qui, sans y penser, se peignoit lui-même.

gouvernoit son bien, sans être ni avare, ni prodigue ; & il savoit tirer d'une médiocre fortune plus d'agrément pour lui & pour ses amis, que la fortune la plus opulente n'en fournit à d'autres. Il étoit touché des malheurs d'autrui, & trouvoit les moyens d'y subvenir par des voies qu'on n'apercevoit point. Il avoit le cœur très-sensible à l'amitié, & lorsqu'une fois on avoit la sienne, c'étoit pour toujours. S'il y avoit du défaut dans sa conduite à cet égard, c'étoit de trop excuser. Peu de personnes ont eu comme lui l'amitié, la confiance, & le secret de ce qu'il y avoit de plus grand dans tous les états du Royaume, en hommes & en femmes. On le consultoit sur les plus grandes affaires ; & comme il connoissoit le monde parfaitement, on avoit dans ses lumières une ressource assurée. Il gardoit inviolablement le secret des autres, & le sien. On ne pouvoit pourtant pas dire qu'il fût caché ; & sa prudence n'avoit rien qui tînt de la finesse. Au reste, s'il disputoit quelquefois, c'étoit pour la vérité qu'il disputoit : & comme il la préféroit à tout, son amour pour la vérité avoit aux yeux des personnes indifférentes un air d'opiniatreté.

Il étoit Parisien, mais d'une famille sortie du Hainault, & noble depuis (7) long-temps. Né dans le sein du Calvinisme, il eut toujours l'esprit préoccupé de ses erreurs : sans que son cœur en fût moins tendre pour tout ce qu'il connut d'honnêtes gens, qui pensoient autrement que lui. Il se maria en 1634, n'eut point d'enfans, & mourut à Paris dans sa soixante & douzième année.

Après sa mort, comme c'étoit un temps où les bontez du Roi pour l'Académie réveilloient l'attention de la Cour, un des plus grands Seigneurs, mais qui ne s'étoit que médiocrement cultivé l'esprit, se proposa pour la place vacante. De le refuser, ou de le recevoir, l'embarras paroissoit égal. Ce fut dans cette occasion que M. Patru, avec cette autorité que donne l'âge joint au vrai mérite, ouvrit l'assemblée par un apologue. *Messieurs*, dit-

(7) Dans le Trésor de Borel, pag. 178, il est dit que Jean Conrart, de qui descend l'Académicien, étoit l'un des Écuyers du Duc de Bourgogne, l'an 1340.

il, un ancien Grec avoit une lyre admirable; il s'y rompit une corde; au lieu d'en remettre une de boyau, il en voulut une d'argent; & la lyre, avec sa corde d'argent, perdit son harmonie.

Je m'imagine voir le peuple Romain, qui écoute la fable de Ménénius Agrippa. Celle-ci n'eut pas un effet moins prompt. Elle tomboit, on le voit assez, non sur la condition seule, mais sur l'incapacité du prétendant. Car qui doute que la Cour, bien loin de nuire à un bon esprit, ne soit au contraire l'école la plus propre à le former ? Et une Compagnie, dont l'unique but est d'affermir le bel usage de la Langue, & de travailler sans cesse à la perfection du goût, n'a-t-elle pas de grands secours à espérer d'un Seigneur, qui vit dans le centre du goût & de la délicatesse ? Le mélange des Seigneurs avec des gens qui ne connoissent que leurs livres, est comme un sel qui préserve ceux-ci d'un je ne sais quel pédantisme, aussi ennemi de la politesse, que l'ignorance même. Il faut du sel pour assaisonner, pour conserver les meilleures viandes, mais il en faut avec modération.

OUVRAGES DE M. CONRART.

I. *Epître* dédicatoire, à la tête de la *Vie de Philippe de Mornay*. Leyde, 4. 1647.

II. *Epître* en vers, imprimée dans la I. partie des Epîtres de Boisrobert.

III. *Balade*, en réponse à celle du *Goutteux sans pareil*, imprimée parmi les Oeuvres de Sarasin.

IV. Préface des Traitez postumes de Gombauld.

V. *Imitation du Pseaume XCII*, dans le Tom. I. des Poësies Chrétiennes & diverses.

VI. *Les Pseaumes* (il n'y en a que 51) *retouchez sur l'ancienne version de Clément Marot, &c.* Charenton, 12. 1677.

VII. *Lettres familières à M. Félibien*. Paris, 12. 1681.

XIII.

JACQUES CASSAGNES,

Docteur en Théologie, Garde de la Bibliothèque du Roi, reçu à l'Académie en 1662, mort le 19 Mai 1679.

Né, & élevé à Nîmes, dans le sein d'une (1) famille opulente, il vint jeu-

(1) Son père Michel Cassagnes fut Ma-

ne à Paris, où il prit d'abord les deux routes qui peuvent le plus promptement mener à se faire un nom. Je veux dire la Prédication, & la Poësie. Car un Savant n'est connu qu'à la longue; il ne l'est même que de ses pareils; & souvent il travaille moins pour lui, que pour la postérité. Mais le nom d'un Poëte, d'un Prédicateur, vole bientôt de bouche en bouche; & quand sa réputation ne devroit être que passagère, du moins elle n'est pas tardive, il en jouit.

Une Ode que M. l'Abbé Cassagnes fit à la louange de l'Académie Françoise, lui en ouvrit les portes à l'âge de vingt-sept ans.

Un de ses Poëmes, où il introduit Henri IV donnant des instructions à Louis XIV, plut infiniment à M. Colbert; & ce grand Ministre, qui ne savoit point estimer sans récompenser, lui procura une pension de la Cour, le fit Garde de la Bibliothèque du Roi, & le nomma ensuite un des quatre premiers Académiciens, dont l'Aca-

tre des Requêtes du Duc d'Orléans, puis Trésorier du Domaine de la Sénéchaussée de Nîmes.

démie des *Inscriptions* fut d'abord composée.

Quant à son talent pour la Chaire, je n'en sais rien de particulier, si ce n'est qu'après avoir été applaudi dans Paris, il fut nommé pour prêcher à la Cour, mais n'y prêcha point : & cela, parce qu'un peu avant qu'il dût y paroître, la Satire où son nom est lié avec (2) celui de l'Abbé Cotin, étant devenue publique, il craignit avec raison de trouver les Courtisans disposez à le condamner sans l'entendre. Cependant, à juger de lui par son Oraison funèbre de M. de Péréfixe, il n'étoit pas sans mérite pour le temps où il prêchoit. Et après tout, si nous voulons dire vrai, qu'étoit-ce parmi nous que l'éloquence de la Chaire, avant que les Fléchiers nous eussent appris les graces de la diction ; que les Bossuets nous eussent donné une idée du pathétique & du sublime ; que les Bourdaloues nous eussent fait préférer à tout le reste, la raison mise dans son jour ? Jusqu'alors, ce qu'on appeloit prêcher, c'étoit mettre ensemble beaucoup de pensées mal assorties, sou-

(2) Despréaux, Sat. III, vers 60.

vent

vent frivoles, & les énoncer avec de grands mots.

Quoiqu'il en soit, le trait satirique dont le cœur de M. l'Abbé Cassagnes fut blessé, eut des suites déplorables. Pour un homme ardent, ambitieux, & dans l'âge où l'amour de la gloire a le plus d'empire, quelle douleur de se voir comme arrêté au milieu de sa course, par une raillerie devenue *Proverbe en naissant* ! Il fit les derniers efforts pour regagner l'estime du Public; il produisit coup sur coup divers ouvrages, qui certainement devoient lui faire honneur; il en méditoit encore un (3) autre de plus longue haleine, lorsqu'enfin il succomba sous le poids, & de l'étude, & du chagrin. Ses parens, avertis que sa tête se dérangeoit, accoururent du fond de leur province, & l'ayant trouvé hors d'état de pouvoir être transporté en Languedoc, furent contraints de le mettre à Saint Lazare, où il mourut âgé seulement de quarante-six ans. Triste effet de la

___

(3) Des Homélies propres à être récitées au Prône dans les Eglises où il n'y auroit point de Prédicateur. Voyez les Parallèles des Anciens & des Modernes, Tom. III.

Tome II. P

Satire, & qui devoit bien rendre amer pour l'Auteur lui-même, le plaisir qu'elle pouvoit d'ailleurs lui donner!

Ouvrages de M. Cassagnes.

I. *Ode* (de 400 vers) *pour l'Académie Françoise.* Paris, 4. 1660.

II. *Henri le Grand au Roi.* Poëme (d'environ 600 vers) Paris, fol. 1661.

III. *Ode* (de 200 vers) *sur la naissance de M. le Dauphin.* Paris, 4. 1662.

IV. *Préface sur les Oeuvres de M. de Balzac,* édition de Paris, fol. 1665.

V. *Ode* (de 260 vers) *sur les Conquêtes du Roi en Flandres.* Paris, 4. 1667.

VI. *Poëme* (d'environ 500 vers) *sur la Conquête de la Franche-Comté.* Paris, fol. 1668.

VII. *Oraison funèbre de M. de Péréfixe, Archevêque de Paris,* 1671.

VIII. *Poëme* (d'environ mille vers) *sur la Guerre de Hollande.* Paris, fol. 1672.

IX. *Traité de Morale sur la Valeur.* Paris, 12. 1674.

X. Traduction des trois livres *de Oratore,* sous ce titre: *la Rhétorique de Cicéron,* &c. Paris, 12. 1674.

XI. Traduction de Salluste, intitulée: *l'Histoire de la Guerre des Romains,* &c. Paris, 12. 1675.

XII. *Poësies diverses,* dans des Recueils de son temps.

XIV.

OLIVIER PATRU,

Avocat au Parlement, reçu à l'Académie en 1640, mort le 16 Janvier 1681.

Il naquit à Paris en 1604. Il fut élevé comme la plupart des Parisiens, avec trop de mollesse. C'étoit le plus bel enfant qu'on pût voir. De l'esprit, des manières, du penchant à l'étude, pourvû néanmoins qu'on lui choisît une étude agréable. Il fit excellemment ses Humanitez : en Philosophie, au contraire, la barbarie des termes le révolta. Sa mére, qui, veuve d'un riche Procureur au Parlement, vouloit qu'il devînt un Avocat célèbre, lui voyant de l'aversion pour ses cahiers, les jetoit elle-même au feu, & lui donnoit des Romans à lire. Ensuite, un jour par semaine, elle invitoit quelques-unes de ses voisines, & devant elles lui faisoit rendre compte de ses lectures : persuadée que cela lui donneroit de la hardiesse, & de la facilité à parler. Il narroit avec une grace infinie ; toutes ces femmes sortoient charmées ; & l'auditoire grossit enfin à un tel point, que n'y ayant plus de quoi recevoir tout ce qui se présentoit, les assemblées furent rompues.

Dans un voyage qu'il fit à Rome en 1623, cette étude des Romans ne lui fut pas inutile à Turin, où il rencontra M. d'Urfé, qui venoit de donner l'*Astrée* au public. Il lui parla (1) ,, des beautez de son ouvrage d'une ,, manière si intelligente, que ce Seigneur, qui passoit alors pour l'auteur ,, François le plus spirituel & le plus ,, poli, l'engagea à passer au retour par ,, sa maison de Forêt, pour l'entretenir à fond de son *Astrée*, & lui en ,, expliquer le mystère : mais le jeune ,, voyageur apprit la mort de M. d'Urfé en repassant par Lyon.

Pour peu qu'il eût naturellement ai-

___

(1) Voyez l'Eloge de M. Patru, à la tête de ses Plaidoyers, édition de Paris 1681. Ceci en est tiré mot à mot. Le P. Bouhours, ami particulier de M. Patru, & qui lui a dédié le premier volume de ses Remarques sur la Langue, est l'auteur de cet Eloge.

mé le faux & le frivole en matière d'Eloquence, les Romans eussent sans doute achevé de le gâter: sur-tout dans un temps où le Barreau avoit un goût encore plus mauvais, s'il se peut, que celui des Romans. En ce temps-là, pour être souverainement éloquent, il falloit qu'un Avocat ne dît presque rien de sa cause; mais qu'il fît des allusions continuelles aux traits de l'antiquité les moins connus; & qu'il eût l'art d'y répandre une nouvelle obscurité, en ne faisant de tout son discours qu'un tissu de métaphores. Cicéron, que M. Patru se rendit de bonne heure familier, & dont il traduisit une des plus belles Oraisons, lui fit comprendre qu'il faut toujours avoir un but, & ne jamais le perdre de vûe: qu'il faut y aller par le droit chemin, ou si l'on fait quelque détour, que ce soit pour y arriver plus sûrement: & qu'enfin si les pensées ne sont vraies, les raisonnemens solides, l'élocution pure, les parties du discours bien disposées, on n'est pas Orateur. Il se forma donc sur Cicéron, & le suivit d'assez près en tout, hors en ce qui regarde la force & la véhémence. Mais outre qu'elle pouvoit ne pas convenir à la douceur de son caractère, si d'ailleurs nous considérons de combien de vices il eut à purger l'éloquence de son siècle, nous lui pardonnerons aisément de n'avoir pas réuni toutes les vertus d'un Orateur parfait.

Il fut connu du Cardinal de Richelieu par la belle épître qui est à la tête du *Nouveau Monde de Laet.* Quand les Elzeviers présentèrent ce livre au Cardinal, il lut & relut l'Epître dédicatoire, il la trouva d'un style merveilleux, & sachant que c'étoit M. Patru qui l'avoit faite, il lui destina une (2) place d'Académicien.

A sa réception, M. Patru prononça ,, un fort beau (3) Remerciment, dont

---

(2) Apparemment les intentions du Cardinal demeurèrent secrettes jusqu'aux approches de l'élection : car Patru eut un concurrent : & voici ce qu'en dit Chapelain dans une de ses lettres à Balzac, du 8 Juillet 1640.
,, L'Abbé d'Aubignac pensant avoir un
,, pied dans l'Académie, *repulsam passus est,*
,, à cause d'un libelle qu'il avoit fait contre
,, la Roxane de M. des Marests. On lui a pré-
,, féré M. Patru, cet excellent Avocat notre
,, ami.

(3) Voyez Tom. I. pag. 211.

„ on demeura si satisfait, qu'on a obli-
„ gé tous ceux qui ont été reçûs de-
„ puis, d'en faire autant. D'abord ces Discours ne furent que des complimens peu étendus : ils se prononçoient à huis clos, & devant les Académiciens seuls, tant que la Compagnie s'assembla chez M. le Chancelier Seguier : mais depuis qu'elle s'assemble au Louvre, & qu'elle ouvre ses portes les jours de réception, ce ne sont plus de simples remercimens, ce sont des Discours d'apparat. Et quoique la matière de ces discours soit toujours la même, l'art oratoire est tellement un Protée, que par leurs formes différentes ils paroissent toujours nouveaux.

Personne, depuis 1640, n'a été dispensé de cet usage, que M. Colbert, & M. d'Argenson, lesquels ont été reçus l'un & l'autre en des circonstances où l'extrême vivacité des affaires publiques, dont le fardeau tomboit sur eux, les mettoit hors d'état de se prêter pour quelques instans à leur propre gloire. Les motifs particuliers, & passagers, qui leur ont fait obtenir cette dispense, sont la confirmation de la règle générale. Mais il est triste pour l'honneur des Lettres, qu'on n'ait pas usé de la même indulgence envers le feu Duc de la Rochefoucauld, auteur de ces *Maximes* si connues. Car l'obligation de haranguer publiquement le jour qu'il auroit été reçu, fut le seul obstacle qui l'éloigna de l'Académie : & cela, parce qu'avec tout le courage qu'il avoit montré dans plusieurs occasions des plus vives, & avec toute la supériorité que sa naissance & son esprit lui donnoient sur des hommes ordinaires, il ne se croyoit pas (4) capable de soûtenir la vûe d'un auditoire, & de prononcer seulement quatre lignes en public sans tomber en pâmoison.

Pour revenir à M. Patru, c'étoit, selon le P. Bouhours, *l'homme du Royaume qui savoit le mieux notre langue.* Ajoûtons qu'il la savoit, non pas en Grammairien seulement, mais en Orateur. Car le Grammairien écrit purement, correctement : l'Orateur l'imite en ces deux points : mais de plus il veut de la noblesse, de l'élégance, de l'harmonie. Vaugelas n'a prétendu toucher qu'au grammatical. Quant aux

---

(4) *Huet. Comment. lib. V. pag.* 317.

„ beautez de l'élocution, la gloire d'en
„ traiter, dit-il, est réservée toute en-
„ tière à une personne qui médite de-
„ puis quelque temps notre Rhétori-
„ que, & à qui rien ne manque pour
„ exécuter un si grand dessein; car on
„ peut dire qu'il a été nourri & élévé
„ dans Athènes & dans Rome, comme
„ dans Paris, & que tout ce qu'il y a
„ d'excellens hommes dans ces trois
„ fameuses villes, a formé son élo-
„ quence. Une si rare louange s'adresse
à M. Patru; & c'est lui qui devoit être
ce *Quintilien François*, que Vaugelas
souhaite à la fin de ses Remarques.

On le regardoit effectivement comme un autre Quintilien, comme un
Oracle infaillible en matière de goût
& de critique. Tous ceux qui sont aujourd'hui nos maîtres par leurs écrits,
se firent honneur d'être ses disciples,

Et nous n'aurions besoin d'Apollon ni
  de Muses,
Si l'on avoit toujours des hommes com-
  me lui,

dit-on dans son épitaphe. Cependant,
par deux grands exemples que je vais

citer, nous verrons que si d'un côté il nous est important de nous faire *des amis prompts à nous censurer* ; d'un autre côté aussi nous pouvons quelquefois, nous devons même résister à leur censure.

Premier exemple, celui de M. de la Fontaine. Jamais il n'eut fait ses Fables, s'il en eût cru M. Patru. *Ce n'est pas*, dit-il dans sa Préface, *qu'un des maîtres de notre éloquence n'ait désapprouvé le dessein de les mettre en vers.*

Autre exemple, celui de M. Despréaux, à qui M. Patru soûtenoit que l'Art poëtique, dans le détail où il se proposoit d'entrer, n'étoit pas une matière susceptible d'ornement.

Ainsi ces deux ouvrages, les Fables de la Fontaine, & l'Art poëtique de Despréaux, ouvrages admirables, & des plus parfaits, sans doute, que nous ayons en notre langue, nous ne les aurions pas, si l'autorité d'un habile Critique avoit prévalu.

Il faut, ce me semble, qu'un sage écrivain distingue l'entreprise d'avec l'exécution. Pour l'exécution, qu'il s'en rapporte à des amis sincéres ; c'est à eux à juger ce qu'elle vaut. Mais pour l'entreprise, qu'il consulte ses forces, & qu'il se livre à son génie ; c'est à lui à se sentir.

J'ai dit que M. Patru avoit traduit une Oraison de Cicéron : je me serois mieux exprimé, si j'avois dit qu'il en a fait deux Traductions fort différentes l'une de l'autre. Car qu'on lise celle qu'il publia (5) en 1638, & qu'on la compare avec celle qui est dans le Recueil de ses Plaidoyers, on n'y trouvera presque point de tours qui se ressemblent, presque point de phrases qui soient entiérement les mêmes dans les deux éditions. Rien ne fait mieux voir jusqu'où il poussoit sa délicatesse. Un jeune homme qui veut se former à écrire, fera plus de profit dans cet examen, que dans un amas de préceptes sur le style. La seconde façon d'un auteur est la critique de la première ; cherchons donc en nous-mêmes la raison des changemens qu'il a faits : & quand nous la trouvons, comme il n'est pas bien difficile pour l'ordinaire d'y réussir, figurons-nous que c'est l'Auteur

(5) Dans le Recueil des *Huit Oraisons de Cicéron*, dont quatre sont traduites par d'Ablancourt, & qui fut imprimé en 1638.

qui nous parle, qui nous montre que cette expression est foible, que ce tour est lâche, que pour bien faire il falloit s'y prendre de telle autre manière. Par ce moyen, nous nous donnons en quelque sorte pour précepteur un Corneille, un Racine, un Despréaux ; car leurs ouvrages sont pleins de changemens. Mais quelquefois leurs corrections tombent sur la pensée : ainsi l'examen que je propose, peut se faire encore plus utilement sur la Traduction de M. Patru, où les changemens ne regardent, & ne sauroient regarder que l'expression.

Il promettoit une Rhétorique, mais on n'en trouva qu'un projet informe parmi ses papiers. Il n'étoit pas homme d'un grand travail. D'ailleurs, le soin excessif qu'il apportoit à la correction de ses ouvrages, lui donnoit le temps de vieillir sur une période. Le mal est que ses affaires domestiques en souffrirent, & qu'à la fin il fut durement vexé par ses créanciers. Mais fermons les yeux sur les accidens de la fortune ; & dans un Académicien si célèbre, après avoir parlé de son esprit, aimons plustôt à voir quelles furent les qualitez de l'ame.

„ Il avoit (6) dans le cœur une droi-
„ ture qui se sentoit de l'innocence des
„ premiers siècles, & qui étoit à l'é-
„ preuve de la corruption du monde.
„ Il n'y eut jamais un homme de meil-
„ leur commerce, ni un ami plus ten-
„ dre, plus fidelle, plus officieux, plus
„ commode, & plus agréable. La mau-
„ vaise fortune qu'il a éprouvée, selon
„ la destinée de la pluspart des hom-
„ mes de Lettres qui ont un mérite ex-
„ traordinaire, ne put altérer la gaie-
„ té de son humeur, ni troubler la sé-
„ rénité de son visage. Les malheurs
„ d'autrui le touchoient plus que les
„ siens propres; & sa charité envers
„ les pauvres, qu'il ne pouvoit voir
„ sans les soulager, lors même qu'il
„ n'étoit pas trop en état de le faire,
„ lui a peut-être obtenu du Ciel la grace
„ d'une longue maladie, pendant la-
„ quelle il s'est tourné tout-à-fait vers
„ Dieu. Car après avoir vécu en hon-
„ nête homme, & un peu en Philoso-
„ phe, il est mort en bon Chrétien,
„ dans la participation des Sacremens
„ de l'Eglise, & avec les sentimens
„ d'une sincére pénitence.

(6) Eloge de M. Patru, déjà cité.

OUVRAGES DE M. PATRU.

I. *Plaidoyers & autres Oeuvres.* Paris, 4. 1670. La seconde édition (*Paris*, 8. 1681) est plus ample d'un tiers. Celle de Hollande 1692, & de Paris 1714, sont augmentées de ses *Observations sur les Remarques de Vaugelas.*

II. *Réponse du Curé à la lettre du Marguillier sur la conduite de M. le Coadjuteur*, citée par le P. le Long, Bibl. Hist. num. 9432.

III. *Traité manuscrit des Libertez de l'Eglise Gallicane*, cité là-même, num. 2362.

XV.

CHARLES COTIN,

Conseiller & Aumônier (1) *du Roi, reçû à l'Académie le 3 Mai 1655, mort en Janvier 1682.*

Si je m'étois proposé de faire l'éloge des Académiciens, dont j'ai à par-

---

(1) On lui donne dans quelques listes deux autres qualitez ; celle d'*Abbé de Montfronchel*, & celle de *Chanoine de Bayeux*. Pour l'Abbaye, je ne sais ce que c'est. Pour le Canonicat, il est vrai que M. Cotin en prit posses-

ler dans ce volume, j'avoue que je me sentirois arrêté tout court au nom de Cotin. Hé comment réhabiliter sa mémoire ? Plaignons-le seulement d'avoir déplu à deux hommes, dont un trait de plume donnoit à qui bon leur sembloit, une immortalité de gloire, ou d'ignominie ; & voyons d'abord par où il se les étoit attirez.

Pour Despréaux, le fait est que ses premiers ouvrages commençant à faire bruit sur le Parnasse, il souhaita d'en montrer quelques essais à l'Hôtel de Rambouillet, alors souverain Tribunal des beaux esprits. Chapelain, Ménage, & Cotin y étoient le jour qu'il y parut. Arténice & Julie louérent le jeune Poëte, mais en même temps lui conseillérent par bonté, & avec cette politesse dont les personnes de leur rang savent toujours assaisonner un avis, de consacrer ses talens à une espèce de poësie moins odieuse, & plus généralement approuvée, que ne l'est la Satire. Chapelain, Ménage, & Cotin appuyérent la même thèse : mais durement, & avec l'aigreur de gens que

sion en 1650 : mais ne voulant pas résider à Bayeux, il le résigna dès l'année suivante.

l'intérêt personnel anime. Despréaux en fut piqué, & jura dès-lors *in petto* de se vanger en temps & lieu.

Une autre source de sa haine pour l'Abbé Cotin, c'est que celui-ci étoit intime ami de Gilles Boileau; & que dans les brouilleries qui survenoient entre les deux frères, il prenoit toujours le parti de l'aîné, & n'oublioit rien pour susciter des chagrins domestiques au cadet.

Venons à Molière. Quand il donna son *Misantrope*, l'Abbé Cotin & Ménage se trouvèrent à la première représentation, & tous deux au sortir de là ils allèrent sonner le tocsin à l'Hôtel de Rambouillet, disant que Molière jouoit ouvertement M. le Duc de Montauzier, dont en effet la vertu austére & inflexible passoit mal à propos dans l'esprit de quelques Courtisans pour tomber un peu dans la misanthropie. Plus l'accusation étoit délicate, plus Molière sentit le coup. Mais il l'avoit prévenu, en communiquant sa pièce avant qu'elle fût jouée, à M. de Montauzier lui-même, qui, loin de s'en offenser, l'avoit vantée, & avec raison, comme le chef-d'œuvre de l'Auteur.

Au reste, la charmante Scène (2) de Trissotin & de Vadius est d'après nature. Car l'Abbé Cotin étoit véritablement (3) l'auteur du Sonnet à la Princesse Uranie. Il l'avoit fait pour Madame de Nemours, & il étoit allé le montrer à Mademoiselle, Princesse qui se plaisoit à ces sortes de petits ouvrages, & qui d'ailleurs consideroit fort M. l'Abbé Cotin, jusque-là même qu'elle *l'honoroit* (4) *du nom de son ami*. Comme il achevoit de lire ses vers, Ménage entra. Mademoiselle les fit voir à Ménage, sans lui en nommer l'auteur : Ménage les trouva ce qu'effectivement ils étoient, détestables : là-dessus nos deux Poëtes se dirent à peu près l'un à l'autre les douceurs que Molière a si agréablement rimées.

Un libelle, intitulé *la Ménagerie*, où l'Abbé Cotin entasse injures sur injures contre Ménage, fut la suite de ce

___

(2) *Femmes savantes*, Acte III, Scène 3.

(3) On voit ce Sonnet dans la seconde partie de ses *Oeuvres Galantes*, pag. 512.
Quant au Madrigal *sur un carosse de couleur amarante*, il y est aussi : mais comme un badinage donné pour tel.

(4) Tome I. du Mercure Galant, 1672.

Tome II. Q

qui s'étoit passé chez Mademoiselle. Que ne fit-il pas aussi contre Despréaux, & en vers, & en prose? Jusque-là nous voyons qu'il ne manqua point de courage, & qu'on lui faisoit mettre l'épée à la main tant qu'on vouloit. Au lieu qu'il se tint dans l'inaction, dès que Molière l'eut frappé : soit qu'il se crût assommé de ce dernier coup, qui véritablement est des plus rudes : soit qu'en 1672, qui est l'année qu'on joua pour la première fois les *Femmes savantes*, l'âge l'eût déjà mis hors de combat. Car il baissa extrêmement sur la fin de ses jours ; & même ses parens, à ce que dit M. Perrault, agirent pour obtenir qu'il fût (5) mis en curatelle.

Mais au fond, & tout préjugé à part, étoit-il homme si méprisable, qu'il méritât d'être immolé à la risée publique? Encore une fois, mon dessein n'est nullement de le louer. Si pourtant j'étois chargé de faire son apologie, il me semble que j'en viendrois à bout, sans recourir à l'art imposteur de ceux qui ont fait l'éloge de la Folie, ou de la Fièvre ; de Busiris, ou de Néron. Je chercherois M. l'Abbé Cotin dans ses

(5) Perrault, *Parallèles*, Tom. III.

ouvrages sérieux : dans ce qu'il a écrit sur les principes du monde, sur l'immortalité de l'ame, sur le Cantique des Cantiques. Je montrerois par ces mêmes ouvrages, qu'il étoit versé dans la Philosophie & dans la Théologie; qu'il savoit du Grec, de l'Hébreu, du Syriaque. Je m'appuierois sur l'autorité de ceux qui assurent qu'*il auroit* (6) *pu dire par cœur Homère & Platon*. Je dirois que dans ses Poësies même, qui sont le plus foible de ses ouvrages, il y a des choses très-spirituelles, & bien tournées. Je trouverois dans les endroits qu'il a traduits de Lucrèce, des vers assez beaux pour faire honneur à un Poëte, qui n'auroit été que Poëte. Je ferois avouer que sa prose a ce je ne sais quoi d'aisé, de naïf, & de noble, qui sent son Parisien élevé avec soin. Enfin je dirois que M. l'Abbé Cotin avoit l'honneur d'être reçu & chéri dans les plus illustres compagnies, où l'on ne faisoit accueil qu'au mérite, chez Madame de Guise, chez Madame de Nemours, à l'Hôtel de Rambouillet, chez Mademoiselle de Montpensier. A l'égard de ses Sermons, com-

(6) Perrault, *Parallèles*, Tom. III.

me il n'en reste aucune trace, je me contenterois de faire observer qu'il a prêché seize Carêmes dans les meilleures Chaires de Paris, & que vraisemblablement, s'il avoit toujours été aussi grêlé que la Satire le dit, il n'auroit pas eu la constance de pousser si loin une carrière si pénible. Convenons donc de bonne foi qu'il est à plaindre de n'avoir pas eu le tranquille sort de tant d'autres écrivains, qui dans le fond ne valent pas mieux que lui, ou peut-être valent moins. Pendant leur vie, on les laisse jouir de la bonne opinion qu'ils ont d'eux-mêmes; & après la mort, leur mémoire est comme ensévelie avec leurs cendres dans un même tombeau.

OUVRAGES DE M. COTIN.

I. *Théoclée, ou la vraie Philosophie des principes du monde.* Paris, 4. 1646.
II. *Recueil de Rondeaux.* Paris, 12. 1650.
III. *Traité de l'ame immortelle.* Paris, 4. 1655.
IV. *Poësies Chrétiennes.* Paris, 8. 1657.
V. *Oraison funèbre pour Messire Abel Servien*, &c. Paris, 4. 1659.
VI. *Oeuvres meslées, contenant Enigmes, Odes,* &c. Paris, 12. 1659.
VII. *La Pastorale sacrée, ou Paraphrase du*

Cantique des Cantiques, &c. Paris, 12. 1662.

VIII. *Réflexions* (de 33 pages) *sur la conduite du Roi, quand il prit le soin des affaires par lui-même.* Paris, 4. 1663.

IX. *Oeuvres Galantes en prose & en vers.* Paris, 12, Tom. I, 1663. II, 1665.

X. *Odes Royales sur les mariages des Princesses de Nemours.* Paris, 8. 1665.

XI. *La Ménagerie.* 12. 1666.

XII. *La Critique désintéressée sur les Satires du temps.* 8. 1666.

XIII. *Salomon, ou la Politique Royale.* Ce sont trois Discours en prose, d'environ 60 pages chacun, imprimez séparément, & sans date.

XIV. *Poësies diverses*, dans les Recueils de son temps, & qui ne sont comprises ni dans ses *Poësies Chrétiennes*, ni dans ses *Oeuvres Galantes*.

XVI.

FRANÇOIS EUDES DE MÉZERAY,

Historiographe de France, reçu à l'Académie en 1648, *mort le* 10 *Juillet* 1683.

Il naquit (1) en 1610 à Ry, village de basse Normandie, entre Argen-

(1) d'Isaac Eudes, Chirurgien établi à Ry; & de Marthe Corbin. Le P. Jean Eudes,

tan & Falaise. On l'envoya pour ses études à l'Université de Caen, où il fit de grands progrès, sur-tout dans la Poesie. Il conçut même une telle opinion de sa facilité à faire des vers, qu'à l'âge de vingt ans il la regardoit comme un talent capable d'assurer, & sa gloire, & sa fortune.

Plein de cette idée, il vint chercher à Paris son illustre (2) compatriote M. des Yveteaux, qui avoit toute sa vie cultivé les Muses, & qui, jusque dans une extrême vieillesse, ne fut pas moins aimable par le goût qu'il conservoit pour les amusemens du bel âge, que considérable par l'honneur qu'il avoit eu d'être Précepteur de Louis XIII. La première fois que M. de Mézeray parut chez lui, il entendit conter une avanture galante, dont aussi-tôt il résolut de faire une Comédie. Toute la nuit il rima ; & dès le lendemain son premier Acte fut achevé. Il avoit cru par une si grande diligence surprendre agréablement M. des Yveteaux, & mé-

Instituteur d'une Congrégation de Prêtres nommez *Eudistes*, étoit l'aîné de Mézeray.

(2) Nicolas Vauquelin des Yveteaux, mort le 9 Mars 1649, à l'âge de 90 ans.

riter ses bonnes graces. Mais le sage vieillard lui fit honte de cette facilité: lui représenta que c'étoit un défaut presque incorrigible, avec lequel on étoit sûr de ne faire jamais un bon vers: & prenant enfin un ton d'autorité, lui conseilla sérieusement de s'appliquer à la Politique & à l'Histoire, deux connoissances qui pourroient servir à le pousser dans le monde.

Tout jeune qu'étoit M. de Mézeray, il se rendit à la solidité de ce discours; & avec d'autant plus de soumission, que sa ressource la moins douteuse consistoit dans le crédit de M. des Yveteaux, qui en effet lui procura peu de temps après, dans notre armée de Flandres, l'emploi d'Officier Pointeur. Il n'y fut que pendant deux campagnes: assez pour voir des armées de près, & pour se familiariser avec les termes de la milice: en sorte qu'un jour, s'il vouloit écrire, il pût éviter les fautes où tombent ces Auteurs, qui s'exposent à parler guerre sans en savoir la langue. Il revint à Paris, il s'enferma dans le Collége de Sainte Barbe; & là, enséveli durant six ou sept années de suite dans un tas d'imprimez & de manuscrits, il prépara, il arrangea les matériaux de notre Histoire.

Avant que de se mettre à la composition d'un ouvrage, il faut avoir travaillé à se faire un style. Rien de plus utile pour cela que de traduire ; car la nécessité où l'on se trouve d'essayer vingt phrases, avant que de tomber sur une qui réponde exactement à la pensée de l'original, nous fait mieux sentir la propriété des mots, & nous donne une plus grande abondance de tours. Aussi fut-ce par des Traductions que M. de Mézeray commença : & ce travail, joint à ses principales études, l'épuisa de telle sorte, qu'une fièvre lente étant survenue, on désespéra de sa vie. Le Cardinal de Richelieu, appliqué à découvrir tout ce qu'il y avoit de mérites cachez dans les galetas de Paris, apprit en même temps le nom, les projets, la maladie du jeune Historiographe, & sur le champ lui envoya cinq cents écus d'or, dans une bourse ornée de ses armes.

Rassembler des matériaux, & les mettre en ordre, ce fut ce qui occupa davantage M. de Mézeray. Du moment qu'il fut en train d'écrire, sa
plume

plume courut avec cette prodigieuse vîtesse, dont je parlois tout à l'heure, mais qui est bien plus supportable en prose qu'en vers. Il publia son premier *in-folio*, qu'il n'avoit que trente-deux ans. Les deux autres, qui suivirent de fort près, n'emportérent pas même tout son loisir. Car, dans l'intervalle du second au dernier de ces trois immenses volumes, il continua l'Histoire des Turcs depuis 1612 jusqu'à 1649.

Après avoir surpassé dans sa grande Histoire de France tous ceux qui avoient fourni avant lui cette carrière, il se surpassa lui-même dans son *Abrégé*. Deux des plus savans hommes de son temps, le fameux Docteur Jean de Launoy pour l'Ecclésiastique, & M. du Puy pour le Civil, lui servirent à perfectionner cet ouvrage. Heureux si la joie qu'il eut de le voir généralement applaudi, n'avoit été troublée par M. Colbert.

Un certain esprit républicain, dont il se faisoit honneur, l'avoit porté à mettre dans cet Abrégé, l'origine de toutes nos espèces d'impôts, avec des réflexions peu nécessaires, & qui n'étant bonnes qu'à nourrir le chagrin du peuple, ne convenoient pas dans la bouche d'un Historiographe, que la Cour gratifioit annuellement de quatre mille francs. Sur les plaintes de M. Colbert, il promit de se corriger dans une seconde (3) édition. Il se corrigea en effet, mais d'une manière qui choqua & le Public, & le Ministre : le Public, parce que la vérité y étoit altérée : le Ministre, parce qu'au fond ces adoucissemens n'étoient que des palliatifs. Enfin, pour ne pas laisser cette hardiesse impunie dans un auteur de nom, d'abord on supprima une moitié de sa pension ; & comme il en murmura, peu de temps après on supprima l'autre.

Il fit mine après cet accident, de ne vouloir plus écrire : mais l'habitude étoit prise, il ne put la rompre. Seulement il choisit une matière, qui par l'éloignement des temps ne donnât d'ombrage à personne. Il écrivit sur

(3) Cette seconde édition parut en 1673. Pour savoir plus particuliérement en quoi different les diverses éditions de Mézeray, tant de sa grande Histoire, que de son Abrégé, voyez la Bibliothèque Historique du P. le Long.

l'*Origine des François*; & cette dernière production, estimée de tous les connoisseurs, mit le sceau à la gloire qu'il s'étoit acquise.

Après la mort de M. Conrart, l'Académie lui conféra l'emploi de Secrètaire perpétuel: non qu'elle l'ait jamais regardé comme un écrivain correct: mais en ce temps-là sur-tout, cette place ne pouvoit être donnée qu'à un homme laborieux, & de bonne volonté, parce qu'il falloit que le Secrètaire fît en son particulier le canevas du Dictionnaire, pour préparer d'une assemblée à l'autre le travail de la Compagnie.

Voilà ce que j'avois recueilli sur M. de Mézeray, avant que d'avoir vû sa Vie imprimée depuis peu en Hollande sans nom d'auteur. Je viens de la lire: avec quelle surprise ! Etoit-ce donc la peine de faire un livre pour nous apprendre qu'un Historien, dont la mémoire doit être chére aux François, étoit un homme bizarre jusqu'à l'ex-
,, travagance la plus outrée; ami de la
,, débauche, même sur ses vieux jours;
,, sans religion, si ce n'est la veille de
,, sa mort ?

Tous les témoins citez par l'Auteur de cette Vie, sont morts, excepté un seul. Qu'ai-je donc fait ? J'ai écrit à ce seul (4) témoin vivant, pour savoir si les deux contes que l'on dit tenir de lui, sont bien vrais. Par la réponse que j'en ai reçûe, & qui est fort détaillée, j'ai vû jusqu'à quel point l'Auteur s'est joué de la vérité. Jamais faiseur de Romans ou de Panégyriques n'entendit si bien que lui, l'art d'altérer le fond, & de feindre les circonstances.

Qu'il me pardonne, je l'en supplie, la vivacité qui m'emporte malgré moi en cette occasion. Si c'est l'Auteur que l'on m'a nommé, je déclare qu'il m'est connu pour un homme plein d'honneur. Aussi voit-on aisément que dans sa Vie de Mézeray, il n'a voulu que rire, & faire rire. Mais ce qui me fâ-

___

(4.) M. du Châtel, Avocat au Parlement de Normandie, homme d'un rare mérite, & d'un savoir très-étendu.

Ou l'auteur de la Vie de Mézeray me demandera mes preuves : & alors je n'aurai qu'à lui produire la lettre de M. du Châtel.

Ou il souscrira par son silence à ce que je dis ici : & alors la réputation de Mézeray sera censée dûement réparée, quant aux deux extravagances qu'il lui impute, pag. 65, &c.

che, c'est qu'un écrivain vertueux ait en quelque sorte autorisé par son exemple, ceux qui font par étourderie, ou par noirceur, ce qu'il a fait dans un esprit de plaisanterie. Car enfin, à parcourir ces satires anonymes, ces *Ana*, ces gazettes littéraires, dont le nombre se multiplie impunément tous les jours à la honte de notre siècle, ne diroit-on pas qu'il s'est formé une conspiration, qui en veut à l'honneur des gens de Lettres ?

Pour moi, engagé par la nature de l'Histoire que j'écris, à jeter les yeux sur ces misérables livres, dans l'espérance d'y apprendre quelques faits remarquables; je ne saurois dire combien j'y ai trouvé de choses inventées à plaisir, & de la fausseté desquelles j'ai preuve en main.

On me dira que j'aurois dû réfuter ces mensonges. Point du tout : ce seroit faire trop d'honneur à de vils écrivains sans nom, sans autorité, dans qui l'on ne voit aucune droiture, aucun principe, ni d'humanité, ni d'éducation. Je dis plus : ce seroit immortaliser leurs médisances, pluſtôt que de les anéantir. Et quelle pitié de voir que M.

Bayle, un si beau génie, se plaise à déterrer les plus méprisables brochures, pour en tirer des anecdotes scandaleuses, qui reçoivent dans ses *in-folio* une seconde vie, plus durable que la première ! Il connoissoit la malignité du cœur humain, il a voulu (5) la chatouiller ; mais soyons très-contens de n'avoir point de lecteurs à ce prix.

Quand même ces anecdotes seroient certaines, de quelle utilité peut-il être d'en faire mention ? Vous me parlez d'un homme de Lettres, parlez-moi donc de ses talens, parlez-moi de ses ouvrages ; mais laissez-moi ignorer ses foiblesses, & à plus forte raison, ses vices. Il n'y en a que trop d'autres exemples, sans les placer dans des hommes pour qui d'ailleurs vous me demandez mon estime.

Je conviens que dans une Histoire générale on doit suivre la maxime de

___

(5) Ne craignoit-il point la malédiction lancée dans ces deux vers du bon Amyot ?

Maudit sois-tu, qui vas faisant recueil
Des maux de ceux qui gisent au cercueil.

Opuscules de Plutarque, de la Curiosité.

Cicéron, *Ne rien oser dire qui soit faux, & oser dire tout ce qui est vrai.* Il est à propos d'y peindre les vices des Princes, & de leurs Ministres, parce qu'ordinairement ce sont choses de notoriété publique, & qu'il est important d'être informé de ce qui a nui, ou servi au gouvernement. Mais dans l'Histoire, dans la Vie d'un simple particulier, je soûtiens que cette maxime doit être bien restreinte par celle-ci: *Cui bono ?* Tout ce qui ne peut tourner, ni à la louange du mort, ni à l'instruction des vivans, à quoi est-il bon?

Ouvrages de M. de Mezeray.

I. *Les vanitez de la Cour :* traduit du latin de Jean de Sarisbéry. Paris, 4. 1640.

II. *La vérité de la Religion Chrétienne*, traduit du latin de Grotius. Paris, 8. 1644.

III. *Histoire de France.* Paris, fol. Tom. I, 1643. II, 1646. III, 1651.

IV. *Histoire générale des Turcs*, &c. Paris, fol. 1650.

V. *Abrégé chronologique, ou Extrait de l'Histoire de France.* Trois volumes. Paris, 4. 1668.

VI. *L'Origine des François.* Amsterdam, 8. 1682.

XVII.

JEAN-BAPTISTE COLBERT,

Ministre & Secrétaire d'Etat, reçu à l'Académie en Mars 1667, mort le 6 Septembre 1683.

Pour ébaucher l'éloge de M. Colbert, il faudroit un juste volume, où l'on décriroit ce qu'étoit la France avant lui, & ce qu'elle a été depuis : les Finances mises dans un ordre, dont l'idée même n'étoit jusqu'alors venue à personne : la Marine rétablie, disons mieux, tirée en quelque sorte du néant : le Commerce non-seulement animé dans l'intérieur du Royaume, mais poussé jusqu'aux extrémitez de la terre. Occupé de ces trois importans objets, d'où résultent la tranquillité, la richesse, & la force d'un Etat, il n'en travailloit pas moins au progrès de la Peinture, de la Sculpture, de l'Architecture ; & pour entrer là-dessus dans quelque détail, combien auroit-on à nommer d'ouvriers célèbres, que son goût & fes récompenfes ont créez?

Mais n'auroit-on pas à lui donner encore de plus grandes louanges fur ce qu'il a fait pour l'avancement des Lettres? C'eſt lui qui forma le deſſein d'établir l'Académie des Inſcriptions, & celle des Sciences. La Bibliothèque du Roi lui doit la plus conſidérable partie des richeſſes, qui l'ont rendue la première du monde. Il fut le canal par où paſſèrent les immenſes gratifications, que le Roi fit dans toutes les parties de l'Europe, à tout ce qu'il y avoit de Savans illuſtres. Et ſans exagérer, on peut bien dire que le nom de Mécène ceſſera d'être quelque choſe, lorſqu'on le mettra en parallèle avec le nom de Colbert.

Un Miniſtre ſi ſage étoit au deſſus de cette foibleſſe, qui fait que l'on n'a pas pour d'anciens établiſſemens le même zèle, que pour ceux dont on ſe croit l'auteur. Quoique l'Académie Françoiſe fût l'ouvrage d'autrui, quelle tendreſſe & quels égards n'eut-il pas pour elle? Il contribua plus que perſonne à la faire connoître, à la faire aimer du Roi. Il lui attira la pluſpart des graces, dont elle fut comblée ſous son ministère; & non content des graces qui tomboient sur la Compagnie en corps, il en procura de particulières à tous ceux (1) des Académiciens, dont la fortune ne répondoit pas au mérite. Il étoit attentif & ingénieux à mettre leurs talens en œuvre. Plus sa place l'élevoit au dessus d'eux, plus il s'étudioit à leur témoigner qu'avec eux il n'étoit que leur confrére. Il leur donnoit (2) des fêtes dans sa belle maison de Seaux. Enfin, avec le titre d'Académicien on pouvoit compter sur ses bienfaits; & pour dire quelque chose de plus, sur son amitié.

„ Il trouvoit que le travail (3) du
„ Dictionnaire n'avançoit pas assez à
„ son gré : & ce qu'on lui alléguoit là-
„ dessus en faveur de la Compagnie,
„ lui sembloit suspect d'exagération.
„ Il voulut en juger par ses propres
„ yeux, & indépendamment du témoi-
„ gnage d'autrui. Il vint pour cet effet
„ à une des assemblées ordinaires de
„ l'Académie, lorsqu'on ne l'y atten-

(1) Voyez ci-dessus. page 153.
(2) Mercure Galant, Octob. 1677.
(3) Mémoire de M. l'Abbé Regnier.

„ doit pas. Il assista deux heures du-
„ rant à l'examen du mot, dont on fai-
„ soit (4) alors la révision. Il vit pro-
„ poser, agiter, & résoudre les diffé-
„ rentes questions, qui se présentérent
„ là-dessus : & enfin le Ministre le plus
„ laborieux qui eût jamais été, & le
„ meilleur ménager du temps, sortit
„ pleinement convaincu que la lenteur
„ qu'il avoit reprochée lui-même à
„ l'Académie, ne venoit point de sa
„ faute; & qu'il étoit impossible qu'une
„ Compagnie allât plus vîte dans un
„ travail de cette nature.

A sa mort l'Académie voulant faire pour lui (5) au de-là de ce qu'elle fait pour tout Académicien, eût souhaité que son Oraison funèbre fût prononcée dans l'Eglise des Billettes, le jour du Service, par quelqu'un de la Compagnie. Mais ceux des Académiciens qui étoient dans les Ordres, avoient été retenus pour l'Oraison funèbre de la Reine. Ainsi ne pouvant rendre à M. Colbert ce dernier devoir dans un lieu sacré, on tint au Louvre une séan-

(4) On en étoit sur le mot *Ami*. Voyez la Préface de l'ancien Dictionnaire.
(5) Regît. de l'Acad. 6 Septemb. 1683.

ce extraordinaire, où ses louanges furent célébrées en vers par M. Quinault, & en prose par M. l'Abbé Tallemant.

XVIII.

PIERRE CORNEILLE,

Avocat du Roi à la Table de Marbre de Rouen, reçu à l'Académie le 22 Janv. 1647, mort le 1 Octob. 1684.

On me saura gré, j'en suis certain, de rapporter ici la Vie (1) du grand Corneille, écrite par M. de Fontenelle son neveu. Elle fait partie de l'*Histoire du Théatre François*, ouvrage que M. de Fontenelle ébaucha dans sa jeunesse, mais auquel des études plus sérieuses l'ont depuis empêché de mettre la dernière main.

(1) Elle vient d'être publiée par M. de Fontenelle lùi-même, avec son *Histoire du Théatre*, dans la dernière édition de ses Oeuvres, Tome III.

Vie de M. CORNEILLE l'aîné.

Pierre Corneille naquit à Rouen en 1606, de Pierre Corneille, Avocat du Roi à la Table de Marbre, & de Marthe le Pesant, dont la famille subsiste encore avec éclat dans les grandes charges. Il fit ses études aux Jésuites de Rouen, & il en a toujours conservé une extrême reconnoissance pour toute la Société. Il se mit d'abord au Barreau, sans goût, & sans succès. Mais une petite occasion fit éclatter en lui un génie tout différent ; & ce fut l'amour qui la fit naître. Un jeune homme de ses amis, amoureux d'une Demoiselle de la même ville, le mena chez elle. Le nouveau-venu se rendit plus agréable que l'introducteur. Le plaisir de cette avanture excita dans M. Corneille un talent qu'il ne connoissoit pas ; & sur ce léger sujet il fit la Comédie de *Mélite*, qui (2) parut en 1625. On y découvrit un caractère original, on conçut que la Comédie alloit se perfectionner, & sur la confiance qu'on

(2) *Qui parut*, c'est-à-dire, qui fut jouée. Car elle ne fut imprimée pour la première fois, qu'en 1630.

eut au nouvel auteur qui paroiſſoit, il ſe forma une nouvelle Troupe de Comédiens.

Je ne doute pas que ceci ne ſurprenne. La pluſpart des gens trouvent les ſix ou ſept premières pièces de M. Corneille ſi indignes de lui, qu'ils les voudroient retrancher de ſon recueil, & les faire oublier à jamais. Il eſt certain que ces pièces ne ſont pas belles; mais outre qu'elles ſervent à l'Hiſtoire du Théatre, elles ſervent beaucoup auſſi à la gloire de M. Corneille.

Il y a une grande différence entre la beauté de l'ouvrage & le mérite de l'auteur. Tel ouvrage qui eſt fort médiocre, n'a pu partir que d'un génie ſublime; & tel autre ouvrage qui eſt aſſez beau, a pu partir d'un génie aſſez médiocre. Chaque ſiècle a un certain degré de lumière qui lui eſt propre. Les eſprits médiocres demeurent au deſſous de ce degré: les bons eſprits y atteignent: les excellens le paſſent, ſi on le peut paſſer. Un homme né avec des talens eſt naturellement porté par ſon ſiècle au point de perfection où ce ſiècle eſt arrivé; l'éducation qu'il a reçue, les exemples qu'il a devant les yeux, tout le conduit jusque-là. Mais s'il va plus loin, il n'a plus rien d'étranger qui le soûtienne, il ne s'appuie que sur ses propres forces, il devient supérieur aux secours dont il s'est servi. Ainsi deux auteurs, dont l'un surpasse extrêmement l'autre par la beauté de ses ouvrages, sont néanmoins égaux en mérite, s'ils se sont également élevez chacun au dessus de son siècle. Il est vrai que l'un a été bien plus haut que l'autre, mais ce n'est pas qu'il ait eu plus de force, c'est seulement qu'il a pris son vol d'un lieu plus élevé. Par la même raison, de deux auteurs dont les ouvrages sont d'une égale beauté, l'un peut être un homme fort médiocre, & l'autre un génie sublime.

Pour juger de la beauté d'un ouvrage, il suffit donc de le considérer en lui-même. Mais pour juger du mérite de l'auteur, il faut le comparer à son siècle. Les premières pièces de M. Corneille, comme nous avons déjà dit, ne sont pas belles : mais tout autre qu'un génie extraordinaire ne les eût pas faites. Mélite est divine, si vous la lisez après les pièces de Hardy, qui l'ont immédiatement précédée. Le Théatre y est sans comparaison mieux entendu, le dialogue mieux tourné, les mouvemens mieux conduits, les scènes plus agréables ; sur-tout, & c'est ce que Hardy n'avoit jamais attrapé, il y règne un air assez noble, & la conversation des honnêtes-gens n'y est pas mal représentée. Jusque-là on n'avoit guère connu que le Comique le plus bas, ou un Tragique assez plat ; on fut étonné d'entendre une nouvelle langue.

Le jugement que l'on porta de *Mélite*, fut que cette pièce étoit trop simple, & avoit trop peu d'événemens. M. Corneille piqué de cette critique, fit *Clitandre*, & y sema les incidens & les avantures avec une très-vicieuse profusion, plus pour censurer le goût du public, que pour s'y accommoder. Il paroît qu'après cela il lui fut permis de revenir à son naturel. La *Galerie du Palais*, la *Veuve*, la *Suivante*, la *Place Royale*, sont plus raisonnables.

Nous voici dans le temps où le Théatre devint florissant par la faveur du Cardinal de Richelieu. Les Princes & les Ministres n'ont qu'à commander

qu'il

qu'il se forme des Poëtes, des Peintres, tout ce qu'ils voudront, & il s'en forme. Il y a une infinité de génies de différentes espèces, qui n'attendent pour se déclarer, que leurs ordres, ou plutôt leurs graces. La nature est toujours prête à servir leurs goûts.

On recommença alors à étudier le Théatre des Anciens, & à soupçonner qu'il pouvoit y avoir des règles. Celle des vingt-quatre heures fut une des premières dont on s'avisa, mais on n'en faisoit pas encore trop grand cas. Témoin la manière dont M. Corneille lui-même en parle dans la Préface de Clitandre, imprimée en 1632. *Que si j'ai renfermé cette pièce*, dit-il, *dans la règle d'un jour, ce n'est pas que je me repente de n'y avoir point mis Mélite, ou que je me sois résolu à m'y attacher dorénavant. Aujourd'hui quelques-uns adorent cette règle, beaucoup la méprisent, pour moi j'ai voulu seulement montrer que si je m'en éloigne, ce n'est pas faute de la connoître.*

Ne nous imaginons pas que le vrai soit victorieux dès qu'il se montre; il l'est à la fin, mais il lui faut du temps pour soûmettre les esprits. Les règles

Tome II. S

du Poëme Dramatique inconnues d'abord, ou méprisées, quelque temps après combattues, ensuite reçues à demi, & sous des conditions, demeurent enfin maîtresses du Théatre. Mais l'époque de l'établissement de leur empire n'est proprement qu'au temps de *Cinna*.

Une des plus grandes obligations que l'on ait à M. Corneille, est d'avoir purifié le Théatre. Il fut d'abord entraîné par l'usage établi, mais il y résista aussi-tôt après; & depuis *Clitandre*, sa seconde pièce, on ne trouve plus rien de licentieux dans ses ouvrages.

M. Corneille après avoir fait un essai de ses forces dans ses six premières pièces, où il s'éleva déjà au-dessus de son siècle, prit tout à coup l'essor dans *Médée*, & monta jusqu'au Tragique le plus sublime. A la vérité il fut secouru par Sénèque, mais il ne laissa pas de faire voir ce qu'il pouvoit par lui-même.

Ensuite il retomba dans la Comédie, & si j'ose dire ce que j'en pense, la chute fut grande. L'*Illusion Comique*, dont je parle ici, est une pièce irrégulière & bizarre, & qui n'excuse point par ses agrémens sa bizarrerie & son irrégularité. Il y domine un personnage de Capitan, qui abbat d'un souffle le grand Sophi de Perse & le grand Mogol, & qui une fois en sa vie avoit empêché le Soleil de se lever à son heure prescrite, parce qu'on ne trouvoit point l'Aurore, qui étoit couchée avec ce merveilleux Brave. Ces caractères ont été autrefois fort à la mode : mais qui représentoient-ils ? A qui en vouloit-on ? Est-ce qu'il faut outrer nos folies jusqu'à ce point-là pour les rendre plaisantes ? En vérité ce seroit nous faire trop d'honneur.

Après l'*Illusion Comique*, M. Corneille se releva plus grand & plus fort qu'il n'avoit encore été, & fit le *Cid*. Jamais pièce de Théatre n'eut un si grand succès. Je me souviens d'avoir vû en ma vie un homme de guerre, & un Mathématicien, qui de toutes les Comédies du monde, ne connoissoient que le Cid. L'horrible barbarie où ils vivoient, n'avoit pu empêcher le nom du Cid d'aller jusqu'à eux. M. Corneille avoit dans son cabinet cette pièce traduite en toutes les langues de l'Europe, hors l'Esclavonne &

la Turque. Elle étoit en Allemand, en Anglois, en Flamand, & par une exactitude Flamande, on l'avoit rendue vers pour vers. Elle étoit en Italien, &, ce qui est plus étonnant, en Espagnol. Les Espagnols avoient bien voulu copier eux-mêmes une pièce, dont l'original leur appartenoit. M. Pellisson, dans son Histoire de l'Académie, dit qu'en plusieurs provinces de France il étoit passé en proverbe de dire, *Cela est beau comme le Cid*. Si ce proverbe a péri, il faut s'en prendre aux auteurs qui ne le goûtoient pas, & à la Cour, où c'eût été très-mal parler que de s'en servir sous le Ministére du Cardinal de Richelieu.

Ce grand homme avoit la plus vaste ambition qui ait jamais été. La gloire de gouverner la France presque absolument, d'abaisser la redoutable maison d'Autriche, de remuer toute l'Europe à son gré, ne lui suffisoit point : il y vouloit joindre encore celle de faire des Comédies. Quand le Cid parut, il en fut aussi alarmé que s'il avoit vû les Espagnols devant Paris. Il souleva les auteurs contre cet ouvrage, ce qui ne dut pas être fort difficile, & il se mit à leur tête. M. de Scudéry publia ses observations sur le Cid, adressées à l'Académie Françoise, qu'il en faisoit juge, & que le Cardinal son fondateur sollicitoit puissamment contre la pièce accusée. Mais afin que l'Académie pût juger, ses Statuts vouloient que l'autre partie, c'est-à-dire, M. Corneille, y consentît. On tira donc de lui une espèce de consentement, qu'il ne donna qu'à la crainte de déplaire au Cardinal, & qu'il donna pourtant avec assez de fierté. Le moyen de ne pas ménager un pareil Ministre, & qui étoit son bienfaiteur ? Car il récompensoit comme Ministre, ce même mérite dont il étoit jaloux comme Poëte ; & il semble que cette grande ame ne pouvoit pas avoir des foiblesses, qu'elle ne réparât en même temps par quelque chose de noble.

L'Académie Françoise donna ses Sentimens sur le Cid, & cet ouvrage fut digne de la grande réputation de cette Compagnie naissante. Elle sut conserver tous les égards qu'elle devoit, & à la passion du Cardinal, & à l'estime prodigieuse que le Public avoit conçue du Cid. Elle satisfit le Cardinal, en reprenant exactement tous les défauts de cette pièce ; & le Public, en les reprenant avec modération, & même souvent avec des louanges.

Quand M. Corneille eut une fois, pour ainsi dire, atteint jusqu'au Cid, il s'éleva encore dans les *Horaces*; enfin il alla jusqu'à *Cinna*, & à *Polieucte*, au dessus desquels il n'y a rien.

Ces pièces-là étoient d'une espèce inconnue, & l'on vit un nouveau Théatre. Alors M. Corneille par l'étude d'Aristote & d'Horace, par son expérience, par ses réflexions, & plus encore par son génie, trouva les véritables règles du Poëme Dramatique, & découvrit les sources du Beau, qu'il a depuis ouvertes à tout le monde dans les Discours qui sont à la tête de ses Comédies. De-là vient qu'il est regardé comme le pére du Théatre François. Il lui a donné le premier une forme raisonnable, il l'a porté à son plus haut point de perfection, & a laissé son secret à qui s'en pourra servir.

Avant que l'on jouât *Polieucte*, M. Corneille le lut à l'Hôtel de Rambouillet, souverain tribunal des affaires d'esprit en ce temps-là. La pièce y fut applaudie autant que le demandoient la bienséance, & la grande réputation que l'Auteur avoit déjà. Mais quelques jours après, M. Voiture vint trouver M. Corneille, & prit des tours fort délicats pour lui dire que Polieucte n'avoit pas réussi comme il pensoit ; que sur-tout le Christianisme avoit extrêmement déplu. M. Corneille alarmé voulut retirer la pièce d'entre les mains des Comédiens qui l'apprenoient : mais enfin il la leur laissa sur la parole d'un d'entre eux qui n'y jouoit point, parce qu'il étoit trop mauvais acteur. Etoit-ce donc à ce Comédien à juger mieux que tout l'Hôtel de Rambouillet ?

Pompée suivit Polieucte. Ensuite vint le *Menteur*, pièce Comique, & presqu'entièrement prise de l'Espagnol, selon la coûtume de ce temps-là.

Quoique le *Menteur* soit très-agréable, & qu'on l'applaudisse encore aujourd'hui sur le Théatre, j'avoue que la Comédie n'étoit point encore arrivée à sa perfection. Ce qui dominoit dans les pièces, c'étoit l'intrigue & les incidens, erreurs de nom, déguisemens, lettres interceptées, avantures nocturnes ; & c'est pourquoi on prenoit presque tous les sujets chez les Espagnols, qui triomphent sur ces matières. Ces pièces ne laissoient pas d'être fort plaisantes, & pleines d'esprit. Témoin le *Menteur* dont nous parlons, *Dom Bertrand de Cigaral*, *le Geolier de soi-même*. Mais enfin la plus grande beauté de la Comédie étoit inconnue, on ne songeoit point aux mœurs & aux caractères, on alloit chercher bien loin le ridicule dans des événemens imaginez avec beaucoup de peine, & on ne s'avisoit point de l'aller prendre dans le cœur humain, où est sa principale habitation. Molière est le premier, qui l'ait été chercher là, & celui qui l'a le mieux mis en œuvre. Homme inimitable, & à qui la Comédie doit autant que la Tragédie à M. Corneille.

Comme le *Menteur* eut beaucoup de succès, M. Corneille lui donna une suite, mais qui ne réussit guère. Il en découvre lui-même la raison dans les examens qu'il a faits de ses pièces. Là il s'établit juge de ses propres ouvrages, & en parle avec un noble desintéressement, dont il tire en même temps le double fruit, & de prévenir l'envie
sur

sur le mal qu'elle en pourroit dire, & de se rendre lui-même croyable sur le bien qu'il en dit.

A la *Suite du Menteur* succéda *Rodogune*. Il a écrit quelque part que pour trouver la plus belle de ses pièces, il falloit choisir entre Rodogune & Cinna ; & ceux à qui il en a parlé, ont démêlé sans beaucoup de peine qu'il étoit pour Rodogune. Il ne m'appartient nullement de prononcer sur cela : mais peut-être préféroit-il Rodogune, parce qu'elle lui avoit extrêmement coûté. Il fut plus d'un an à disposer le sujet. Peut-être vouloit-il, en mettant son affection de ce côté-là, balancer celle du Public, qui paroît être de l'autre. Pour moi, si j'ose le dire, je ne mettrois point le différent entre Rodogune & Cinna, il me paroît aisé de choisir entre elles ; & je connois une pièce (2) de M. Corneille, que je ferois passer encore avant la plus belle des deux.

On apprendra dans les examens de M. Corneille, mieux que l'on ne feroit ici, l'Histoire de *Théodore*, d'*Héraclius*, de *Dom Sanche d'Arragon*,

(2) Polieucte.

d'*Andromède*, de *Nicomède*, & de *Pertharite*. On y verra pourquoi Théodore & Dom Sanche d'Arragon réussirent fort peu, & pourquoi Pertharite tomba absolument. On ne put souffrir dans Théodore la seule idée du péril de la prostitution ; & si le Public étoit devenu si délicat, à qui M. Corneille devoit-il s'en prendre qu'à lui-même ? Avant lui le viol réussissoit dans les pièces de Hardy. Il manqua à D. Sanche *un suffrage illustre*, qui lui fit manquer tous ceux de la Cour. Exemple assez commun de la soûmission des François à de certaines autoritez. Enfin, un mari qui veut racheter sa femme en cédant un Royaume, fut encore sans comparaison plus insupportable dans *Pertharite*, que la prostitution ne l'avoit été dans *Théodore*. Le bon mari n'osa se montrer au Public que deux fois. Cette chute du grand Corneille peut être mise parmi les exemples les plus remarquables des vicissitudes du monde, & Bélisaire demandant l'aumône n'est pas plus étonnant.

Il se dégoûta du Théâtre, & déclara qu'il y renonçoit, dans une petite Préface assez chagrine qu'il mit à la tête de Pertharite. Il dit pour raison qu'il commence à vieillir ; & cette raison n'est que trop bonne, sur-tout quand il s'agit de Poësie, & des autres talens de l'imagination. L'espèce d'esprit qui dépend de l'imagination, & c'est ce qu'on appelle communément *esprit* dans le monde, ressemble à la beauté, & ne subsiste qu'avec la jeunesse. Il est vrai que la vieillesse vient plus tard pour l'esprit, mais elle vient. Les plus dangereuses qualitez qu'elle lui apporte, sont la sécheresse & la dureté ; & il y a des esprits qui en sont naturellement plus susceptibles que d'autres, & qui donnent plus de prise aux ravages du temps : ce sont ceux qui avoient de la noblesse, de la grandeur, quelque chose de fier & d'austère. Cette sorte de caractère contracte aisément par les années je ne sais quoi de sec & de dur. C'est à peu près ce qui arriva à M. Corneille. Il ne perdit pas en vieillissant l'inimitable noblesse de son génie, mais il s'y mêla quelquefois un peu de dureté. Il avoit poussé les grands sentimens aussi loin que la nature pouvoit souffrir qu'ils allassent, il commença de temps en temps à les pousser un peu plus loin. Ainsi dans *Pertharite* une Reine consent à épouser un tyran qu'elle déteste, pourvû qu'il égorge un fils unique qu'elle a, & que par cette action il se rende aussi odieux qu'elle souhaite qu'il le soit. Il est aisé de voir que ce sentiment, au lieu d'être noble, n'est que dur, & il ne faut pas trouver mauvais que le Public ne l'ait pas goûté.

Après *Pertharite*, M. Corneille rebuté du Théatre, entreprit la Traduction en vers de *l'Imitation de Jesus-Christ*. Il y fut porté par des Péres Jésuites de ses amis, par des sentimens de piété qu'il eut toute sa vie, & peut-être aussi par l'activité de son génie, qui ne pouvoit demeurer oisif. Cet ouvrage eut un succès prodigieux, & le dédommagea en toutes manières d'avoir quitté le Théatre. Cependant, si j'ose en parler avec une liberté que je ne devrois peut-être pas me permettre, je ne trouve point dans la Traduction de M. Corneille le plus grand charme de l'Imitation de Jesus-Christ, je veux dire sa simplicité & sa naïveté. Elle se perd dans la pompe des vers, qui étoit naturelle à M. Corneille, & je crois même qu'absolument la forme de vers lui est contraire. Ce livre, le plus beau qui soit parti de la main d'un homme, puisque l'Evangile n'en vient pas, n'iroit pas droit au cœur comme il fait, & ne s'en saisiroit pas avec tant de force, s'il n'avoit un air naturel & tendre, à quoi la négligence même du style aide beaucoup.

Il se passa douze ans pendant lesquels il ne parut de M. Corneille que l'*Imitation* en vers. Mais enfin sollicité par M. Fouquet, qui négocia en Sur-intendant des Finances, & peut-être encore plus poussé par son penchant naturel, il se rengagea au Théatre. M. le Sur-intendant, pour lui faciliter ce retour, & lui ôter toutes les excuses que lui auroit pu fournir la difficulté de trouver des sujets, lui en proposa trois. Celui qu'il prit, fut *Oedipe*. M. Corneille son frère prit *Camma*, qui étoit le second. Je ne sais quel fut le troisième.

La réconciliation de M. Corneille & du Théatre fut heureuse : *Oedipe* réussit fort bien.

La *Toison d'or* fut faite ensuite à l'occasion du mariage du Roi, & c'est la plus belle pièce à machines que nous ayons. Les machines qui sont ordinairement étrangères à la pièce, deviennent par l'art du Poëte nécessaires à celle-là : & sur-tout le Prologue doit servir de modelle aux Prologues à la moderne, qui sont faits pour exposer, non pas le sujet de la pièce, mais l'occasion pour laquelle elle a été faite.

Ensuite parurent *Sertorius*, & *Sophonisbe*. Dans la première de ces deux pièces, la grandeur Romaine éclatte avec toute sa pompe ; & l'idée qu'on pourroit se former de la conversation de deux grands hommes qui ont de grands intérêts à démêler, est encore surpassée par la scène de Pompée & de Sertorius. Il semble que M. Corneille ait eu des mémoires particuliers sur les Romains. Pour *Sophonisbe*, il crut être fort hardi de l'entreprendre après Mairet : voilà l'effet des réputations.

Il faut croire qu'*Agésilas* est de M. Corneille, puisque son nom y est, & qu'il y a une scène d'Agésilas & de Lysander, qui ne pourroit pas facilement être d'un autre.

Après Agésilas vint *Othon*, ouvrage où Tacite est mis en œuvre par le grand

Corneille, & où se sont unis deux génies si sublimes. M. Corneille y a peint la corruption de la Cour des Empereurs, du même pinceau dont il avoit peint les vertus de la République.

En ce temps-là des pièces d'un caractère fort différent des siennes, parurent avec éclat sur le Théatre. Elles étoient pleines de tendresse & de sentimens aimables. Si elles n'alloient pas jusqu'aux beautez sublimes, elles étoient bien éloignées de tomber dans des défauts choquans. Une élévation qui n'étoit pas du premier degré, beaucoup d'amour, un style très-agréable, & d'une élégance qui ne se démentoit point, une infinité de traits vifs & naturels, un jeune Auteur : voilà ce qu'il falloit aux femmes, dont le jugement a tant d'autorité au Théatre François. Aussi furent-elles charmées, & Corneille ne fut plus chez elles que le vieux Corneille. J'en excepte quelques femmes qui valoient des hommes.

Le goût du siècle se tourna donc entiérement du côté d'un genre de tendresse moins noble, & dont le modelle se retrouvoit plus aisément dans la plusparet des cœurs. Mais M. Corneille dédaigna fièrement d'avoir de la complaisance pour ce nouveau goût. Peut-être croira-t-on que son âge ne lui permettoit pas d'en avoir. Ce soupçon seroit très-légitime, si l'on ne voyoit ce qu'il a fait dans la *Psiché* de Molière, où étant à l'ombre du nom d'autrui, il s'est abandonné à un excès de tendresse, dont il n'auroit pas voulu deshonorer son nom.

Il ne pouvoit mieux braver son siècle, qu'en lui donnant *Attila*, digne Roi des Huns. Il règne dans cette pièce une férocité noble, que lui seul pouvoit attraper. La scène où Attila délibére s'il se doit allier à l'Empire qui tombe, ou à la France qui s'éléve, est une des belles choses qu'il ait faites.

Bérénice fut un duel, dont tout le monde sait l'Histoire. Une Princesse (3) fort touchée des choses d'esprit, & qui eût pu les mettre à la mode dans un pays barbare, eut besoin de beaucoup d'adresse pour faire trouver les deux combattans sur le champ de bataille, sans qu'ils sûssent où on les menoit. Mais à qui demeura la victoire ? Au plus jeune.

(3.) Henriette Anne d'Angleterre.

Il ne reste plus que *Pulchérie*, & *Suréna*, tous deux sans comparaison meilleurs que *Berenice*, tous deux dignes de la vieillesse d'un grand homme. Le caractère de Pulchérie est de ceux que lui seul savoit faire, & il s'est dépeint lui-même avec bien de la force dans Martian, qui est un vieillard amoureux. Le cinquième acte de cette pièce est tout-à-fait beau. On voit dans *Suréna* une belle peinture d'un homme que son trop de mérite, & de trop grands services rendent criminel auprès de son maître ; & ce fut par ce dernier effort que M. Corneille termina sa carrière.

La suite de ses pièces représente ce qui doit naturellement arriver à un grand homme, qui pousse le travail jusqu'à la fin de sa vie. Ses commencemens sont foibles & imparfaits, mais déjà dignes d'admiration par rapport à son siècle. Ensuite il va aussi haut que son art peut atteindre. A la fin il s'affoiblit, s'éteint peu à peu, & n'est plus semblable à lui-même que par intervalles.

Après *Suréna* qui fut joué en 1675, M. Corneille renonça tout de bon au

Théatre, & ne pensa plus qu'à mourir chrétiennement. Il ne fut pas même en état d'y penser beaucoup la dernière année de sa vie.

Je n'ai pas cru devoir interrompre la suite de ses grands ouvrages, pour parler de quelques autres beaucoup moins considérables, qu'il a donnez de temps en temps. Il a fait, étant jeune, quelques petites pièces de galanterie, qui sont répandues dans des Recueils. On a encore de lui quelques petites pièces de cent ou de deux cents vers au Roi, soit pour le féliciter de ses victoires, soit pour lui demander des graces, soit pour le remercier de celles qu'il en avoit reçûes. Il a traduit deux ouvrages Latins du P. de la Rue, tous deux d'assez longue haleine, & plusieurs petites pièces de M. de Santeul. Il estimoit extrêmement ces deux Poëtes. Lui-même faisoit fort bien des vers latins, & il en fit sur la Campagne de Flandre en 67, qui parurent si beaux, que non-seulement plusieurs personnes les mirent en François, mais que les meilleurs Poëtes Latins en prirent l'idée, & les mirent encore en Latin. Il avoit traduit sa première scène de Pompée en vers du ſtyle de Sénèque le Tragique, pour lequel il n'avoit pas d'aversion, non plus que pour Lucain. Il falloit auſſi qu'il n'en eût pas pour Stace, fort inférieur à Lucain, puiſqu'il en a traduit en vers, & publié les deux premiers livres de la Thébaïde. Ils ont échappé à toutes les recherches qu'on a faites depuis un temps, pour en retrouver quelque exemplaire.

M. Corneille étoit aſſez grand, & aſſez plein, l'air fort ſimple & fort commun, toujours négligé, & peu curieux de ſon extérieur. Il avoit le viſage aſſez agréable, un grand nez, la bouche belle, les yeux pleins de feu, la phyſionomie vive, des traits fort marquez, & propres à être tranſmis à la poſtérité dans une médaille ou dans un buſte. Sa prononciation n'étoit pas tout-à-fait nette, il liſoit ſes vers avec force, mais ſans grace.

Il ſavoit les belles Lettres, l'Hiſtoire, la Politique, mais il les prenoit principalement du côté qu'elles ont rapport au Théatre. Il n'avoit pour toutes les autres connoiſſances, ni loiſir, ni curioſité, ni beaucoup d'eſtime. Il parloit peu, même ſur la matière qu'il entendoit si parfaitement. Il n'ornoit pas ce qu'il disoit, & pour trouver le grand Corneille, il le falloit lire.

Il étoit mélancolique. Il lui falloit des sujets plus solides pour espérer & pour se réjouïr, que pour se chagriner ou pour craindre. Il avoit l'humeur brusque, & quelquefois rude en apparence; au fond il étoit très-aisé à vivre, bon pére, bon mari, bon parent, tendre & plein d'amitié. Son tempérament le portoit assez à l'amour, mais jamais au libertinage, & rarement aux grands attachemens. Il avoit l'ame fière & indépendante, nulle souplesse, nul manége : ce qui l'a rendu très-propre à peindre la vertu Romaine, & très-peu propre à faire sa fortune. Il n'aimoit point la Cour, il y apportoit un visage presque inconnu, un grand nom qui ne s'attiroit que des louanges, & un mérite qui n'étoit point le mérite de ce pays-là. Rien n'étoit égal à son incapacité pour les affaires, que son aversion. Les plus légères lui causoient de l'effroi & de la terreur. Quoique son talent lui eût beaucoup rapporté, il n'en étoit guère plus riche. Ce n'est pas qu'il eût été fâché de l'être, mais il eût fallu le devenir par une habileté qu'il n'avoit pas, & par des soins qu'il ne pouvoit prendre. Il ne s'étoit point trop endurci aux louanges, à force d'en recevoir : mais s'il étoit sensible à la gloire, il étoit fort éloigné de la vanité. Quelquefois il se confioit trop peu à son rare mérite, & croyoit trop facilement qu'il pût avoir des rivaux.

A beaucoup de probité naturelle, il a joint dans tous les temps de sa vie beaucoup de religion, & plus de piété que son genre d'occupation n'en permet par lui-même. Il a eu souvent besoin d'être rassuré par des Casuistes sur ses pièces de Théatre, & ils lui ont toujours fait grace en faveur de la pureté qu'il avoit établie sur la Scène, des nobles sentimens qui régnent dans ses ouvrages, & de la vertu qu'il a mise jusque dans l'amour.

OUVRAGES DE P. CORNEILLE.

Pièces de Théatre.

I. *Mélite*, 1630. II. *Clitandre*, 1632. III. *La Veuve*. 1634. IV. *La Galerie du Palais*, 1635. V. *La Suivante*, 1635. VI. *La Place*

Royal., 1635. VII. *Médée*, 1636. VIII. *L'Illusion Comique*, 1636. IX. *Le Cid*, 1637. X. *Horace*, 1641. XI. *Cinna*, 1643. XII. *Polieucte*, 1643. XIII. *Le Menteur*, 1644. XIV. *Pompée*, 1644. XV. *La suite du Menteur*, 1645. XVI. *Théodore*, 1646. XVII. *Rodogune*, 1646. XVIII. *Héraclius*, 1647. XIX. *Andromède*, 1649. XX. *Dom Sanche d'Arragon*, 1650. XXI. *Nicomède*, 1651. XXII. *Pertharite*, 1659. XXIII. *Oedipe*, 1659. XXIV. *La Toison d'or*, 1661. XXV. *Sertorius*, 1662. XXVI. *Sophonisbe*, 1663. XXVII. *Othon*, 1665. XXVIII. *Agésilas*, 1666. XXIX. *Attila*, 1667. XXX. *Tite & Bérénice*, 1671. XXXI. Une partie de *Psyché*, imprimée dans Molière, 1671. XXXII. *Pulchérie*, 1673. XXXIII. *Suréna*, 1675.

Ouvrages divers.

I. *Mélanges Poëtiques*. Paris, 8. 1632.
II. *Lettre apologétique du sieur Corneille, contenant sa réponse aux observations faites par Scudéry sur le Cid*. Rouen, 8. 1617.
III. *L'Imitation de Jesus-Christ, traduite & paraphrasée en vers François*. Rouen, 4. 1656. Les deux premiers livres avoient paru dès 1651.
IV. *Louanges de la Sainte Vierge, composée en rimes Latines par Saint Bonaventure, & mises en vers François*. Rouen, 12. 1665.
V. *L'Office de la Sainte Vierge, traduit en François, tant en vers qu'en prose : avec les sept Pseaumes*, &c. Paris, 12. 1670.
VI. *Trois Discours en prose*, imprimez à la tête de son Théatre : I. *De l'utilité & des*

parties du Poëme dramatique. II. *De la Tragédie.* III. *Des trois unitez.*

VII. *Oeuvres diverses.* Paris, 12. 1738. Outre les deux Ouvrages citez ici *num.* I, & IV, ce Recueil contient tout ce qui avoit paru de P. Corneille en feuilles volantes, ou dans les Recueils de son temps.

XIX.

GERAUD DE CORDEMOY,

Lecteur de M. le Dauphin, reçu à l'Académie le 12 Décembre 1675, mort le 8 Octobre 1684.

Il étoit Parisien, mais d'une famille sortie d'Auvergne, & dont la noblesse est ancienne. D'abord il s'attacha au Barreau, & avec succès, quoique sans goût. Un penchant marqué pour la Philosophie, l'entraîna malgré lui. Celle de Descartes lui plut ; & par-là il plut lui-même à M. Bossuet, Evêque de Meaux, qui avoit pour Descartes (1) la même passion.

Il fut mis par cet illustre Prélat au-

(1) *Huet. Comment.* lib. V. p. 196.

près de M. le Dauphin, en qualité de Lecteur : & M. l'Abbé Fléchier, depuis Evêque de Nîmes, eut aussi en même temps une même place, dont il fut redevable à M. le Duc de Montauzier. Ces deux écrivains déjà connus l'un & l'autre par d'excellens ouvrages, se piquèrent également de faire honneur à leurs patrons, en travaillant de concert à l'instruction du jeune Prince. L'un, par l'ordre du Gouverneur, entreprit d'écrire la vie de Théodose ; & l'autre, par l'ordre du Précepteur, celle de Charlemagne. A l'égard de M. Fléchier, plus Orateur que Critique, il eut bien-tôt achevé sa tâche. Quant à M. de Cordemoy, comme il apportoit un esprit de Cartésien à ses lectures, & qu'il ne vouloit rien dire que sur de bonnes preuves, il n'alla pas loin dans ses recherches historiques, sans être frappé des contradictions, des bévûes, des fables, dont les auteurs sont pleins. Il comprit que comme en Philosophie, si l'on veut approfondir une question, souvent on est obligé d'embrasser toutes les autres : de même pour bien écrire l'histoire d'un règne, c'est une nécessité de connoître

les

les règnes précédens. Insensiblement, sa curiosité ne faisant que s'irriter, & ne voulant rien laisser en arrière, il remonta jusqu'à l'origine de la Monarchie. Ceux qui sont capables d'en juger, lui rendent cette justice, que son Histoire de (2) France est tout ce que nous avons de plus savant & de plus débrouillé, sur ces temps obscurs. Il est vrai que l'érudition s'y montre trop à nu, & sans être revêtue de certaines graces, dont apparemment M. de Cordemoy, accoûtumé à écrire sur une Physique abstraite, n'eût pas daigné se parer.

Avocat par état, mais Philosophe par goût, & Historien par occasion: n'étoit-ce point aussi se partager un peu trop? Du moins nous voyons que ces grands écrivains, dont le mérite est attesté par la constante admiration de tant de siècles, faisoient choix d'un genre qui leur fût propre, & s'y bornoient. Les uns étoient Poëtes ; les au-

(2) Elle ne contient que les deux premières races de nos Rois, & même suivant le P. le Long, *num*. 1879, la fin de la seconde race est de l'Abbé de Cordemoy, fils de l'Académicien.

Tome II.

tres, Orateurs. Ceux-ci embraſſoient la Philoſophie ; ceux-là, l'Hiſtoire. Il n'y a guère que Cicéron & Plutarque, qui aient heureuſement fourni deux carrières tout à la fois. Ils ont joint la Philoſophie au genre d'étude, dont ils faiſoient leur capital. Encore faut-il convenir que Plutarque n'avoit embraſſé la Philoſophie qu'en Hiſtorien, & que Ciceron ne l'a proprement traitée qu'en Orateur.

Ainſi les beaux arts, loin de ſervir à nous enorgueillir, doivent au contraire nous donner une ſorte de mépris pour nous-mêmes, en nous faiſant ſentir combien nous ſommes limitez. De tant d'hommes qui s'y appliquent, la pluſpart n'excelleront jamais en rien, quelque choſe qu'ils faſſent. Et ceux qui peuvent exceller, ne le peuvent qu'en un genre ſeul. Heureux, s'ils ſavent le connoître ! Mais il eſt peut-être auſſi rare de connoître ſon talent, que d'en avoir un bien décidé.

Ouvrages de M. Cordemoy.

I. *Le Diſcernement du Corps & de l'Ame en ſix Diſcours.* Paris, 12. 1666.
II. *Diſcours phyſique de la Parole.* Paris, 12. 1668.

III. *Lettre à un savant Religieux* (le P. Cossart) *de la Compagnie de Jésus, pour montrer* 1°. *Que le système de M. Descartes, & son opinion touchant les bêtes, n'ont rien de dangereux.* 2°. *Que tout ce qu'il en a écrit, semble être tiré de la Genèse.* Paris, 4. 1668.

IV. *Histoire de France.* Paris, fol. Tom. I, 1685. II, 1689.

V. *Divers Traitez de Métaphysique, d'Histoire, & de Politique.* Paris, 12. 1691.

XX.

FRANÇOIS DE BEAUVILLIERS, Duc de Saint-Aignan,

Pair de France, Chevalier des Ordres du Roi, premier Gentilhomme de sa Chambre, reçu à l'Académie le 8 Juillet 1663, mort le 16 Juin 1687.

Peu de gens, même dans le grand loisir d'une vie privée, ont plus marqué de goût que M. le Duc de Saint-Aignan, pour les arts qui vont à orner l'esprit. Il ne croyoit pas qu'une haute naissance, pur don de la fortune, lui fût une raison de négliger, ou plustôt d'anéantir des talens, qui sont les plus précieux dons de la nature. Son exemple seul eût détruit le préjugé des siècles grossiers, qui se figuroient que ces mêmes talens, par où s'élève l'homme né dans l'obscurité, ravalent l'homme né dans la splendeur.

Mais en s'attachant à ce que les Muses ont de fleuri, il eut grand soin aussi de ne pas toucher à ce qu'elles peuvent avoir d'épineux. Il ne remporta de leur commerce que ce qui pouvoit contribuer à répandre dans sa manière de penser, d'agir, & d'écrire, cette galanterie fine & ingénieuse, qui est comme la fleur de la politesse.

On voit assez que dans un homme si distingué par tant d'autres endroits, je ne cherche ici que l'homme de Lettres. Car, si je m'engageois à parler des occasions brillantes, où sa valeur s'est signalée, combien de siéges, combien de batailles s'offriroient à mon esprit ? Mais ici encore une fois, je n'ai, & ne dois avoir devant les yeux que le titre d'Académicien.

Jaloux de ce titre, non-seulement M. le Duc de Saint-Aignan le souhaita dans l'Académie Françoise, mais il l'accepta dans celle des *Ricovrati* de Padoue, & dans une Académie de Phyfique, (1) qui se forma en 1662 à Caen, sous les auspices de M. Huet, depuis Evêque d'Avranches.

Il fit plus. Car sachant que dans cette même ville de Caen, la patrie du grand Malherbe, tous les ans on couronne une pièce de Poësie à l'honneur de la Sainte Vierge, il concourut pour le prix, dans la vûe de ranimer ces sortes d'exercices, & de leur attirer un nouvel éclat, en faisant voir qu'un Seigneur de son rang étoit frappé de la gloire qu'on y acquiert. Il fut victorieux, & certainement la faveur y eut d'autant moins de part, que les Juges le soupçonnoient moins d'être au nombre des concurrens. Tous les Poëtes de Normandie applaudirent à son triomphe, ceux mêmes qui avoient été ses rivaux sans le savoir : au nom du vainqueur, la jalousie ne trouva point à entrer dans l'ame des vaincus : & il y eut un volume (2) de pièces publiées à sa louange, tant en Latin qu'en François.

(1) *Huet. Comment.* lib. IV, pag. 229.
(2) Voyez le *Recueil des Poësies qui ont été couronnées sur le Puy de l'Immaculée Conception de la Vierge, tenu à Caen dans les grandes Ecoles de l'Université.* 1667.

Il eût prétendu avec un égal succès à une autre sorte de couronne, s'il eût vécu du temps que la Gréce attachoit tant d'honneur à ces Jeux célèbres, où des Rois même alloient faire preuve d'adresse & de force. Ces deux qualitez, dont les Anciens croyoient l'usage si utile à leurs héros, le faisoient infiniment paroître dans les Ballets de la Cour. Premier Gentilhomme de la Chambre, à peine avoit-il reçu les ordres immédiats du Roi, que dans un moment il concevoit l'idée (3) d'un spectacle magnifique, il en traçoit le plan, il composoit une partie des récits ; & quand sa Majesté distribuoit les personnages, elle lui permettoit de choisir toujours le plus difficile.

Pour l'ordinaire, le sujet de ces fêtes galantes étoit tiré de nos vieux Romans, dont il savoit imiter jusqu'au style : comme nous le voyons par quelques-unes de ses lettres imprimées avec celles de Voiture, & qui feroient grand honneur à Voiture lui-même.

Quant à ses (4) Poësies, le peu qu'il

(3) Voyez les *Plaisirs de l'Isle enchantée* dans Molière, les Ballets, les Carrousels, &c.
(4) Il y en a dans les *Mercures Galans*, &

en a laissé sortir de son cabinet, montre qu'il possédoit les règles de l'art, comme ceux qui en font leur principal objet ; mais que par une finesse de l'art même, il y répandoit de ces négligences méditées, qui donnent lieu de croire qu'on n'en a fait que son amusement.

Il procura en 1669 l'établissement de l'Académie d'Arles, qui a cela de singulier, qu'elle ne doit être composée que de Gentilshommes. La France jouïssoit alors d'une paix profonde, & le dessein de M. le Duc de Saint-Aignan étoit d'inspirer le goût des Lettres à une Noblesse oisive : dessein véritablement digne d'un bon Citoyen. Car enfin, quand le goût des Lettres ne seroit de nulle autre utilité pour un royaume, du moins il est certain que c'est une passion douce, qui écarte, ou qui modére les passions turbulentes, & qui sert de préservatif contre

dans quelques autres Recueils de son temps.

L'Abbé de Marolles, dans son *Dénombrement d'Auteurs*, fait mention de *Bradamante*, pièce de Théatre, qu'il attribue à M. le Duc de Saint Aignan. Il y a en effet une Tragi-comédie sous ce titre, imprimé sans nom d'auteur en 1637.

les suites de l'oisiveté, & de la barbarie.

Mais la protection que M. le Duc de Saint-Aignan accordoit aux gens de Lettres, ne se bornoit pas à son Académie d'Arles. Quels sont les Poëtes de son temps, qui n'ont pas laissé des témoignages publics de ce qu'ils croyoient devoir, ou à ses lumières, ou à ses bienfaits ? Jamais le mérite ne manqua de le toucher : sur-tout, le mérite peu aidé de la fortune. Au lieu de ces dépenses folles, qui ne peuvent causer que du regret ; il aimoit celles dont un cœur généreux se dédommage par le plaisir de les avoir faites.

Il mourut à l'âge de quatre-vingts ans. Ce fut un deuil universel sur le Parnasse. Telle est l'heureuse destinée de l'Académie, qu'après l'avoir perdu depuis tant d'années, elle vient tout récemment de le voir renaître pour elle dans un de ses fils, qui, avec un nom qu'elle honore, lui apporte les talens qu'elle estime.

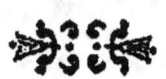

XXI.

XXI.

JEAN-JACQUES DE MESMES, Comte d'Avaux,

Président à Mortier au Parlement de Paris, Prévôt & Maître des Cérémonies des Ordres du Roi, reçu à l'Académie le 23 Décembre 1676, mort le 9 Janvier 1688.

Héritier d'un nom qui n'a été porté que par des hommes illustres dans l'Epée, dans la Robe, dans les Ambassades; d'un nom que les Passerats, les Balzacs, les Voitures, ont rendu si célèbre sur le Parnasse; il soûtint le poids de ce grand nom avec dignité. Ajoûterois-je rien à cet éloge, quand j'aurois à y faire entrer de ces faits éclattans, sans quoi le vulgaire ne s'imagine point qu'on lui parle d'un grand homme? Un Magistrat est souverainement grand, lorsqu'il remplit par de grands principes, & avec une fidélité non commune, les devoirs communs de son état.

Tome II.

Il n'y a d'imprimé de M. le Président de Mesmes, que le Discours qu'il fit à l'Académie le jour de sa réception. Mais tous les Discours faits en pareil cas, & les Harangues des Académiciens prononcées devant le Roi, ou en d'autres occasions, se trouvent dans un Recueil qui est connu de tout le monde. Ainsi d'en allonger à chaque article la liste de leurs ouvrages, il y auroit eu à cela plus d'ostentation que d'utilité.

XXII.

PHILIPPE QUINAULT,

Auditeur en la Chambre des Comptes de Paris, reçu à l'Académie en 1670, mort le 26 Novembre 1688.

Il étoit Parisien, & d'honnête famille : comme je l'ai entendu dire, non-seulement à ses héritiers, mais à diverses personnes non suspectes, dont le témoignage est préférable à ce qui se lit dans un ouvrage (1) dicté par la

(1) Factum de Furetière contre l'Académie.

médisance & par la colère, où l'on insinue qu'il étoit fils d'un boulanger. Quand cela seroit, il n'en mériteroit que plus d'estime, pour avoir si bien réparé le tort de sa naissance; & loin de m'en taire, je me ferois ici un devoir de le dire en faveur de ceux qui viennent au monde avec des talens pour tout héritage. On les anime par ces sortes d'exemples : la distance qu'ils croyoient voir entre eux, & la gloire, disparoît à leurs yeux : ils aspirent à se donner un mérite, qui les vange de la fortune.

Tristan l'Hermite, qui avoit vieilli dans la carrière du Théatre, jugea que M. Quinault pourroit un jour s'y distinguer; & par un zèle assez rare dans les vieux Auteurs, il entreprit de le former dès l'enfance, au hazard de se voir surpasser par son disciple. Celui-ci, avant l'âge de vingt ans, se fit connoître. Mais quelque succès qu'il dût espérer dans le genre dramatique, il fut trop sage pour vouloir se borner à la profession de Poëte; & il étudia pour embrasser (2) celle d'Avocat. On

(2) Perrault, *Hommes illustres*, dans l'éloge de Quinault.

assure même qu'il s'y rendit habile. J'en douterois volontiers ; car un rimeur qui tous les ans donne une pièce, & quelquefois deux, ne sauroit guère pâlir sur le Code. Pour ne rien outrer, bornons-nous à dire que la science qu'il acquit chez un Procureur, si elle ne fut pas des plus profondes, du moins fut heureuse pour lui, puisqu'elle amena son établissement. Un riche Marchand de Paris, homme de bonne foi, mais que ses associez commençoient à inquiéter, parce que ses comptes n'étoient pas clairs, eut recours à M. Quinault, comme à son ami, pour le tirer de leurs chicanes. Peu de temps après que ses affaires furent terminées, il mourut ; & M. Quinault épousa sa veuve, assez jeune encore pour lui donner une postérité nombreuse.

A l'occasion de ce mariage, il prit une charge d'Auditeur des Comptes, & cessa de travailler pour le Théatre de la Comédie.

Alors l'Opéra ne faisoit que de naître en France : mais l'art incomparable de Lulli eut bien-tôt porté ce spectacle à une perfection, où les Italiens eux-mêmes qui en font les inventeurs, ne l'ont jamais vû chez eux.

Parmi tout ce qu'il y avoit de Poëtes en ce temps-là (& jamais la France n'en a eu, ni de meilleurs, ni en plus grand nombre) Lulli préféra M. Quinault, dans qui se trouvoient réunies diverses qualitez, dont chacune en particulier avoit son prix, & dont l'assemblage faisoit un homme unique en son genre : une oreille délicate, pour ne choisir que des paroles harmonieuses : un goût tourné à la tendresse, pour varier en cent & cent manières les sentimens consacrez à cette espèce de Tragédie ; une grande facilité à rimer, pour être toujours prêt à servir le Roi au besoin ; une docilité encore plus rare, pour se conformer toujours aux idées, ou même au caprice du Musicien.

Pendant qu'il travailloit à un Opéra, dont le Roi lui avoit prescrit le sujet, il fit ces jolis vers, où il dit que l'Opéra difficile à son gré, ce n'est pas celui que le Roi lui demande, mais c'est d'avoir à marier ses cinq filles.

C'est avec peu de bien un terrible devoir

*De se sentir pressé d'être cinq fois beau-
　　père.*
*Quoi ! cinq Actes devant Notaire
Pour cinq filles qu'il faut pourvoir !
O Ciel ! peut-on jamais avoir
Opéra plus fâcheux à faire ?*

Plaisanterie toute pure ; car M. Quinault étoit opulent. Sa femme lui avoit apporté plus de cent mille écus. D'ailleurs le Roi lui donnoit deux mille livres de pension : & Lulli, pour chaque Opéra, quatre mille livres. Ainsi, n'ayant point de fils, il n'étoit pas embarrassé de se voir cinq filles. Trois ont été Religieuses, & deux avantageusement mariées.

Au reste, il a eu ses partisans, & ses ennemis. D'un côté, si nous écoutons M. Perrault, c'est *le plus* (3) *grand Poëte que la France ait jamais eu pour le Lyrique & pour le Dramatique.* D'un autre côté M. Despréaux, en plusieurs endroits de ses ouvrages, & sur-tout dans la troisième de ses Réflexions sur Longin, réduit presque à rien le mérite poëtique de M. Quinault. Il met au rebut toutes ses Comédies, toutes

(3) Parallèles des Anciens & des Modernes.

ses Tragédies. Il reconnoît seulement en lui *un talent tout particulier pour faire des vers bons à mettre en chant. Mais*, ajoûte-t-il, *ces vers n'étoient pas d'une grande force, ni d'une grande élévation; & c'étoit leur foiblesse même qui les rendoit d'autant plus propres pour le Musicien, auquel ils doivent leur principale gloire; puisqu'il n'y a en effet de tous ses ouvrages que les Opéra qui soient recherchez. Encore est-il bon que les notes de Musique les accompagnent.*

Mais, pourroit-on dire à M. Despréaux, s'il est nécessaire que nos vers aient une certaine foiblesse, *qui les rende propres pour le Musicien ;* ne blâmez donc pas M. Quinault, puisqu'en ne leur donnant, ni une grande élévation, ni une grande force, il a fait, de votre aveu, ce qu'il devoit.

Je ne fais ce raisonnement que contre M. Despréaux : car du reste je n'examine pas, s'il est bien vrai, que des vers, pour être foibles, en soient *plus propres pour le Musicien.* Peut-être qu'un jour on verra mieux de quoi notre langue est susceptible, s'il arrive que le Théatre de Paris ressemble à celui d'Athènes, où les paroles & la musique n'étoient pas confiées à deux hommes différens, dont l'un ignore le métier de l'autre ; mais à un seul & même auteur, qui posséde les deux talens.

Quoiqu'il en soit, une chose bien à remarquer dans M. Quinault, car elle tient de l'héroïque dans un Poëte, c'est qu'il étoit sans fiel. Jamais les traits satiriques, dont il fut cruellement percé, ne le portérent à écrire contre M. Despréaux, qui étoit l'agresseur. Il rechercha même son amitié. Homme de mœurs très-simples, n'ayant que des passions douces, régulier dans toute sa conduite, bon mari, bon pére de famille.

A peine commençoit-il sa cinquante-quatrième année, qu'il sentit les approches de la mort, insomnies, dégoût, langueur, à quoi les Médecins ne connoissoient rien. Pendant deux ou trois mois il se vit, pour ainsi dire, mourir plusieurs fois par jour : c'étoient de continuelles défaillances : d'ailleurs l'idée de Lulli, mort l'année précédente sans beaucoup de préparation, l'avoit frappé : il en profita chrétiennement, & marqua bien du regret d'avoir empoisonné l'Opéra d'une

Morale efféminée, dont les Payens mêmes n'eussent pas souffert chez eux une école publique.

Outre les pièces de Théatre, dont je vais donner les titres & les dates, nous avons de lui quelques vers imprimez dans les Recueils de son temps, & les paroles qui se chantent dans la *Psyché de Molière*.

OUVRAGES DE M. QUINAULT.

I. *Les Rivales, Comédie.* 1653. II, *L'Amant indiscret, ou le Maître étourdi*, 1654. III, *La Comédie sans Comédie.* 1654. IV, *La généreuse ingratitude.* 1654. V, *La mort de Cyrus.* 1656. VI, *Le mariage de Cambyse.* 1656. VII, *Stratonice.* 1657. VIII, *Les Coups de l'Amour & de la Fortune.* 1657. IX, *Amalasonte.* 1658. X, *Le feint Alcibiade.* 1658. XI, *Le Fantôme amoureux.* 1659. XII, *Agrippa, ou le faux Tibérinus.* 1660. XIII, *Astrate, Roi de Tyr.* 1663. XIV, *La Mére coquette, ou les Amans brouillez.* 1664. XV, *Bellérophon.* 1665. XVI, *Pausanias.* 1666.

OPÉRA.

I. *Les Fêtes de l'Amour & de Bacchus.* 1672. II, *Cadmus*, 1674. III, *Alceste*, 1674. IV, *Thésée*, 1675. V, *Atys*, 1676. VI,

Isis, 1677. VII, *Proserpine*, 1680. VIII, *le Triomphe de l'Amour*, 1681. IX, *Persée*, 1682. X, *Phaëton*, 1683. XI, *Amadis*, 1684. XII, *Roland*, 1685. XIII, *le Temple de la Paix*, 1685. XIV, *Armide*, 1686.

XXIII.

JEAN-JACQUES RENOUARD
de Villayer,

Doyen des Conseillers d'Etat, reçu à l'Académie en 1659, mort le 5 Mars 1691.

Je vois par les Regîtres de l'Académie, qu'il lui marqua beaucoup de zèle dans la triste affaire de Furetière. C'est le seul endroit par où il me soit connu. Mais si le mérite des enfans fait la gloire des péres, il ne faut point d'autre éloge à M. de Villayer, que son petit-fils, aujourd'hui Maître des Requêtes, qui sait, à la fleur de l'âge, respecter ses devoirs; & au milieu de l'opulence, aimer le travail.

XXIV.

ISAAC DE BENSERADE,

Conseiller d'Etat, reçu à l'Académie le 17 Mai 1674, mort le 19 Octobre 1691.

Il naquit en 1612 à Lyons, petite ville de la haute Normandie. Il sortoit d'une famille Huguenote, mais il ne fut pas long-temps nourri dans l'erreur, car il reçut le Sacrement de Confirmation à l'âge de sept ou huit ans. On nous a même conservé (1) la réponse qu'il fit à l'Evêque, qui, en le confirmant, lui proposa de changer son

---

(1) Voyez le *Discours sommaire* de M. l'Abbé Tallemant le jeune, *touchant la Vie de M. de Benserade*, à la tête des Oeuvres de Benserade, édition de Paris, 1697.

Benserade, dans ses premiers ouvrages imprimez, écrivoit son nom ainsi, *Bensseradde*; ensuite il l'écrivit *Bensserade*, qui est l'orthographe que M. l'Abbé Tallemant conserve : mais enfin il ne l'écrivit plus lui-même que *Benserade*, & on ne le trouve point autrement écrit dans les Regîtres de l'Académie.

nom d'*Isaac*, parce que les Calvinistes affectoient de porter des noms de l'ancien Testament. *Volontiers*, dit-il, *pourvû qu'on me donne du retour*. Cette repartie promettoit, ce semble, qu'il sauroit un jour défendre son bien : & cependant on dit que son pére lui ayant laissé une succession fort embrouillée, il aima mieux, quoique Normand, abandonner tout, que de plaider.

Je ne m'arrête point ici à discuter ce qui est (2) de sa noblesse. S'il avoit laissé des enfans, ce seroit leur affaire. Mais il n'a laissé que des Poësies ; & à cet égard peu importe qu'il descendît, ou non, des anciens Seigneurs de Malines, & que du côté maternel il tînt à la Maison de la Porte, & à celle de Vignancourt.

Quoiqu'il en soit, toujours est-il certain que le Cardinal de Richelieu, & le Duc de Brézé, deux excellens protecteurs, dont M. de Benserade ne profita guère, le regardoient comme leur parent.

Un peu plus de conduite eût poussé loin sa fortune sous le Cardinal, dont

(2) Voyez le Dictionnaire de Bayle, à l'article BENSERADE, remarque B.

le dessein étoit qu'il fit des études sérieuses, & que par-là il méritât d'être avancé dans l'Eglise. Mais le Théatre eut pour lui plus d'attraits que la Sorbonne. Une actrice lui tourna la tête; il s'amusa dès-lors à faire des vers galans, & même des Comédies.

Après la mort du Cardinal, il s'attacha au Duc de Brézé, qui commandoit une armée navale. Mais à la seconde campagne qu'il fit sous lui, il le vit tuer (3) d'un coup de canon. Et comme il n'avoit point encore de grade dans la Marine, il prit le parti de se réfugier à la Cour, où il étoit déjà très-connu en qualité de bel-esprit.

Pour apprendre qu'*un Poëte à la Cour fut jadis à la mode*, ne remontons pas jusqu'aux temps de François I, ou de Charles IX, qui, non contens de protéger les Poëtes, se divertissoient eux-mêmes à faire des vers. La fortune de M. de Benserade nous fait voir que ce goût-là n'étoit pas encore tout-à-fait perdu dans ce qu'on appelle la vieille Cour de Louis XIV. D'abord la Reine-mère lui assura une pension de mille écus. Il étoit d'ailleurs secouru par

(3) Au Siége d'Orbitelle, Juin 1646.

quelques (4) *Dames riches & libérales.* Dans la suite il obtint jusqu'à sept mille livres de pension sur des bénéfices. Enfin, avec diverses gratifications du Roi, accumulées, & placées sur l'Hôtel-de-ville de Lyon, il se fit une rente viagère de cinq cents écus. Voilà donc un Poëte, qui n'avoit hérité de ses péres que des procès, & qui se voit environ douze mille livres d'un revenu le plus clair du monde.

Joignons aux récompenses pécuniaires, tous les agrémens que peut desirer un bel-esprit, dans une Cour magnifique & galante, uniquement occupée d'un jeune Roi. Les Ballets en faisoient alors un des principaux divertissemens ; & M. de Benserade fut, durant plus de vingt ans, presque seul chargé de composer les vers qui s'y récitoient. Il prit un tour nouveau, & hardi. Ce fut de confondre, mais finement, le caractère des personnes qui dansoient, avec le caractère des personnages qu'ils représentoient. Je m'explique. Si le Roi, par exemple, représentoit Neptune, les vers convenoient également à Neptune & au Roi.

(4) Tallemant, Discours cité plus haut.

Si quelque Dame jouoit le rôle d'une Déesse, elle se trouvoit peinte & caractérisée elle-même dans ce qu'on disoit de la Déesse. Autant de récits, autant d'allégories ; la plufpart obligeantes, mais fans fadeur ; quelques-unes satiriques, mais fans fiel ; toutes juftes, variées, intéreffantes. Pour y réuffir, il falloit autre chofe que la fcience de rimer : il falloit, non-feulement un grand ufage de la Cour, mais une liberté bien circonfpecte, une hardieffe bien mefurée, de peur qu'un degré de moins ne gâtât l'ouvrage, & qu'un degré de plus ne perdît l'auteur.

Il fit à peu près dans le même goût les *Portraits* (5) *des quarante Académi-*

(5) Tel eft le titre, que le P. le Long nous donne dans fa Bibliothèque Hift. num. 16982, où il en parle comme d'un Difcours en profe. Mais il fe trompe. C'eft une pièce de 193 vers, intitulée, *Lifte de Meffieurs de l'Académie Françoife*, dont il y a un exemplaire dans la Bibliothèque du Roi. Voici par où elle commence :

De ce Corps célèbre & rare
Louis le Grand fe déclare
Le Protecteur, le foutien ;
Et l'on peut mettre à la marge,

ciens vivans en 1684. J'ai entendu dire que c'étoit (6) une pièce très-plaisante. Mais la lecture qu'il en fit dans une assemblée publique, mortifia plusieurs de ses confréres, & lui apprit que la délicatesse des gens de Lettres pouvoit l'emporter même sur celle des Courtisans.

Un autre genre où il excelloit, & dont l'Antiquité n'a point (7) fourni de vrais modelles aux François, seuls en possession d'y réussir, ce sont les chansons. Elles tiennent de l'Ode & de l'Epigramme, sans être précisément ni l'un ni l'autre, puisqu'elles ont un tour qui leur est propre, & qui peut cependant être varié à l'infini. Pour la matière, elles n'en ont point

Que tous les Rois voudroient bien
Qu'il s'en tînt à cette charge.

(6) Je parlois ainsi dans mes premières éditions : mais depuis, ayant entendu lire cette même pièce dans une Compagnie nombreuse, & de gens d'esprit ; je dois avouer qu'elle parut froide. Et c'est assez le sort des plaisanteries qui tombent, non sur la chose, mais sur la personne, de n'avoir qu'un mérite local & passager.

(7) Si ce n'est, peut-être, Anacréon & Horace dans quelques-unes de leurs Odes.

d'affectée.

d'affectée. La tendresse de l'Elégie, les graces naïves de l'Eglogue, le badinage de la Comédie, le fiel de la Satire, & presque tout ce qui constitue quelque espèce particulière de Poésie, appartient de plein droit aux chansons.

Quand M. de Benserade sortoit de ces ingénieuses bagatelles, il sortoit de son caractère. Les grands sujets lui convenoient peu ; encore moins les sujets de piété. Saurions-nous qu'il eût paraphrasé en vers quelques chapitres de Job, sans un Sonnet dont il accompagna cette Paraphrase en l'envoyant à une Dame ? Je parle du fameux Sonnet, qui fut mis en parallèle avec celui de Voiture à Uranie. Tout le monde sait que la Cour fut partagée sur ces deux pièces ; qu'il se forma deux factions, qui disputérent beaucoup, & ne décidérent rien ; que les uns, sous le nom de *Jobelins*, suivoient l'étendart du Prince de Conty ; & que les autres, sous le nom d'*Uranins*, avoient à leur tête Madame de Longueville. Heureuses les Cours, où il n'y aura que de semblables divisions, propres à orner les esprits, sans pouvoir aigrir les cœurs !

Il y avoit plus de quarante ans, que M. de Benserade jouissoit de toute sa gloire, lorsqu'il s'avisa de publier ses *Métamorphoses en Rondeaux*. Comme il défendoit, à ce qu'on dit, ses ouvrages, *avec un tel* (8) *entêtement, que ceux même qu'il consultoit, ne pouvoient lui dire leurs pensées, sans s'exposer de sa part à d'étranges emportemens*; ce fut en vain que ses amis lui témoignérent n'approuver de tout son livre, que l'*Errata*, qui compose aussi un Rondeau, dont voici la fin.

Pour moi, parmi des fautes innombrables,
Je n'en connois que deux considérables,
Et dont je fais ma déclaration,
C'est l'entreprise & l'exécution,
A mon avis fautes irréparables
   Dans ce volume.

Toute la France en jugea de même. Il y avoit pourtant, si je ne me trompe, une grande différence à mettre ici entre l'*entreprise* & l'*exécution*. Pour l'*entreprise*, elle est folle; il n'y aura pas deux voix là-dessus. Quand même les Métamorphoses auroient été toutes

(8) Tallemant, Discours cité plus haut.

également propres à mettre en Rondeaux, ce qui n'est pas : encore falloit-il considérer qu'un livre entier de Rondeaux endormiroit, ou plustôt assommeroit par trop d'uniformité. Mais pour *l'exécution*, elle est tout aussi bonne dans cet ouvrage, qu'elle l'avoit été dans les ouvrages précédens du même auteur.

Pourquoi donc les uns ont-ils plu, au lieu que l'autre a été sifté ? Distinguons les temps. Quand M. de Benserade commença, tout étoit bon : pourvû que des vers fussent pleins de pensées galantes, on ne s'avisoit guère d'y chercher de la raison, de l'élévation, de l'harmonie : il y eut même un intervalle de mauvais goût, pendant lequel on ne haïssoit pas le burlesque, les équivoques, les pointes; & ce fut proprement le règne de M. de Benserade. Mais quand ses Rondeaux parurent, le goût avoit bien changé. Corneille, Molière, Racine, & Despréaux, par leurs ouvrages excellens, avoient fait détester le mauvais, & méprifer le médiocre. Si bien que les Rondeaux de M. de Benserade, qui trente ou quarante ans plustôt eussent trouvé des admirateurs, ne trouvérent pas même des lecteurs.

Il fit imprimer, en même temps que ses Rondeaux, un Recueil d'environ deux cents Fables, réduites en autant de Quatrains : comme si deux cents sujets, les uns courts, les autres longs, avoient demandé précisément le même nombre de vers.

Après ces Quatrains, dont trente-neuf ont été gravez au Labyrinthe de Versailles, non-seulement il ne donna plus rien au Public, mais il fit divorce avec le grand monde. Jusqu'alors esclave de la Cour, il voulut enfin se voir libre, & à la campagne. Gentilly fut le séjour qu'il choisit. On alloit encore dans ma jeunesse visiter les restes des ornemens, dont il avoit embelli sa maison & ses jardins. Tout y respiroit son esprit poétique. On n'y voyoit qu'inscriptions gravées sur l'écorce des arbres, & je me souviens entre autres de celle-ci, qui se présentoit la premiére.

Adieu Fortune, Honneurs, adieu vous
  & les vôtres ;
    Je viens ici vous oublier.

Adieu toi-même Amour, bien plus que tous les autres
   Difficile à congédier.

Quoi ! difficile pour un septuagénaire, à qui la gravelle annonçoit la mort d'un moment à l'autre ? Mais les Poëtes disent tout ce qu'ils veulent. Heureusement la solitude lui inspira des sentimens plus salutaires, & il en vint à ne trouver plus de consolation que dans les Pseaumes, occupé uniquement, ou à les réciter, ou à les traduire (9) en vers François. Sa religion sur-tout éclattoit dans ses douleurs, qui se portérent enfin à une telle violence, que malgré son grand âge il résolut de se faire tailler. Mais sa constance ne fut pas mise à cette dernière épreuve, parce qu'un Chirurgien, en lui voulant faire une saignée de précaution, lui piqua l'artère; & au lieu de travailler à étancher le sang, prit

_____

(9) Il avoit traduit ou paraphrasé ceux qui entrent dans les Heures de l'Eglise. Voyez là-dessus une de ses lettres du 3 Novembre 1690, imprimée parmi celles du Comte de Bussy.

la fuite. On n'eut que le temps d'appeler le P. Commire, son confesseur & son ami, lequel arriva pour le voir mourir avec une fermeté, dont la Trappe se feroit honneur.

OUVRAGES DE M. DE BENSERADE.

I. *Cléopatre*, Tragédie. Paris, 4. 1636.
II. *La mort d'Achille, & la Dispute de ses armes*, Tragédie. Paris, 4. 1637.
III. *Iphis & Iante*, Comédie. Paris, 4. 1637.
IV. *Gustaphe, ou l'heureuse Ambition*, Tragi-comédie. Paris, 4. 1637.
V. *Paraphrase (en vers) sur les neuf leçons de Job.* Paris, 12. 1638.
VI. *Méléagre*, Tragédie. Paris, 4. 1641.
VII. *La Pucelle d'Orléans*, Tragédie. Paris, 4. 1642. Voyez ci-dessus la liste des Ouvrages de M. de la Mesnardière, num. VI.
VIII. *Les Métamorphoses en Rondeaux*. Paris, 4. 1678.
IX. *Fables d'Esope en Quatrains, dont il y en a une partie au Labyrinthe de Versailles.* Paris, 8. 1678.
X. *Oeuvres diverses*, en deux Tomes, dans le dernier desquels sont les vers des Ballets du Roi, qui avoient été imprimez chacun séparément en leur temps. Paris, 12. 1697.
XI. *Liste de Messieurs de l'Académie Françoise.* Voyez ci-dessus, pag. 255.

XXV.

MICHEL LE CLERC,

Avocat au Parlement, reçu à l'Académie le 26 Juin 1662, mort le 8 Décembre 1691.

A l'âge de vingt-trois ans il vint d'Alby sa patrie à Paris, pour y faire jouer une Tragédie de sa façon, *la Virginie Romaine*. Quoiqu'elle fût peu régulière, cependant, grace à la jeunesse de l'Auteur, elle ne laissa pas d'être applaudie, & de faire augurer que s'il vouloit continuer dans ce genre d'écrire, il mériteroit une place honorable dans le second rang des Poëtes, qui travailloient en ce temps-là pour le Théatre. Je dis, dans le second rang: car le premier étoit occupé par le seul Corneille, qui ne voyoit qu'à une prodigieuse distance, ceux qui le suivoient alors de plus près.

Trente ans s'écoulèrent depuis la représentation *de Virginie* jusqu'à celle d'*Iphigénie*, dernière Tragédie de M.

le Clerc. Par malheur pour lui, l'Iphigénie de Racine fut jouée cinq ou six mois avant la sienne. Mais, malgré la supériorité de son rival, il fut encore assez heureux, dit-il, *pour trouver des partisans*. Puisqu'il se rend lui-même ce témoignage dans la Préface de son Iphigénie, nous devons l'en croire ; car il poussoit la modestie jusqu'à l'humilité : & la preuve de son humilité, c'est que dans la même Préface il avoue que Coras, misérable Poëte, dont le nom n'est connu que par la Satire, lui avoit fourni environ une centaine de vers, qui sont épars çà & là dans le corps de sa pièce.

Mais sans entrer ici dans le détail de ses (1) autres ouvrages ; il suffira de savoir que la Traduction du Tasse (2)

___

(1) Colletet, Discours du Sonnet, page 104, parle de quelques Traductions en vers latins, faites par M. le Clerc : mais comme il ne dit point si elles sont imprimées, je n'en fais pas mention parmi les ouvrages de M. le Clerc.

(2) Il n'y en a que les cinq premiers Chants d'imprimez : mais il en avoit la suite ; car on trouve dans le Mercure Galant, Septembre 1691, qu'il en lut vingt strophes à une assemblée publique de l'Académie.

en

en vers françois est celui qui l'a le plus occupé, & qui a le moins réussi.

Que nous traduisions un Homère, un Démosthène, nous ne pouvons nous en prendre, si nous échouons, qu'à notre peu d'esprit, qui ne nous aura pas permis d'exprimer, ni peut-être de bien sentir les beautez de nos originaux. Au lieu que si nous travaillons d'après quelque auteur moins parfait, l'amour propre est ingénieux à nous consoler; il associe l'auteur lui-même à notre disgrace; il nous persuade que si notre Traduction n'est pas goûtée, c'est que nous avons eu tort de choisir un original, dont le caractère ne convient, ni au pays, ni au siècle où nous vivons.

Or c'est là précisément le cas où se croyoit M. le Clerc. Il ne se reprochoit pas d'avoir mal traduit le Tasse, mais il se reprochoit de l'avoir traduit. Et comme la neuvième Satire de M. Despréaux parut dans le même temps que cette Traduction, il se figura qu'en censurant l'Auteur, elle avoit plus contribué que toute autre chose, à la chute du Traducteur.

Je n'examinerai pas s'il est bien vrai,

comme s'en flattoit M. le Clerc, qu'il eût rempli tous les devoirs d'un Traducteur fidelle. Mais puisque l'occasion m'y invite, & que d'ailleurs c'est un point de critique assez curieux, je vais rapporter ce que M. Despréaux dit peu de temps avant sa mort à une personne, qui lui demandoit s'il n'avoit point changé d'avis sur le Tasse.

„ J'en ai si peu changé, dit-il, que
„ relisant dernièrement le Tasse, je fus
„ très-fâché de ne m'être pas expliqué
„ un peu au long sur ce sujet, dans
„ quelqu'une de mes Réflexions sur
„ Longin. J'aurois commencé par
„ avouer que le Tasse a été un génie
„ sublime, étendu, heureusement né
„ pour être Poëte, & grand Poëte. Mais
„ ensuite, venant à l'usage qu'il a fait
„ de ses talens, j'aurois montré que le
„ bon sens n'est pas toujours ce qui do-
„ mine chez lui. Que dans la pluspart
„ de ses narrations il s'attache bien
„ moins au nécessaire qu'à l'agréable.
„ Que ses descriptions sont presque
„ toujours chargées d'ornemens super-
„ flus. Que dans la peinture des plus
„ fortes passions, & au milieu du trou-
„ ble, qu'elles venoient d'exciter, sou-

„ vent il dégénére en traits d'esprit, qui
„ font tout à coup cesser le pathétique.
„ Qu'il est plein d'images trop fleuries,
„ de tours affectez, de pointes, & de
„ pensées frivoles, qui, loin de pou-
„ voir convenir à la *Jérusalem*, pou-
„ voient à peine trouver place dans
„ son *Aminthe*. Or, conclut M. Des-
„ préaux, tout cela opposé à la sa-
„ gesse, à la gravité, à la majesté de
„ Virgile, qu'est-ce autre chose que du
„ *clinquant* opposé à de l'or ?

J'étois présent à ce discours, & je m'apperçois que l'envie de recueillir jusqu'aux moindres leçons d'un si grand maître, m'a presque fait perdre de vûe M. le Clerc, qui étoit ici mon principal objet. Je reviens à lui seulement pour dire qu'il avoit entrepris un ouvrage assez singulier, sous le titre de *Conformité des Poëtes Grecs, Latins, Italiens, & François*. Son dessein étoit de montrer que la pluspart des Poëtes ne sont que des Traducteurs les uns des autres ; & que tel qui croit produire de son chef, ne fait proprement que se ressouvenir de ce qu'il a lû. Il en vouloit sur-tout à Santeul, qui dans la conversation l'avoit traité de *Tradu-*

fleur, avec un air de mépris. Feu M. Huet, de qui je tiens ce projet de M. le Clerc, avoit là-dessus une idée qui mériteroit d'être approfondie. Il prétendoit que tout ce qui fut jamais écrit depuis que le monde est monde, pourroit tenir dans neuf ou dix *in-folio*, si chaque chose n'avoit été dite qu'une seule fois. Il en exceptoit les détails de l'Histoire ; c'est une matière sans bornes : mais à cela près il y mettoit absolument toutes les sciences, tous les beaux arts. Un homme donc à l'âge de trente ans, disoit-il, pourroit, si cela étoit, savoir tout ce que les autres hommes ont jamais pensé. Au lieu que le nombre des livres s'étant multiplié à l'infini, car il y a plus de trois cents mille volumes connus en Europe, l'homme qui jusqu'à l'âge de cent ans n'aura fait que lire, peut à peine se flatter d'avoir lû.

Ouvrages de M. le Clerc.

I. *La Virginie Romaine*, *Tragédie*. Paris, 12. 1649.
II. *Ode* (de 280 vers) *pour le Roi*. Paris, 4. 1663.
III. *La Jérusalem délivrée*, *Poëme héroïque de*

T. *Taffo*, &c. Paris, 4. 1667.
IV. *Ode* (de 240 vers) *pour le Roi*. Paris, 4. 1668.
V. *Le Temple de l'Immortalité*, *Ode* (de 400 vers) *à M. le Dauphin*. Paris, 4. 1673.
VI. *Iphigénie*, *Tragédie*. Paris, 12. 1676.
VII. *Poësies*, en feuilles volantes, & dans les Recueils de son temps.

XXVI.

PAUL PELLISSON
FONTANIER,

Conseiller du Roi en ses Conseils, Maître des Requêtes ordinaire de son Hôtel, reçu à l'Académie le 30 Décembre 1652, mort le 7 Février 1693.

Je date sa réception à l'Académie, du jour qu'il y entra pour la première fois en qualité de surnuméraire. Ce fut le jour qu'il la remercia de ce qu'après avoir entendu lire son *Histoire de l'Académie*, elle lui avoit fait l'honneur de le nommer dès-lors à la première place vacante, & d'ordonner qu'en attendant il auroit droit d'assister à ses assemblées : mais avec cette clause bien remarquable, *Que la même grace ne pourroit plus être faite à personne, pour quelque considération que ce fût.*

Vers la fin de l'année suivante, il cessa d'être surnuméraire, & prononçant alors un nouveau Discours, comme pour une seconde réception, il se plaignit *des murmures* (1) *excitez de tous côtez*, dit-il, *contre ce misérable livre, qui, tout innocent qu'il étoit, n'avoit pas eu le bonheur de satisfaire également tout le monde.*

Aurions-nous cru, si ce n'étoit pas un fait attesté par l'Auteur, que son Histoire de l'Académie, un ouvrage regardé aujourd'hui comme un chef-d'œuvre par tout ce qu'il y a de personnes qui ont du goût, ait pu cependant n'être pas bien reçûe à sa naissance ? Pour moi je ne saurois me persuader que les mécontens en aient voulu à la forme de cette Histoire, car que voit-on en ce genre de plus achevé ? Peut-on mieux narrer que M. Pellisson ? Quelle naïveté, jointe à un art infini ! Quels tours ingénieux, sans que la simplicité en souffre ! Mais sur-tout,

(1) Voyez parmi les Harangues de l'Académie, celle de M. Pellisson du 17 Nov. 1653.

& c'est par où M. Pellisson se distingue de ces écrivains qui ne parlent qu'à l'esprit, & dont l'élégance aride n'a rien qui nourrisse l'imagination du lecteur, il a le secret *de mettre* (2) *dans les moindres peintures, & de la vie, & de la grace.*

Pourquoi donc l'ouvrage dont nous parlons, le plus parfait de ceux que M. Pellisson a mis au jour, n'eut-il pas *le bonheur de satisfaire tout le monde* ? Je crois en deviner la raison. C'est la liberté qu'il prend, & qu'il a dû nécessairement prendre, de caractériser les Académiciens dont il écrit la vie. On ne sauroit presque, ni louer, ni censurer impunément les gens de Lettres, à moins qu'il n'y ait un long intervalle entre leur mort, & le temps où l'on parle d'eux. Les censure-t-on ? C'est offenser ceux de leurs amis, qui leur ont survécu. Leur donne-t-on des louanges ? C'est courir encore un danger plus évident, parce que la jalousie des vivans ne peut guère souffrir qu'on détourne, ou du moins qu'on partage l'admiration qu'ils exigent du

(2) M. de Fénelon, depuis Archevêque de Cambray, dans son Discours à l'Académie.

Public. Ainsi je comprens aisément que M. Pellisson eut *des murmures* à essuyer *de tous côtez*, quelque tempérament qu'il eût gardé, & dans ses critiques, & dans ses éloges : ne disant ni trop, ni trop peu : donnant finement à pénétrer les talens & la portée de chacun : ne louant que par des faits, & ne blâmant pour l'ordinaire que par son silence.

Mais pour parler exactement de M. Pellisson, reprenons les choses de plus haut, & n'oublions rien de ce qui nous peut servir à bien connoître un de ces hommes rares, dont la mémoire intéresse les honnêtes-gens.

Il étoit né à Beziers en 1624. Au nom de *Pellisson*, nom ancien (3) dans la Robe, il ajoûta celui de sa mére, *Fontanier*, pour se distinguer de son aîné. Sa mére, femme de beaucoup d'esprit, mais fort entêtée du Calvinisme, le nourrit dans l'erreur. Il fit ses

(3) Voyez dans les nouveaux Moréris les ancêtres de M. Pellisson, à commencer par Raymond, qui fut Ambassadeur de France en Portugal, Maître des Requêtes, premier Président du Sénat de Chambéry, & Commandant en Savoie pour François I.

Humanitez à Castres, sa Philosophie à Montauban, & son Droit à Toulouse, où à peine eut-il donné quelques mois à l'étude, qu'il entreprit de paraphraser les *Institutes* de Justinien. A la vérité, il n'en publia que le premier livre : mais ce premier livre suffiroit pour nous faire douter que ce pût être l'ouvrage d'un jeune homme, si la date de l'impression n'en faisoit pas foi.

Peu de temps après il vint à Paris, où le célèbre Conrart, pour qui les Protestans de Castres lui avoient donné des lettres de recommandation, se fit un honneur de le montrer à ces premiers Académiciens, dont sa maison étoit le rendez-vous. Tout portoit dès-lors M. Pellisson à oublier sa province. Il eut cependant le courage d'y retourner, & de suivre le Barreau à Castres, pour se disposer à remplacer dignement les péres. Mais sa carrière ne faisoit que de s'ouvrir, lorsqu'il fut tout à coup arrêté par une petite vérole, qui non-seulement lui déchiqueta les joues, & lui déplaça presque les yeux ; mais affoiblit, & ruina pour toujours son tempérament.

Au lieu de chercher de vains secours

dans l'art des Médecins, il crut ne pouvoir se consoler qu'avec les Muses; & pour cela il revint à Paris. Ses amis ne le reconnurent plus aux traits du visage. Ils le reconnurent à des traits plus durables; à des manières douces & liantes, à un enjouement délicat, & sur-tout à une certaine éloquence de conversation, qui lui étoit particuliére. *Il abusoit*, disoit-on, *de la permission qu'ont les hommes* (4) *d'être laids* : mais avec toute sa laideur, il n'avoit pour plaire qu'à parler. Son esprit lui servoit, non pas à en montrer, mais à en donner; & l'on sortoit d'avec lui, non pas persuadé qu'il eût plus d'esprit qu'un autre, mais se flattant d'en avoir pour le moins autant que lui : tant il avoit l'art de se proportionner à toute sorte de caractères.

Parmi les personnes qu'il cultiva, & que son mérite lui avoit données pour amies, Mademoiselle (5) de Scudéry tient le premier rang. Une parfaite conformité de génie, de goût, & de sen-

(4) Madame de Sévigné, lettre LXXV.
(5) Madeleine de Scudéry, auteur de plusieurs Romans, morte à l'âge de 94 ans, le 2 Juin 1701. Voyez *le Journal des Savans*.

timens, les avoit faits l'un pour l'autre. Jamais, peut-être, liaison si tendre, ni si constante. Ou ils se virent, ou ils s'écrivirent tous les jours, durant près de cinquante ans, hors une partie du temps que M. Pellisson fut à la Bastille, comme je le dirai tout à l'heure.

Un autre favori des Muses, le célèbre Sarasin, étoit de leur société. Après sa mort, qui fut prématurée, & même, à ce qu'on a toujours cru, violente, le recueil de ses ouvrages fut dédié à Mademoiselle de Scudéry, & accompagné d'une Préface où le bon cœur de M. Pellisson ne se fait pas moins sentir que la justesse de son esprit. Mais une chose qui paroîtra singulière, & que je n'aurois point hazardée sans la savoir d'original, c'est que Sarasin étant mort à Pézenas en 1654, & M. Pellisson passant (6) par cette ville quatre ans après, il se transporta sur la tombe de son ami, l'arrosa de ses pleurs, fit célébrer un Ser-

(6) En 1659, lorsqu'il alla prendre possession d'une charge de Maître des Comptes à Montpellier. Il avoit été pourvû de celle de Secrètaire du Roi en 1652, & il fut Maître des Requêtes en 1671.

vice pour lui, & lui fonda un Anniversaire, tout Protestant qu'il étoit alors.

Au reste, il n'avoit pas moins l'esprit des affaires, que celui des Lettres; & lors même qu'il avoit paru faire son capital de la Poësie, & d'autres semblables amusemens, il n'avoit pas laissé de travailler en même temps à se faire un fonds de connoissances utiles, qui le rendoient propre à toute sorte d'emplois.

Tant de talens réunis, & dans un si haut degré, lui attirérent l'estime de M. Fouquet, Sur-intendant des Finances, qui le fit en 1657 son premier Commis, & bien-tôt son confident. Quatre années tranquillement passées dans cet emploi, lui firent goûter le plus doux plaisir d'une grande ame, le plaisir de pouvoir faire du bien. Mais en 1661, la disgrace de M. Fouquet ayant éclatté, le premier Commis fut mis à la Bastille.

On crut que, pour découvrir d'importans secrets, le vrai moyen c'étoit de faire parler M. Pellisson. Pour cela on aposta un Allemand simple & grossier en apparence, mais fourbe & rusé, qui feignoit d'être prisonnier à la Bastille, & dont la fonction étoit d'y jouer le rôle d'espion. A son jeu & à ses discours M. Pellisson le pénétra : mais ne laissant point voir qu'il connût le piège, & redoublant au contraire ses politesses envers cet Allemand, il enchanta tellement son espion, qu'il en fit son émissaire. Il eut par-là un commerce journalier de lettres avec Mademoiselle de Scudéry, & fit passer jusqu'à elle divers ouvrages qu'il avoit composez dans sa prison en faveur de M. Fouquet. Quand ils parurent, on ne fut pas long-temps à en deviner l'auteur. Pouvoit-on se tromper à son genre d'éloquence ? Aussi-tôt plumes & encre lui furent ôtées, & l'on s'y prit de manière à empêcher qu'il n'eût la moindre correspondance au dehors.

Resserré alors dans un lieu isolé, qui ne prenoit jour que par un soupirail ; n'ayant pour domestique & pour toute compagnie qu'un Basque stupide & morne, qui ne savoit que jouer de la musette ; il crut devoir se précautionner contre les attaques d'un ennemi, que la bonne conscience & le courage ne domptent pas toujours. Je veux dire, contre les attaques d'une imagination oisive, qui devient le plus cruel supplice d'un solitaire, lorsqu'une fois elle s'effarouche. Voici donc à quel stratagème il eut recours. Une araignée faisoit sa toile à ce soupirail dont j'ai parlé : il entreprit de l'apprivoiser : & pour cela il mettoit des mouches sur le bord de ce soupirail, tandis que son Basque jouoit de la musette. Peu à peu l'araignée s'accoûtuma à distinguer le son de cet instrument, & à sortir de son trou, pour courir sur la proie qu'on lui exposoit. Ainsi l'appelant toujours au même son, & mettant toujours sa proie de proche en proche, il parvint, après un exercice de plusieurs mois, à discipliner si bien cette araignée, qu'elle partoit au premier signal pour aller prendre une mouche au fond de la chambre, & jusque sur les genoux du prisonnier.

À l'entrée du troisième hiver qu'il passa à la Bastille, Mademoiselle de Scudéry s'étant doutée qu'il pourroit demander un ramoneur, elle tenta cette voie pour lui écrire. Sa lettre, malgré les barrières & les verroux, lui fut heureusement rendue. Hé de quelle reſſource n'eſt pas une ſincére amitié! Elle a toute la vivacité, toute l'induſtrie de l'amour; elle n'en a pas la folie.

Par les ſoins de cette amie généreuſe, qui fit parler en ſa faveur les plus honnêtes gens de la Cour, enfin il obtint un peu plus de liberté. On lui permit d'avoir des livres, il demanda la Bible & les Péres de l'Egliſe, il lut particulièrement les Grecs, qui lui parurent ſi fort oppoſez au dogme affreux de Calvin ſur la prédeſtination, que l'évidente fauſſeté de ce dogme capital ſuffit pour troubler ſa conſcience, & pour lui rendre ſuſpects les autres points du Calviniſme. Plus il les examina, plus il en reconnut l'erreur.

Après quatre ans & quelques mois de priſon, il fut élargi. Mais, quoique Catholique dans l'ame, il différa encore de quatre autres années ſon abjuration, par des motifs que le monde appelle principes d'honneur, mais que les Caſuiſtes nomment foibleſſe & mauvaiſe honte. Tout ſon bien s'étoit diſſipé pendant ſa priſon, il ne vouloit pas que l'on pût le ſoupçonner de s'être converti par des vûes de politique & d'intérêt. Telle étoit son inquiétude, quand le Roi, touché de la fermeté qu'il avoit marquée dans ce qu'il avoit cru son devoir, voulut s'attacher un si fidelle serviteur, lui assura deux mille écus de pension, & lui ordonna de se tenir à la Cour. Alors sa fortune n'étant plus dans son idée un obstacle à son changement de religion, il se déroba pour en aller faire la cérémonie dans l'Eglise souterraine de Chartres, & il la fit le 8 d'Octobre 1670.

Je ne sais pas au juste combien de temps après il prit le Sous-diaconat. Mais il le prit certainement ; & les Protestans qui lui ont fait un crime d'avoir (7) des bénéfices pour vingt mille livres de rente, ont apparemment ignoré qu'il les tenoit en qualité d'Ecclésiastique.

Tout ce qu'il a fait depuis sa conversion, peut se renfermer en deux mots ; car il n'eut dès-lors que ces deux objets devant les yeux, l'avancement de la Religion, & la gloire du Roi.

(7) Il étoit Abbé de Gimont, & Prieur de Saint Orens d'Auch.

On

On n'a rien de ce qu'il écrivit à la gloire du Roi, que des pièces détachées : au nombre desquelles n'oublions pas ce fameux Panégyrique, qu'il prononça dans l'Académie, & qui fut aussi-tôt traduit en Italien, en Espagnol, en Anglois, en Latin, & même en Arabe. Mais un grand ouvrage qu'il avoit presque fini, & dont jusqu'à présent on n'a publié que des fragmens, c'est l'Histoire de Louis XIV, à la prendre depuis la paix des Pyrénées jusqu'à celle de Nimégue. Témoin oculaire de tout ce qui s'étoit passé, & aussi grand maître qu'il l'étoit dans l'art d'écrire l'Histoire, il pouvoit donner un Tite-Live à la France, comme elle a un Sophocle & un Euripide.

Quant à son zèle pour l'avancement de la Religion, les Protestans s'en plaignoient si hautement dans tous leurs écrits, qu'il seroit inutile d'en alléguer d'autres preuves. Mais leurs plaintes, quel éloge pour M. Pellisson ! jamais ne tombèrent que sur l'activité de ce zèle. Car du reste ils étoient forcez d'avouer que ce grand *Convertisseur*, ainsi le nommoient-ils, n'usoit de sa faveur auprès du Roi, que pour ménager les intérêts, tant spirituels, que temporels, de ceux qui secouoient le joug de l'erreur; que les revenus des économats confiez à sa prudence, étoient dispensez avec la plus exacte fidélité; & qu'enfin à l'égard de ses ouvrages polémiques, la Controverse y étoit sans amertume, & la Théologie avec des graces.

Il mettoit la dernière main à son Traité de l'Eucharistie, quand la mort le surprit à Versailles, après une foiblesse de quelques jours. C'étoit un tempérament usé par de fréquentes maladies, & par un travail opiniâtre, qu'il n'avoit pas interrompu depuis sa tendre jeunesse. D'abord il ne prit la maladie qui l'emporta, que pour un de ces épuisemens passagers, dont il s'étoit déjà tiré cent fois. Il l'écrivit ainsi, de sa propre main, à Mademoiselle de Scudéry, le jour même de sa mort. Il reçut ce jour-là plusieurs visites; sur le soir il se promena un peu dans sa chambre; il se mit ensuite tout habillé sur son lit, où il s'endormit, & fut trouvé mort quelques heures après. Comme il n'avoit pas reçu les derniers Sacremens, ce fut assez pour faire parler l'Impiété & l'Hérésie. Mais le bruit qu'elles firent, ne trouva d'asyle que dans quelque coin de la Hollande; ou s'il fit impression ailleurs, ce ne fut que sur ceux qui aiment à croire que l'on meurt comme ils vivent.

J'avois fini cet article dans mes deux premières éditions, par une épitaphe Latine de Sarasin, qui m'avoit été communiquée par M. l'Abbé de Ferriès, propre neveu de M. Pellisson, qu'il en croyoit le véritable auteur. Mais depuis j'ai reconnu qu'elle étoit incontestablement de Ménage, puisqu'elle se trouve imprimée parmi ses autres Poësies. Avec quelle défiance un Historien doit-il employer les mémoires qu'on lui fournit ; ceux-mêmes qu'il croit recevoir de la meilleure main !

OUVRAGES DE M. PELLISSON.

I. *Paraphrase des Institutions de l'Empereur Justinien*, &c. Paris, 8. 1645.
II. *Relation contenant l'Histoire de l'Académie Françoise*. Paris, 8. 1653.
III. *Discours sur les Oeuvres de M. Sarasin*. Paris, 4. 1655.
IV. *Discours au Roi par un de ses fidelles su-*

jets, sur le procès de M. Fouquet : avec divers autres écrits sur le même procès. Paris, 4. 1661.

V. *Panégyrique du Roi Louis XIV.* Paris, 4. 1671.

VI. *Courtes Priéres durant la Messe.* Paris, 12. 1677.

VII. *Productions sur l'affaire du Prieuré de Saint Orens d'Auch.* Trois petits volumes. Paris, 12. 1682.

VIII. *Réflexions sur les différens de la Religion,* &c. Paris, 12. 1686.

IX. Idem. *Seconde partie. Réponse aux Objections d'Angleterre & de Hollande; ou De l'autorité du grand nombre dans la Religion.* Paris, 12. 1687.

X. Idem. *Troisième partie. Les Chimères de M. Jurieu. Réponse générale à ses Lettres pastorales,* &c. Paris, 12. 1690.

XI. Idem. *De la Tolérance des Religions : Lettres de M. de Leibnitz,* &c. Paris, 12. 1692.

XII. *Traité de l'Eucharistie.* Paris, 12. 1694.

XIII. *Histoire de la Conquête de la Franche-Comté en 1668,* imprimée dans le Tome VII *des Mémoires de Littérature & d'Histoire.* Paris, 1729.

XIV. *Lettres Historiques,* ou Journal des Voyages de Louis XIV en 1670, &c. Trois volumes. *Paris,* 12. 1729.

XV. *Priéres au Saint Sacrement de l'Autel,* pour chaque semaine de l'année, avec des Méditations sur divers Pseaumes de David. Paris, 16. 1734.

XVI. *Priéres sur les Epîtres & sur les Evangiles,* Paris, 16. 1735.

XVII. *Oeuvres diverses.* Trois volumes. Pa-

ris, 12. 1735. Dans le Tome I, après une longue Préface de l'Editeur, on trouve *les Poësies* de M. Pellisson, en plus grand nombre, & en meilleur ordre qu'elles n'avoient encore paru. Le Tome II, outre les Ouvrages qu'on a marquez ici *num.* III, IV, & V, contient *Harangues, Mémoires, Placets, Inscriptions, Epitaphes, Lettres*. Dans le dernier Tome, ce sont des écritures produites dans l'affaire de M. Fouquet, & dans d'autres procès.

XXVII.

ROGER DE RABUTIN,
Comte de Bussy,

Lieutenant général des Armées du Roi, reçu à l'Académie en 1665, mort le 9 Avril 1693.

Je ne pourrois que donner ici un extrait de ses Mémoires, qui sont & seront lus de toute la France, soit par curiosité pour les faits historiques, soit par goût pour l'élégance de la diction.

Au lieu donc de les gâter en les abrégeant, j'aime mieux ne rapporter que son épitaphe, telle qu'on la lit dans Notre-Dame d'Autun, où il est inhumé. Je voudrois seulement que la forme de ce volume permît d'espacer les lignes, comme le style lapidaire le demande.

Epitaphe de M. LE COMTE DE BUSSY.

Ici repose haut & puissant Seigneur Messire ROGER DE RABUTIN, *Chevalier, Comte de Bussy ; plus considérable par ses rares qualitez, que par sa grande naissance ; plus illustre par ses belles actions, qui lui attirérent de grands emplois, que par ces emplois mêmes.*

Il entra aussi-tôt dans le chemin de la gloire, que dans le commerce du monde ; & dès sa quinzième année il préféra l'honneur de servir son Prince, aux plaisirs d'une jeunesse molle & oisive.

Capitaine en même temps que soldat, il fut d'abord à la tête de la première Compagnie du Régiment de Léonor de Rabutin Comte de Bussy son pére ; & bien-tôt après Colonel du Régiment, qu'il n'acheta que par des périls & par d'heureux succès. Il ne dut aussi qu'à sa conduite & à son courage la Lieutenance de Roi du Nivernois, & la charge de Conseiller d'Etat.

La fortune d'intelligence cette fois avec

le mérite, lui fit avoir la charge de Mestre de Camp de la Cavalerie légère. Le Roi le fit ensuite Lieutenant général de ses Armées à l'âge de trente-cinq ans. Une si prompte élévation fut l'ouvrage de la justice du Souverain, & non de la faveur d'aucun patron.

Il joignit toutes les graces du discours à toutes celles de sa personne, & fut l'auteur d'un genre d'écrire inconnu jusqu'à lui. L'Académie Françoise crut s'honorer en lui offrant une place d'Académicien.

Enfin presque au comble de la gloire, Dieu arrêta ses prospéritez : & par des disgraces éclattantes il le détrompa du monde, dont il avoit été jusque-là trop occupé.

Son courage fut toujours au dessus de ses malheurs. Il les soûtint en sujet soumis, & en chrétien résigné. Il employa le temps de son exil à se bien instruire de sa religion, à former sa famille, & à louer son Prince.

Après avoir été long-temps éloigné de la Cour, il y fut rappelé avec agrément, & honoré des bienfaits de son Maître.

La mort le trouva dans de saintes dispositions. On le perdit le 9 d'Avril 1693, en la soixante & quinzième année de son âge.

Qui que vous soyez, priez pour lui.

„ Louise de Rabutin, Comtesse
„ d'Alets, sa chére fille, & sa fille dé-
„ solée, a voulu par cette épitaphe in-
„ struire la Postérité, de son respect,
„ de sa tendresse, & de sa douleur.

Ouvrages de M. de Bussy.

I. *Histoire amoureuse des Gaules.* 1665.
II. *Discours à ses Enfans sur le bon usage des adversitez, & sur les divers événemens de sa vie.* Paris, 12. 1694.
III. *Mémoires.* Deux volumes. *Paris*, 4. 1694. Une édition d'Amsterdam 1731, contient de plus les quatre Ouvrages suivans. I. *Rabutiniana.* II. *Réflexions sur la guerre.* III. *Critique de quelques Epigrammes, traduites de Catulle & de Martial.* IV. *S'il est nécessaire que les gens de qualité étudient, & à quel genre d'étude ils doivent s'appliquer.*
IV. *Lettres.* Quatre volumes. *Paris*, 12. 1697.
V. *La Vie en abregé de Madame de Chantal.* Paris, 12. 1697. Cette Vie aussi-bien que celle de Saint François de Sales, passe pour être de Madame la Comtesse d'Alets.
VI. *Histoire en abrégé de Louis le Grand.* Paris, 12. 1699.
VII. *Lettres nouvelles.* Trois volumes. *Paris*, 12. 1709. Dans les dernières éditions, ces trois volumes ont été incorporez aux quatre précédens, & toutes les lettres mises en leur ordre chronologique.

XXVIII.

XXVIII.

PIERRE CUREAU
DE LA CHAMBRE,

Curé de Saint Barthélemi, reçu à l'Académie le 24 Mars 1670, mort le 15 Avril 1693.

A la mort de son pére l'un des premiers Académiciens, il souhaita passionnément de lui succéder : mais quelque digne qu'il en fût, on le pria d'attendre une autre place vacante : exprès pour ôter à quiconque viendroit après lui, tout prétexte de compter en quelque façon sur des droits héréditaires, qui dérogeroient à la liberté des élections.

Il fit dans sa jeunesse le voyage de Rome, où il connut particuliérement le Cavalier Bernin ; & il en rapporta, ne disons pas seulement du goût pour la Peinture & pour la Sculpture, mais une passion sérieuse, qui le maîtrisa toute sa vie.

A l'égard des Lettres, quoiqu'il les eût principalement cultivées par rapport à l'éloquence, il manquoit cependant d'une des parties essentielles de l'Orateur, qui est la mémoire. Il l'avoit prompte à retenir, quand il apprenoit par cœur: mais lente à lui rendre ses mots, quand il déclamoit. Ainsi sa prononciation étoit sans force & sans grace. Mais ce défaut n'avoit lieu que dans ses discours d'apparat. Hors de-là, & pour les prônes qu'il faisoit dans son église, il ne s'assujétissoit point à sa mémoire. Après s'être rempli du sujet qu'il vouloit traiter, il se livroit à son talent, qui étoit admirable pour le pathétique. Un cœur (1) facile à s'émouvoir lui fournissoit abondamment ces grandes figures, ces tours animez, qui sont les armes de la persuasion. Quand donc il récitoit un discours fait à loisir, on l'admiroit froidement, il n'y étoit que disert: & quand il faisoit un prône sur le champ, on étoit prêt d'en venir aux larmes, il y étoit Orateur.

Un peu sourd dès son enfance, il trouvoit mieux son compte à parler

(1) *Pectus est quod disertos facit.* Quintil.

beaucoup qu'à prêter l'oreille, & il parloit très-bien. Mais sur le recueil qu'on a fait (2) de ses prétendus bons mots, nous ne saurions ne pas plaindre le sort d'un homme d'esprit, qui tombe après sa mort entre les mains des compilateurs.

Paris fut désolé par la famine sur la fin de l'hiver 1693, & la paroisse de Saint Barthélemi, pleine de menu peuple, fut bien-tôt accablée de mourans. Alors M. de la Chambre, non content de procurer les secours de l'ame, vend tout ce qu'il avoit le plus aimé, tableaux & livres, pour secourir la misère publique. Il se réduit au point de n'avoir plus que sa vie à donner pour son troupeau. Enfin la contagion des brebis gagne le pasteur, & il est la victime de son zèle.

Tous ses ouvrages, hors les Harangues qu'il a prononcées dans l'Académie, sont imprimez *in-quarto* chez Mabre-Cramoisy, avec des vignettes & des fleurons qui marquent son goût pour le Dessein.

(2) Dans Vigneul-Marville, & dans les nouvelles éditions de Moréri.

Ouvrages de M. de la Chambre.

I. Panégyrique de la B. Rose. 1669.
II. ... de Saint Charles Borromée. 1670.
III. ... de Sainte Thérèse. 1678.
IV. ... de Saint Louis. 1681.
V. Oraison funèbre de M. Seguier. 1672.
VI. ... de la Reine. 1684.
VII. Préface pour servir à l'Histoirs de la Vie & des ouvrages du Cavalier Bernin, avec son Eloge. 1684.

XXIX.

NICOLAS POTIER DE NOVION,

Chevalier, premier Président du Parlement de Paris, reçu à l'Académie le 27 Mars 1681, mort le premier Sept. 1693.

J'ai demandé, j'ai long-temps attendu des mémoires sur la vie de cet illustre Magistrat : & me voilà enfin obligé de publier mon ouvrage, sans avoir pu l'embellir d'un article, qui devoit en faire un des principaux ornemens.

X X X.

LOUIS IRLAND DE LAVAU,

Tréforier de S. Hilaire le Grand de Poitiers, Garde des livres du Cabinet du Roi, reçu à l'Académie le 4 Mai 1679, mort le 4 Février 1694.

Il étoit d'une (1) nobleſſe des plus anciennes; & ſon pére, Contrôleur général de la maiſon de la Reine Anne d'Autriche, lui avoit laiſſé ſuffiſamment de bien pour qu'il pût ſe deſtiner à quoi il voudroit. D'abord il eſpéra faire ſon chemin dans les affaires étrangères. Il accompagna dans cette vûe les Seigneurs qui allérent de la part du Roi à l'élection de l'Empereur Léopold. Il ſe tint une ou deux années en Allemagne, & vit la pluſpart des Cours du Nord, pour apprendre leurs différens intérêts. De-là il paſſa à Rome, où il eut occaſion d'éprouver que les traverſes qu'ont à eſſuyer ceux qui ſe

(1) Voyez les Lettres patentes rapportées dans le Mercure Galant, Février 1694.

mêlent des affaires publiques, font certaines; & que leurs récompenses ne le font pas. A son retour en France il quitta l'épée, & se mit dans l'état ecclésiastique, non point par ambition, mais par goût, & pour jouïr d'une vie paisible & réglée.

Au nombre de ses amis étoit le Maréchal de Vivonne; & par cette raison M. Colbert l'employa sous main pour faire réussir le mariage qu'il souhaitoit passionnément d'une de ses filles avec le Duc de Mortemart. Ce grand Ministre, estimant, comme il devoit, une telle alliance, voulut en marquer sa reconnoissance à M. l'Abbé de Lavau, qui en fut le seul négociateur. Il lui donna le choix des graces qu'il pouvoit lui procurer, charges, abbayes, pensions. Que lui demanda M. l'Abbé de Lavau, préférablement à tout ? Une place dans l'Académie. Il choisit de toutes les graces qu'on lui jetoit à la tête, celle qui dépendoit le moins de M. Colbert, & pour laquelle M. Colbert devoit avoir le plus de contradiction à craindre. Car, quoique M. l'Abbé de Lavau fût recommandable par sa naissance, par sa probité, & par sa politesse, on doutoit qu'à toutes ces bonnes qualitez il joignît, du moins jusqu'à un certain degré, les talens d'un Académicien. Mais enfin ses confréres, après l'avoir possédé quelque temps, reconnurent que la superiorité des talens pouvoit être utilement compensée par la douceur des mœurs, & par le secret de se rendre aimable.

Je vois par les Regîtres de l'Académie, qu'il s'y est fait à son ocasion deux Réglemens : dont le premier est, *Qu'aux séances publiques on ne lise aucun ouvrage étranger*, c'est-à-dire, dont l'auteur ne soit pas membre de la Compagnie.

Quant à l'autre, il concerne le Service qui se doit faire pour un Académicien mort, aux frais de ceux qui sont actuellement Directeur & Chancelier. Or il arriva que Pierre Corneille étant mort la nuit du dernier de Septembre au premier d'Octobre, l'Abbé de Lavau & M. Racine se disputérent l'honneur de lui rendre les devoirs funèbres. J'étois encore Directeur, quand Corneille est mort, disoit l'Abbé de Lavau. Et moi, disoit Racine, j'ai été nommé Directeur le jour même de sa mort, avant que le Service pût être fait. On décida en faveur de l'Abbé de Lavau ; & c'est ce qui donna lieu à ce mot de Benserade, où le double sens est assez visible. *Si quelqu'un de nous*, dit-il à Racine, *avoit pû prétendre d'enterrer M. Corneille, c'étoit vous, Monsieur : cependant vous ne l'avez pas fait.*

Au reste, nous apprenons par une épigramme (2) de M. Despréaux, que dans la fameuse querelle sur le mérite des Anciens & des Modernes, l'Abbé de Lavau tenoit pour M. Perrault; & il est juste qu'à ce sujet je dise, non en Critique, mais en pur Historien, pour lequel des deux partis l'Académie parut se déclarer. Rien de plus facile. Pour cela il n'y a qu'à voir de qui elle étoit (3) composée en 1687. Alors les principaux Académiciens, ceux qui avoient le plus de réputation dans les Lettres, c'étoient bien certainement Messieurs Racine, Huet, la Fontaine, Regnier, & Despréaux. Voyons donc leur opinion.

(2) La XX, dans les nouvelles éditions.
(3) Le Poëme du *Siècle de Louis le Grand*, origine de la querelle ; fut lû dans l'Académie le 27 Janvier 1687.

I. Racine, dans la Préface de son Iphigénie, s'est assez expliqué.

II. Perrault ayant envoyé les Parallèles à M. Huet, celui-ci entreprit de le tirer d'erreur, par une lettre insérée dans le recueil de ses *Dissertations*: outre qu'il revient encore plus d'une fois à la charge dans *Huetiana*, livre qu'on peut regarder comme son Testament littéraire.

III. A l'égard de la Fontaine, sans toucher ici à ses autres ouvrages, contentons-nous d'une (4) Epître qu'il composa dans le fort de la dispute, & où, après avoir dit nettement,

Que faute d'admirer les Grecs & les Romains,
On s'égare en voulant tenir d'autres chemins,

il ajoûte :
Je vois avec douleur ces routes méprisées.
Arts & guides, tout est dans les champs Elysées.
J'ai beau les évoquer ; j'ai beau vanter leurs traits ;

―――――
(4) Epître à M. Huet, en lui donnant un Quintilien traduit par Toscanella.

On me laisse tout seul admirer leurs attraits.
Térence est dans mes mains ; je m'instruis dans Horace ;
Homère & son rival sont mes Dieux du Parnasse.
Je le dis aux rochers : on veut d'autres discours ;
Ne pas louer son siècle est parler à des sourds.
Je le loue, & je sais qu'il n'est pas sans mérite,
Mais près de ces grands noms notre gloire est petite.

IV. Homère étant un des Anciens, contre qui Perrault s'est le plus déchaîné, l'Abbé Regnier essaya de le faire connoître par une Traduction en vers François du premier livre de l'Iliade, précédée d'une longue Préface où il montre, non-seulement beaucoup de zèle, mais beaucoup de raison & de goût.

V. Je ne dis rien de M. Despréaux. On ne sait que trop avec quelle vigueur il combattit. Il ne se contenta pas d'aiguiser, il empoisonna ses traits.

Pour anéantir donc Homère, Sophocle ; Euripide, Térence, Virgile, Horace : pour opposer à Racine, à Huet, à la Fontaine, à Regnier, à Despréaux : nous avons d'Académiciens jusqu'en 1687 Messieurs de Lavau, & Charpentier, guidez par M. Perrault, qui avoit eu pour précurseur M. des Marests.

XXXI.

PHILIPPE GOIBAUD DU BOIS,

reçu à l'Académie le 12 Novembre 1693, mort le premier Juillet 1694.

Puisqu'il n'a point laissé d'enfans, à qui la connoissance que l'on aura de son origine, puisse nuire, ou déplaire ; & que d'ailleurs nous devons, comme je crois l'avoir déjà remarqué, faire sentir à ceux dont la naissance est obscure, qu'il ne tient qu'à eux de s'élever par la voie des Lettres ; je ne me ferai pas un scrupule de dire que M. du Bois, cet auteur de tant d'ouvrages si graves, commença par être Maître à danser.

Il fut produit en cette qualité auprès du (1) Duc de Guise, qui, dans sa plus tendre enfance, s'accoûtuma si bien à le voir, & se prit tellement d'amitié pour lui, qu'il ne voulut point d'autre Gouverneur. Ce n'est pas une chose rare, qu'il y ait dans les hommes de tout autres talens, & des talens bien plus essentiels, que ceux dont leur profession leur donne lieu de faire usage. On ne fut pas long-temps à l'éprouver dans M. du Bois : & si, par son premier métier, il étoit propre à former son disciple aux exercices du corps, la suite fit voir qu'il l'étoit infiniment plus à lui donner des leçons de morale, & à lui inspirer l'amour de la vertu.

Pour se mettre en état de bien faire son emploi, il eut le courage d'apprendre les élémens du Latin à l'âge de trente ans. Il s'y appliqua par le conseil de Messieurs de Port-Royal, qui gouvernoient, non-seulement Mademoiselle de Guise, mais tout ce qui approchoit cette vertueuse Princesse. Il les choisit pour directeurs, & de sa

(1) Louis-Joseph de Lorraine, Duc de Guise, né en 1650, mort en 1671.

conscience, & de ses études. Il devint sous leur discipline un modelle de régularité. Il prit même assez leur manière d'écrire: ce style grave, soûtenu, périodique, mais un peu lent, & trop uniforme.

Après qu'il eut sagement élevé le Duc de Guise, il eut la douleur de le voir mourir à la fleur de l'âge. Dèslors, maître absolu d'un grand loisir, il se destina entiérement à traduire les ouvrages qu'il jugea les plus utiles, soit de Saint Augustin, soit de Cicéron. En même temps, pour avoir avec qui partager l'ennui, ou la douleur de sa solitude, il prit le parti de se marier. Il étoit de Poitiers, & le hazard ayant amené à Paris une de ses anciennes connoissances, la veuve d'un de ses compatriotes, il l'épousa.

Oserai-je, pour donner ici une idée de son style, rapporter ce qu'une Dame, qui a du goût, & qui se nourrit de bonnes lectures, m'a fait penser sur ce sujet? Elle me demanda comment il se pouvoit faire que S. Augustin & Cicéron, deux auteurs qui ont écrit sur des matières si différentes, & qui ont vécu en des temps si éloignez l'un de l'autre, eussent un style tout à fait semblable ? Je lui demandai à mon tour, où elle avoit donc trouvé cette prétendue conformité. Est-ce, ajoûtai-je, dans le choix, ou dans l'arrangement des mots ? Est-ce dans le tour des pensées ? C'est, me dit-elle, dans M. du Bois. J'y trouve que Saint Augustin & Cicéron étoient l'un comme l'autre, deux grands faiseurs de phrases, qui disoïent tout sur le même ton.

Rien, peut-être, ne fait mieux sentir de quelle importance il est, pour bien traduire, d'entrer si fort dans l'esprit de son auteur, qu'on parvienne à ne faire qu'un avec lui. Un habile Traducteur doit être un Protée, qui n'ait point de forme immuable, & qui sache prendre toutes les diverses formes de ses originaux. Mais pour cela, outre la souplesse du génie, il faut de la patience, vertu qui manque plus que le génie aux François, & qui manque sur-tout aux Traducteurs. Car tout écrivain ne fait d'effort, qu'à proportion de la gloire qu'il se promet de son ouvrage ; & comme les Traducteurs savent que le préjugé du Public n'attache qu'une gloire médiocre à leur travail, aussi sont-ils sujets à ne faire que des efforts médiocres pour y réussir.

Je n'accuse pourtant pas M. du Bois de s'être négligé. Au contraire, l'empreinte d'un grand travail n'est que trop visible dans ses écrits. Mais ce que je m'imagine, c'est que l'élocution de Cicéron l'ayant desespéré souvent, & celle de Saint Augustin l'ayant dégoûté plus souvent encore, il s'est cru permis de les jeter, si j'ose ainsi dire, dans le même moule, en leur prêtant à l'un & à l'autre son style personnel.

A l'égard des savantes notes, dont il accompagne les Traductions de Saint Augustin, soit pour éclaircir des points chronologiques, soit pour rétablir le texte, personne assurément ne croira que ce soit l'ouvrage d'un homme qui avoit commencé si tard ses études. Ainsi ce n'est point faire tort à sa mémoire, & c'est faire grand honneur à ces notes, d'avouer qu'elles sont de M. l'Abbé de Tillemont, son ami particulier.

Il a mis à la tête des *Sermons de Saint Augustin*, une longue Préface, où il déploie toute son éloquence, pour prouver que les Prédicateurs doivent renoncer à l'éloquence : que la Chaire ne souffre point de ces figures qui s'emparent de l'imagination, point de ces tours qui remuent les passions: & qu'en un mot l'Evangile, dont la simplicité a tant de charmes, doit là-dessus servir de règle à ceux qui l'annoncent.

Aussi-tôt que cette Préface fut imprimée, & avant qu'elle fût répandue dans le Public, il en fit tenir un exemplaire à M. Arnauld, comme au souverain juge de sa doctrine. Dans la réponse que lui fit M. Arnauld, & qui a été (2) imprimée plus d'une fois, ce nouveau système est foudroyé. Il fut assez heureux pour ne la point voir; car la mort prévint en lui la douleur qu'il auroit eûe de se voir contredit, ou plustôt anéanti par son maître. Il s'étoit retiré à Vincennes pour éviter le mauvais air des fièvres pourprées, dont Paris étoit infecté; mais le mauvais air alla l'y chercher, & il n'eut

---

(2) Imprimée d'abord sous le titre de *Réflexions sur l'Eloquence des Prédicateurs*, à Paris, 12. 1695: & une seconde fois, avec des Lettres de M. de Sillery Evéque de Soissons, contre le P. Lamy Bénédictin, sur le même sujet, dans un Recueil dont la Préface est du P. Bouhours, & qui a pour titre: *Réflexions sur l'Eloquence*. Paris, 12. 1700.

que le temps de se faire rapporter chez lui, où il mourut le septième jour de sa maladie, âgé de soixante-huit ans.

Ouvrages de M. du Bois.

I. *Réponse à la lettre de* M. Racine, contre M. Nicole, datée du 22 Mars 1666.
II. *Discours sur les Pensées de M. Pascal.* Paris, 12. 1672.
III. *Discours sur les preuves des miracles de Moyse*, imprimé à la suite des *Pensées de M. Pascal.* Paris, 12. 1672.

Traductions.

I. De Saint Augustin, *les deux livres de la prédestination des Saints, & du don de la persévérante.* Paris, 12. 1676.
II. .... *Les livres de la manière d'enseigner les principes de la Religion Chrétienne à ceux qui n'en sont pas encore instruits: avec les Traitez de la Continence, de la Tempérance, de la Patience, & contre le Mensonge.* Paris, 12. 1678.
III. .... *Les Lettres.* Deux volumes. Paris, fol. 1684.
IV. .... *Les Confessions.* Paris, 8. 1686.
V. .... *Les deux livres de la véritable Religion, & des Mœurs de l'Eglise Catholique.* Paris, 8. 1690.
VI. *Les Sermons sur le Nouveau Testament.* Paris, 8. Tom. I, & II, 1694. III, & IV, 1700.

Tome II. Cc

VII. ... *Le livre de l'esprit & de la lettre*. Paris, 12. 1700.

VIII. De Cicéron, *les Offices*, Paris, 8. 1691.

IX. ... *Les livres de la Vieillesse & de l'Amitié, avec les Paradoxes*. Paris, 8. 1691.

XXXII.

JEAN BARBIER D'AUCOUR,

Avocat au Parlement, reçu à l'Académie le 29 Novembre 1683, mort le 13 Septembre 1694.

Dès l'âge de quatorze ans il quitta Langres, sa patrie, dans la vûe de chercher à se pousser de lui-même. Son premier asyle fut Dijon, où il fit sa Philosophie, logeant chez un riche Magistrat, qui le prit moins pour Précepteur de ses enfans, que pour leur compagnon d'étude. Il gagna ensuite Paris, se mit Répétiteur au Collége de Lizieux, & en même temps étudia en Droit.

Il se brouilla dès-lors avec les Jésuites, & c'est à cette brouillerie que nous devons ses premiers ouvrages.

Tous les ans ces Péres exposent dans l'Eglise de leur Collége, des tableaux énigmatiques, qu'ils font expliquer sur un théatre, fait exprès pour ce jour-là, & qui cache le maître autel. Ceux qui veulent y parler, ne le doivent faire qu'en Latin. Or il arriva qu'en l'année 1663, M. d'Aucour s'étant mis de la partie, il laissa échapper quelques termes peu modestes. Averti par le Jésuite qui présidoit à cet exercice, de mesurer ses paroles, parce qu'ils étoient dans un lieu sacré, il répondit brusquement : *Si locus est sacrus, quare exponitis ?* Il ne put achever sa phrase; car de toutes parts, les écoliers, comme autant d'échos, répétérent son barbarisme; les maîtres en rirent; & le sobriquet d'*Avocat Sacrus* lui en demeura.

Si je rapporte cette petite histoire de sa jeunesse, c'est pour montrer de combien peu s'engendrent quelquefois les aversions, ou les inclinations, qui nous dominent toute la vie. Jamais M. d'Aucour n'oublia que les Jésuites avoient ri. Il fit d'abord contre eux une Satire en vers burlesques, intitulée, l'*Onguent pour la brûlure* ; & parce qu'on l'accufa d'y avoir effleuré des matières trop férieufes pour trouver place dans le burlefque, auffi-tôt il publia fon apologie : mais conçûe de telle forte qu'en tâchant de mettre fa religion à couvert, il redouble les injures qu'il avoit dites à fes ennemis.

Par la même raifon qu'il s'éloignoit des Jéfuites, il fe lia avec Meffieurs de Port-Royal : & quand l'illuftre Racine les eut attaquez par cette ingénieufe lettre, dont je parle ailleurs, il rechercha l'honneur de lutter contre un athlète fi terrible.

Mais de tous fes combats, le plus fameux intéreffe le P. Bouhours, la meilleure plume d'une Compagnie, qui jufqu'alors tout occupée à former des Petaux & des Sirmonds, avoit paru dédaigner un peu notre langue. On fentit dans les *Entretiens d'Arifte & d'Eugéne*, un auteur capable de tenir tête à ceux qui fe piquoient de favoir le mieux écrire. Sa gloire bleffa tellement M. d'Aucour, qu'il entreprit de le critiquer : & il découvrit effectivement une infinité de petites taches dans un livre que tout le monde admiroit. Preuve bien fenfible de cette vérité, qu'il y a peu de bons livres, dont on ne puisse faire une critique très-bonne. Car il faut convenir que l'ouvrage de M. d'Aucour est admirable en son genre ; qu'on y trouve de la délicatesse, de la vivacité, de l'enjouement, un savoir bien ménagé, & un goût sûr, qui saisit jusqu'à l'ombre du ridicule dans un amas d'excellentes choses, comme le creuset sépare un grain de cuivre dans une once d'or.

Quant à ses Factums, j'ai entendu dire aux gens du métier, que c'étoient des modelles, & que s'il avoit voulu plaider, il auroit été l'ornement du Barreau. Mais la première fois qu'il y parut, devant faire un Plaidoyer d'apparat, il n'en prononça que cinq ou six lignes, & demeura (1) court. Depuis cet accident, qui peut arriver à des Orateurs consommez dans leur art, il ne voulut plus s'exposer à plaider, & il se contenta d'écrire dans les oc-

(1) Despréaux, piqué de ce que d'Aucour avoit écrit contre Racine, le désigne à la fin de son Lutrin.

Le nouveau Cicéron, tremblant, décoloré,
Cherche en vain son discours, &c.

cafions d'éclat. Hardi la plume à la main, il avoit hors de là une certaine timidité, dont je m'imagine que fa mauvaife fortune, encore plus que fon tempérament, pouvoit bien être la caufe.

Jamais, en effet, la fortune n'a moins bien traité un homme de mérite. La feule chofe qu'elle fit pour lui, ce fut de l'approcher de M. Colbert, qui lui confia l'éducation d'un de fes fils, & lui donna quelque commiffion dans les Bâtimens. Mais les épargnes qu'il put faire dans cet emploi, il les mit à des entreprifes commencées fous M. Colbert, & qui échouérent à la mort de ce Miniftre, fans qu'il pût même retirer fes avances. Enfin, pour avoir de quoi fubfifter, il époufa la fille de fon Libraire. Il n'en eut point d'enfans, & il mourut d'une inflammation de poitrine, dans fa cinquante-troifième année.

Les députez de l'Académie qui allérent le vifiter dans fa dernière maladie, furent touchez de le voir mal logé. Ma confolation, leur dit-il, & ma très-grande confolation, c'eft que je ne laiffe point d'héritiers de ma mifére.

L'Abbé de Choisy, l'un des députez, lui dit poliment : *Vous laissez un nom qui ne mourra point.* Ah ! c'est de quoi je ne me flatte pas, répondit M. d'Aucour. Quand mes ouvrages auroient d'eux-mêmes une sorte de prix, j'ai péché dans le choix de mes sujets. Je n'ai fait que des (2) Critiques, ouvrages peu durables. Car si le livre qu'on a critiqué, vient à tomber dans le mépris, la Critique y tombe en même temps, parce qu'elle passe pour inutile : & si, malgré la Critique, le livre se soûtient, alors la Critique est pareillement oubliée, parce qu'elle passe pour injuste.

(2) Le P. le Long, *num.* 17429, lui attribue, mais à tort, la Réponse à la Critique de la Princesse de Clèves : elle est d'un Abbé de Charnes, auteur de le Vie du Tasse imprimée en 1690.

Ouvrages de M. d'Aucour.

I. *L'Onguent pour la brûlure* : pièce d'environ 1800 vers. 1664.
II. Apologie de l'ouvrage précédent, sous le titre de *Lettre d'un Avocat à un de ses amis*, datée du premier Avril 1664.
III. *Réponse à la Lettre de M. Racine* contre

M. Nicole, datée du premier Avril 1666.

IV. *Sentimens de Cléante sur les Entretiens d'Ariste & d'Eugène.* Paris, 12. Tom. I, 1671. II, 1672.

V. *Apollon vendeur de Mithridate*, Satire en vers irréguliers contre M. Racine, imprimée ailleurs sous le titre d'*Apollon Charlatan.* 1675.

VI. *Discours sur le rétablissement de la santé du Roi.* Paris, 4. 1687.

VII. *Remarques sur deux Discours prononcez* (l'un par l'Abbé Tallemant le jeune, & l'autre par M. d'Aucour) *à l'Académie Françoise sur le rétablissement de la santé du Roi.* Paris, 12. 1688.

VIII. *Divers Factums, & Mémoires.*

XXXIII.

JEAN-LOUIS BERGERET,

Secrétaire de la Chambre & du Cabinet du Roi, reçu à l'Académie le 2 Janvier 1685, mort le 9 Oct. 1694.

On sait comment il força les barrières de l'Académie. Deux places vaquoient en même temps : celle de Corneille l'aîné, destinée au cadet ; & celle de Cordemoy, destinée à Ménage, qui, par quantité d'ouvrages savans & utiles,

DE L'ACADÉMIE. 315

les, avoit réparé le tort que sa *Requête des Dictionnaires*, pur badinage de sa jeunesse, avoit pu lui faire dans l'esprit de quelques Académiciens. Une puissante (1) brigue fit tomber cette seconde place à M. Bergeret, par une préférence injuste,

Dont la troupe de Ménage
Appela comme d'abus
Au Tribunal de Phébus,

dit hardiment Benserade dans ses *Portraits* (2) *des quarante Académiciens*, lûs en pleine Académie le jour même que M. Bergeret fut reçu.

Il étoit Parisien, il avoit été Avocat général au Parlement de Metz, & lorsqu'il sollicita une place dans l'Académie, il étoit actuellement premier Commis de M. de Croissy Ministre d'Etat.

(1) Toute la maison Colbert, dit Ménage, fit une affaire de conséquence, de cette affaire : Messieurs de Seignelay, de Croissy, le Coadjuteur de Rouen, le Duc de Saint-Aignan, sollicitérent en personne pour Bergeret, avec plusieurs Dames de la Cour. *Anti-Baillet*. ch. LXXII.
(2) Voyez ci dessus, pag. 255.

XXXIV.

JEAN DE LA FONTAINE,

Reçu à l'Académie le 2 Mai 1684, mort le 13 Mars 1695.

Il naquit (1) le 8 Juillet 1621 à Château-Thierry, où son pére étoit Maître des Eaux & Forêts.

A l'âge de dix-neuf ans il entra dans l'Oratoire, & dix-huit mois après il en sortit. Quand on aura vû quel homme c'étoit, on sera moins en peine de savoir pourquoi il en sortit, que de savoir comment il avoit songé à se mettre dans une maison où il faut s'assujétir à des règles.

Pour le connoître à fond, nous avons deux choses à considérer en lui séparément, l'homme, & le Poëte.

Jamais homme ne fut plus simple, mais de cette simplicité ingénue, qui est le partage de l'enfance. Disons

(1) De Jean de la Fontaine, ancien bourgeois de Château-Thierry; & de Françoise Pidoux, fille du Bailli de Coulommiers.

mieux, ce fut un enfant toute sa vie. Un enfant est naïf, crédule, facile, sans ambition, sans fiel ; il n'est point touché des richesses ; il n'est pas capable de s'attacher long-temps au même objet ; il ne cherche que le plaisir, ou plustôt l'amusement ; & pour ce qui est de ses mœurs, il se laisse guider par une sombre lumière, qui lui découvre en partie la loi naturelle. Voilà, trait pour trait, ce qu'a été M. de la Fontaine.

Quoiqu'il eût peu de goût pour le mariage, il s'y détermina par complaisance pour ses parens. On lui donna (2) une femme qui ne manquoit ni d'esprit, ni de beauté, mais qui pour l'humeur tenoit fort de cette Madame Honesta, qu'il dépeint dans sa Nouvelle de Belphégor.

Aussi ne trouvoit-il d'autre secret que celui de Belphégor, pour vivre en paix. Je veux dire qu'il s'éloignoit de sa femme, le plus souvent, & pour le plus long-temps qu'il pouvoit, mais sans aigreur & sans bruit. Quand il se

(2) Marie Héricart, fille d'un Lieutenant au Bailliage Royal de la Ferté-Milon. Il en a eu un fils, dont la postérité subsiste.

voyoit poussé à bout, il prenoit doucement le parti de s'en venir seul à Paris, & il y passoit les années entières, ne retournant chez lui que pour vendre quelque portion de son bien. Car voilà de quoi il subsistoit dans les commencemens, parce que ni sa femme, ni lui, ne s'entendoient à faire valoir leurs terres, dont le revenu, s'ils les avoient bien gouvernées, leur pouvoit suffire.

A la vérité, ses Poësies lui eurent bien-tôt acquis de généreux protecteurs. Il reçut en divers temps diverses gratifications de M. Fouquet, de Messieurs de Vendôme, & de M. le Prince de Conty. Mais tout cela venoit de loin à loin, & il auroit eu besoin de bien d'autres fonds plus sûrs, & plus abondans, s'il avoit long-temps continué à être son économe.

Heureusement Madame de la Sablière le délivra de tout soin domestique, en le retirant chez elle. C'étoit une Dame d'un rare mérite, & dont l'esprit avoit *beauté* (3) *d'homme avec graces de femme*. Elle se plaisoit à la Poësie, & plus encore à la Philoso-

---

(3.) La Fontaine, Fab. XV. liv. 12.

phie, mais sans ostentation. Ce fut pour elle que Bernier fit l'abrégé de Gassendi. La Fontaine demeura chez elle près de vingt ans. Elle pourvoyoit généralement à tous ses besoins; persuadée qu'il n'étoit guère capable d'y pourvoir lui-même.

Un jour qu'elle avoit congédié tous ses domestiques à la fois, *Je n'ai gardé avec moi*, dit-elle, *que mes trois animaux, mon chien, mon chat, & la Fontaine*.

Joignons à ce mot-là celui de Madame de Bouillon. Comme l'arbre qui porte des pommes est appelé Pommier, elle disoit de M. de la Fontaine, *c'est un Fablier*, pour dire que ses fables naissoient d'elles-mêmes dans son cerveau, & s'y trouvoient faites sans méditation de sa part, ainsi que les pommes sur le pommier. Tant il paroissoit n'être bon à rien, & n'avoir pas la moindre étincelle de ce feu divin, qui fait les grands Poëtes.

A sa physionomie du moins on n'eût pas deviné ses talens. Un sourire niais, un air lourd, des yeux presque toujours éteints, nulle contenance. Rigault & de Troyes l'ont peint au naturel; mais l'estampe que nous en avons dans *les Hommes illustres* de Perrault, le flatte un peu.

Rarement il commençoit la conversation : & même, pour l'ordinaire, il y étoit si distrait, qu'il ne savoit ce que disoient les autres. Il rêvoit à tout autre chose, sans qu'il eût pu dire à quoi il rêvoit. Si pourtant il se trouvoit entre amis, & que le discours vînt à s'animer par quelque agréable dispute, sur-tout à table, alors il s'échauffoit véritablement, ses yeux s'allumoient, c'étoit la Fontaine en personne, & non pas un phantôme revêtu de sa figure.

On ne tiroit rien de lui dans un tête à tête, à moins que le discours ne roulât sur quelque chose de sérieux, & d'intéressant pour celui qui parloit. Si des personnes dans l'affliction & dans le doute s'avisoient de le consulter, non-seulement il écoutoit avec grande attention, mais, je le sais de gens qui l'ont éprouvé, il s'attendrissoit, il cherchoit des expédiens, il en trouvoit : & cet idiot, qui de sa vie n'a fait à propos une démarche pour lui, donnoit les meilleurs conseils du monde.

Une chose qu'on ne croiroit pas de lui, & qui est pourtant très-vraie, c'est que dans ses conversations il ne laissoit rien échapper de libre, ni d'équivoque. Quantité de gens l'agaçoient, dans l'espérance de lui entendre faire des contes semblables à ceux qu'il a rimez : il étoit sourd & muet sur ces matières ; toujours plein de respect pour les femmes, donnant de grandes louanges à celles qui avoient de la raison, & ne témoignant jamais de mépris à celles qui en manquoient.

Autant qu'il étoit sincére dans ses discours, autant étoit-il facile à croire tout ce qu'on lui disoit. Témoin son avanture avec un nommé Poignan, ancien Capitaine de Dragons, retiré à Château-Thierry. Tout le temps que ce Poignan n'étoit pas au cabaret, il le passoit auprès de Madame de la Fontaine, qui étoit, comme j'ai dit, une Madame Honesta,

d'un orgueil extrême,
Et d'autant plus que de quelque vertu
Un tel orgueil paroissoit revêtu.

Poignan de son côté n'étoit point du tout galant. On en fit cependant de mauvais rapports à M. de la Fontaine,

& on lui dit qu'il étoit deshonoré s'il ne se battoit contre Poignan. Il le crut. Un jour d'été, à quatre heures du matin, il va chez lui, le presse de s'habiller, & de le suivre avec son épée. Poignan le suit, sans savoir où, ni pourquoi. Quand ils furent hors de la ville, la Fontaine lui dit, *Je veux me battre contre toi, on me l'a conseillé*; & après lui en avoir expliqué le sujet, il mit l'épée à la main. Poignan tire à l'instant la sienne, & d'un coup ayant fait sauter celle de la Fontaine à dix pas, il le ramena chez lui, où la réconciliation se fit en déjeûnant.

Figurons-nous une République toute composée d'hommes tels que M. de la Fontaine. Parmi eux on ne verroit, ni fraude, ni mensonge, ni querelle, ni procès, ni chicane, ni luxe, ni ambition, ni en un mot, aucun de ces monstres qui font des ravages continuels dans la vie civile. J'avoue que les terres n'y seroient pas trop bien régies: mais c'est un mal qui seroit tout au moins compensé par le retranchement de l'ambition & du luxe. Peut-être n'y trouveroit-on personne capable d'être magistrat ou soldat: mais dans le cas que nous imaginons, le soldat & le magistrat seroient inutiles. On suivroit aveuglément l'instinct de la nature, qui porte à se contenter de peu, & à ne goûter que des plaisirs innocens. On verroit ce siècle d'or, que les Poëtes ont dépeint, & qui n'exista jamais.

Tout le monde cependant ne m'approuva point d'avoir trop appuyé sur la simplicité de M. de la Fontaine, quand je lus dernièrement cet article dans une assemblée de l'Académie : & ceux mêmes qui rendoient le plus de justice à mes intentions, me conseillérent de supprimer divers traits, qu'en effet je supprime, de peur qu'on n'en prît occasion de rire aux dépens d'un écrivain, qui certainement a mérité que sa mémoire fût à jamais sous la protection des honnêtes-gens.

Pour le considérer donc maintenant comme Poëte, disons un mot de ses études, de son goût, & de ses ouvrages.

Il étudia sous des maîtres de campagne, qui ne lui enseignérent que du Latin, & il avoit déjà vingt-deux ans, qu'il ne se portoit encore à rien, lorsqu'un Officier, qui étoit à Château-

Thierry en quartier d'hiver, lut devant lui par occasion, & avec emphase, cette Ode de Malherbe.

Que direz-vous, races futures,
Si quelquefois un vrai discours
Vous récite les avantures
De nos abominables jours ?

Il écouta cette Ode avec des transports mécaniques de joie, d'admiration, & d'étonnement. Ce qu'éprouveroit un homme né avec de grandes dispositions pour la Musique, & qui, après avoir été nourri au fond d'un bois, viendroit tout d'un coup à entendre un clavessin bien touché, c'est l'impression que l'harmonie poëtique fit sur l'oreille de M. de la Fontaine. Il se mit aussi-tôt à lire Malherbe, & s'y attacha de telle sorte, qu'après avoir passé les nuits à l'apprendre par cœur, il alloit de jour le déclamer dans les bois. Il ne tarda pas à vouloir l'imiter ; & ses essais de versification, comme il nous l'apprend (4) lui-même, furent dans le goût de Malherbe.

(4) *Je pris certain auteur autrefois pour mon maître ;*

Un de ses parens, nommé Pintrel, homme de bon sens, & qui n'étoit (5) pas ignorant, lui fit comprendre que, pour se former, il ne devoit pas se borner à nos Poëtes François : qu'il devoit lire, & lire sans cesse Horace, Virgile, Térence. Il se rendit à ce sage conseil. Il trouva que la manière de ces Latins étoit plus naturelle, plus simple, moins chargée d'ornemens ambitieux ; & que par conséquent Malherbe (je ne le dis qu'après M. de la Fontaine) péchoit par être trop beau, ou plustôt trop embelli. Tout ce qui tendoit à une plus grande naïveté, mais naïveté noble & ingénieuse, flattoit son penchant.

Il pensa me gâter : à la fin, grace aux Dieux,
Horace par bonheur me désilla les yeux.
L'auteur avoit du bon, du meilleur ; & la France
Estimoit dans ses vers le tour & la cadence.
Qui ne les eût prisez ? J'en demeurai ravi ;
Mais ces traits ont perdu quiconque l'a suivi.

Dans son Epître à M. Huet, en lui envoyant un Quintilien de Toscanella.

(5) On a de lui une Traduction des *Epitres de Sénèque*, imprimée après sa mort par les soins de M. de la Fontaine, à Paris, 1681.

Rabelais, que M. Despréaux appeloit *la Raison habillée en Masque*, fut encore un de ses auteurs favoris. Il l'admiroit follement. Car tout le monde a entendu raconter là-dessus une extravagante saillie, dont M. de Valincour fut témoin, étant chez M. Despréaux avec Messieurs Racine, Boileau le Docteur, & quelques autres personnes. On y parloit fort de Saint Augustin : la Fontaine écoutoit avec cette stupidité, qui étoit ordinairement peinte sur son visage : enfin il se réveilla comme d'un profond sommeil, & demanda d'un grand sérieux au Docteur, s'il croyoit que Saint Augustin eût eu plus d'esprit que Rabelais ? Le Docteur l'ayant regardé depuis la tête jusqu'aux pieds, lui dit pour toute réponse : *Prenez garde, Monsieur de la Fontaine, vous avez mis un de vos bas à l'envers*; & cela étoit vrai en effet.

Mais de tous les modelles qu'il se proposa, Marot est celui dont il retint le plus, quant au style. J'entens ici par style, un choix de certaines expressions, & plus particuliérement encore de certains tours. Or Marot ayant le premier attrapé le vrai tour du genre naïf, il a été censé depuis avoir déterminé le point de perfection, où notre langue pouvoit être portée dans le genre naïf. Jusque-là qu'aujourd'hui encore, malgré tous les changemens arrivez dans le François, le style Marotique fait parmi nous, comme une langue à part, dans laquelle notre oreille est faite à sentir des finesses & des agrémens, que l'on ne sauroit lui remplacer dans un autre style. C'est ainsi qu'en Latin, par exemple, nous trouvons dans la mesure & dans les tours de Catulle, un sel qui n'est point ailleurs.

Après Marot & Rabelais, la Fontaine n'estimoit rien tant que l'Astrée de M. d'Urfé. C'est d'où il tiroit ces images champêtres, qui lui sont familières, & qui font toujours un si bel effet dans la Poësie. Il lisoit peu nos autres livres François. Il se divertissoit mieux, disoit-il, avec les Italiens : sur-tout avec Bocace, & l'Arioste, qu'il n'a que trop bien imitez.

Mais ce qu'on ne s'imagineroit pas, il faisoit ses délices de Platon & de Plutarque. J'ai tenu les exemplaires qu'il en avoit ; ils sont notez de sa main à chaque page; & j'ai pris garde que la plufpart de fes notes étoient des maximes de Morale, ou de Politique, qu'il a femées dans fes Fables.

Pour les traits de Phyfique qu'il y a placez, auffi-bien que dans fon Poëme du Quinquina, il les devoit moins aux livres, qu'à fes entretiens avec Bernier le Gaffendifte, qui logeoit comme lui chez Madame de la Sablière.

Tous fes ouvrages ne font pas d'un prix égal. Il nous en découvre lui-même la raifon, c'eft qu'il a voulu effayer trop de genres différens. *Je m'avoue*, dit-il,

Papillon du Parnaffe, & femblable aux abeilles,
A qui le bon Platon compare nos merveilles.
Je fuis chofe légère, & vole à tout fujet,
Je vais de fleur en fleur, & d'objet en objet.
À beaucoup de plaifir, je mêle un peu de gloire.
J'irois plus haut peut-être au Temple de Mémoire,

Si dans un genre seul j'avois usé mes jours.

Mais quoi ! Je suis volage en vers comme en amours.

Voilà, en effet, tout ce qu'on peut dire sur ce sujet. Le même esprit qui présidoit à sa conduite, présidoit à ses compositions. Esprit simple, ingénu, sensé, galant : mais inconstant, distrait, paresseux. Il ne met pas toujours la dernière main à un ouvrage : mais jusqu'aux morceaux qu'il a le plus négligez, jusqu'à ses moindres ébauches, tout décéle en lui un grand maître, & qui est, à divers égards, véritablement original. Aussi est-il regardé par tous les gens de goût, comme l'un de nos cinq ou six Poëtes, pour qui le temps aura du respect ; & dans les ouvrages desquels on cherchera les débris de notre langue, si jamais elle vient à périr.

Un jour Molière soupoit avec Racine, Despréaux, la Fontaine, & Descoteaux, fameux joueur de flûte. La Fontaine étoit ce jour-là, encore plus qu'à son ordinaire, plongé dans ses distractions. Racine & Despréaux, pour le tirer de sa léthargie, se mirent à le railler, & si vivement, qu'à la fin Molière trouva que c'étoit passer les bornes. Au sortir de table il poussa Descoteaux dans l'embrasure d'une fenêtre, & lui parlant de l'abondance du cœur, *Nos beaux esprits*, dit-il, *ont beau se trémousser, ils n'effareront pas le bon-homme.*

Il me reste à dire un mot de sa conversion. Je m'en fis instruire exactement, il y a quelques années, par le Pére (6) Pouget, qui en avoit été le ministre; & comme le récit qu'il me fit, étoit chargé de circonstances que j'avois peur d'oublier, je l'engageai à se donner la peine de les mettre lui-même par écrit. J'avois gardé sa lettre pour la placer au bout de cet article: mais à sa mort, ceux qui en trouvèrent la minute parmi ses papiers, la firent (7) imprimer ailleurs: de sorte qu'aujourd'hui cette lettre ayant été vûe de tout le monde, il me suffit d'en rappeler ici la substance.

(6) Amable Pouget, Prêtre de l'Oratoire, Docteur de Sorbonne, auteur du Catéchisme de Montpellier, mort à Paris en 1723.
(7) Dans les *Mémoires de Littérature & d'Histoire*, Tom. I.

On y voit que sur la fin de l'année 1692, la Fontaine étant attaqué d'une grande maladie ; le Vicaire de la Paroisse (c'étoit le Pére Pouget lui-même) alla le visiter, & fit d'abord tomber le discours sur les preuves de la Religion. Jamais la Fontaine n'avoit été impie par principes : mais il avoit vécu dans une prodigieuse indolence sur la Religion, comme sur le reste. *Je me suis mis*, dit-il au P. Pouget, *depuis peu à lire le Nouveau Testament : je vous assure*, ajoûta-t-il, *que c'est un fort bon livre, oui par ma foi c'est un bon livre : mais il y a un article sur lequel je ne suis pas rendu, c'est celui de l'éternité des peines : je ne comprens pas*, dit-il, *comment cette éternité peut s'accorder avec la bonté de Dieu*. Je ne rapporterai point les réponses du Pére Pouget, ni tout ce qu'il fit durant plus de six semaines pour toucher le cœur de son pénitent. Telle fut, en un mot, l'impression de la Grace, que M. de la Fontaine en vint à se confesser généralement de toute sa vie, avec la componction la plus vive. Que prêt à recevoir le saint Viatique, il détesta ses Contes, les larmes aux yeux ; & fit amande honorable devant Messieurs de l'Académie, qu'il avoit priez de se rendre chez lui par députez, pour être témoins de ses dispositions présentes. Protestant que s'il revenoit en santé, il n'emploieroit son talent pour la Poësie, qu'à écrire sur des matières pieuses ; & qu'il étoit résolu à passer le reste de sa vie, autant que ses forces le permettroient, dans l'exercice de la pénitence.

Une particularité, dont le Pére Pouget ne fait pas mention dans sa lettre, mais qu'il m'a contée, & qui montre admirablement bien l'idée qu'on avoit de M. de la Fontaine, c'est que la garde qui étoit auprès de lui, voyant avec quel zèle on l'exhortoit à la pénitence, dit un jour au Pére Pouget, *Hé ne le tourmentez pas tant, il est plus bête que méchant.* Et une autre fois, *Dieu n'aura jamais le courage de le damner.*

Je ne dois pas oublier que M. le Duc de Bourgogne, le jour même qu'il apprit que la Fontaine avoit reçu le saint Viatique, lui envoya une bourse de cinquante louis. Il lui faisoit souvent de semblables gratifications, sans quoi apparemment la Fontaine se fût transplanté en Angleterre. Car Madame de la Sablière étant morte, il fut invité par M. de Saint-Evremont à s'y retirer, & quelques Mylords s'obligérent de pourvoir à ses besoins. Mais les bienfaits de M. le Duc de Bourgogne épargnérent à la France, & la douleur de perdre un si excellent homme, & la honte de ne l'avoir pas arrêté par de si foibles secours.

Après sa conversion, il vécut, ou plustôt languit encore deux ans. Il les passa chez Madame d'Hervart, où il retrouva la même hospitalité, les mêmes douceurs, dont il avoit joüi chez Madame de la Sablière. Il entreprit de traduire les Hymnes de l'Eglise, mais il n'alla pas loin ; car les remèdes qu'on lui avoit fait prendre dans le cours de sa maladie, l'ayant fort échauffé, il voulut essayer d'une ptisane rafraichissante, qui acheva d'éteindre son feu poëtique, & qui vrai-semblablement avança la fin de ses jours. Plus il sentit diminuer ses forces, plus il redoubla sa ferveur, & ses austéritez. J'ai vû entre les mains de son ami M. de Maucroix, le cilice dont il se trouva couvert, lorsqu'on le deshabilla pour le mettre au lit de la mort. Vrai dans sa pénitence, comme dans tout le reste de la conduite, & n'ayant jamais songé à tromper en rien, ni Dieu, ni les hommes.

Il mourut à Paris, rue Plâtrière, & fut enterré dans le cimetière de Saint Joseph, à l'endroit même où Molière avoit été mis vingt-deux ans auparavant.

Ouvrages de M. de la Fontaine.

I. *L'Eunuque, Comédie.* Paris, 4. 1654.

II. *Contes & Nouvelles en vers.* Paris, 12. 1665. Deuxième partie, 1666. Troisième, 1671. Ces trois volumes imprimez à Paris ne contiennent qu'une partie de ses Contes. Le débit en fut défendu par une Sentence du Lieutenant de Police du 5 Avril 1675. Les autres éditions, plus amples de beaucoup, n'ont été faites qu'en pays étrangers.

III. *Fables choisies, mises en vers.* Première partie, dédiée à M. le Dauphin. *Paris*, 4. 1668. Seconde partie, dédiée à Madame de Montespan, 1679. Troisième, dédiée à M. le Duc de Bourgogne, 1693.

IV. *Les Amours de Psyché & de Cupidon.* Paris, 8. 1669.

V. *Fables nouvelles, & autres Poësies.* Paris, 12. 1671. Ce qu'il y a de Fables dans ce volume, se trouve ailleurs. Mais cette même année 1671, parurent les trois volumes intitulez, *Recueil de Poësies chrétiennes & diverses, dédié à M. le Prince de Conty, par M. de la Fontaine*, où il n'a nulle part, si ce n'est pour en avoir fait l'épître dédicatoire en vers. Henri-Louis de Loménie, Comte de Brienne, qui après avoir été Secrétaire d'Etat, s'étoit retiré à l'Oratoire, est le véritable auteur de ce Recueil.

VI. *Poëme de la Captivité de Saint Malc.* Paris, 12. 1673.

VII. *Poëme du Quinquina, & autres ouvrages en vers.* Paris 12. 1682.

VIII. *Ouvrages de Prose & de Poësie des Sieurs de Maucroix & de la Fontaine.* Deux volumes. Paris, 12. 1685. Il n'y a de M. de la Fontaine que le second volume; le premier contient des Traductions de M. de Maucroix.

IX. *Astrée, Tragédie représentée par l'Académie de Musique.* Paris, 4. 1691.

X. *Oeuvres Postumes.* Paris, 12. 1696.

Tous les Ouvrages de M. de la Fontaine, à l'exception de ses *Contes* & de ses *Fables*, ont été rassemblez en trois volumes. Paris, 8. 1729.

XXXV.

FRANÇOIS DE HARLAY,

Archevêque de Paris, Duc & Pair de France, Commandeur des Ordres du Roi, reçu à l'Académie le 3 Février 1671, mort le 6 Août 1695.

Il naquit à Paris le 14 Août 1625. L'exemple de son pére, Achille de Harlay-Chanvalon, homme savant, & de qui nous avons une fort bonne Traduction de Tacite, lui inspira une forte passion pour l'étude. Il apprit les Humanitez par goût : la Théologie, par devoir.

A peine fut-il hors de dessus les bancs de Sorbonne, que la Province de Normandie le députa, en qualité d'Abbé de Jumiéges, à l'Assemblée générale du Clergé, tenue en 1650. Il y montra tant de savoir, tant de prudence, que l'Archevêque de Rouen son oncle forma le dessein de l'avoir pour son successeur ; & que les Prélats de l'Assemblée députérent à la Reine Régente, pour lui en faire eux-mêmes la demande. Ainsi, dès l'âge de vingt-six ans, il fut élevé à un des plus grands postes où puissent aspirer le mérite, la naissance, & la faveur.

Vingt ans après il fut transféré à l'Archevêché de Paris. C'est lui qui en a obtenu l'érection en Duché & Pairie. Il fut en 1690 nommé par le Roi au Cardinalat : mais une apoplexie de quelques heures termina sa vie, avant qu'il eût le Chapeau.

Personne, je crois l'avoir dit ailleurs, ne reçut de la nature un plus merveilleux talent pour l'éloquence. Il rassembloit, non-seulement tout ce qui peut contribuer au charme des oreilles, une élocution noble & coulante, une prononciation animée, je ne sais quoi d'insinuant & d'aimable dans la voix ; mais encore tout ce qui peut fixer agréablement les yeux, une physionomie solaire, un grand air de majesté, un geste libre & régulier.

Par un fréquent exercice, il étoit parvenu à pouvoir, dans quelque occasion que ce fût, prêcher sur le champ. Témoin ce qu'il fit dans sa Cathédrale de Rouen, lorsqu'un jour de grande fête, le Prédicateur étant demeuré court au commencement de son premier point, on vit M. l'Archevêque fendre l'auditoire, monter en chaire, & reprenant la division qui avoit été proposée, traiter chaque point avec toute la dignité, avec toute la force, qu'eût pu avoir un discours médité à loisir.

Pour donner à son éloge une juste étendue, j'aurois à traduire tout un volume Latin, qui a pour titre : *De vita Francisci de Harlaï, Rhotomagensis primùm, deinde Parisiensis Archiepiscopi, libri IV. Auctore Ludovico le Gendre, &c. Paris, 4. 1720.*

XXXVI.
JEAN DE LA BRUYERE,

Reçu à l'Académie le 15 Juin 1693, mort le 10 Mai 1696.

Il descendoit (1) d'un fameux Ligueur, qui, dans le temps des barrica-

(1) Voyez entre autres, les nouvelles Remarques sur la Satire Ménippée, Tom. II, pag. 338.

des de Paris, il exerça la charge de Lieutenant Civil.

Il acheta une charge de Tréforier de France à Caen : mais à peine la possédoit-il, qu'il fut mis par M. Bossuet, Evêque de Meaux, auprès de feu M. le Duc, pour lui enseigner l'Histoire; & il y passa le reste de ses jours en qualité d'homme (2) de Lettres, avec mille écus de pension.

On me l'a dépeint comme un Philosophe, qui ne songeoit qu'à vivre tranquille avec des amis & des livres; faisant un bon choix des uns & des autres; ne cherchant, ni ne fuyant le plaisir; toujours disposé à une joie modeste, & ingénieux à la faire naître; poli dans ses manières, & sage dans ses discours; craignant toute sorte d'ambition, même celle de montrer de l'esprit.

Il ne laisse pas d'en montrer beaucoup dans son livre de *Caractères*, &

Une note que M. Clément a mise sur le Catalogue de la Bibliothèque du Roi, porte que M. de la Bruyère étoit né dans un village proche Dourdan.

(2) Et non pas en qualité de Gentilhomme ordinaire, comme quelques auteurs le disent.

peut-être qu'il y en montre trop. Du moins en jugera-t-on ainsi, lorsqu'on jugera de la manière d'écrire par comparaison à celle de Théophraste, dont il a mis les Caractères à la tête des siens. Théophraste décrit les mœurs de son temps, mœurs bien simples au prix des nôtres, & il les décrit avec simplicité. Aujourd'hui tout est fardé, tout est masqué ; le discours se ressent des mœurs ; aussi l'auteur François (3) a-t-il plus d'art, & par conséquent moins de ce naturel aimable, que l'auteur Grec.

Mais pourquoi les caractères de M. de la Bruyère, que nous avons vûs si fort en vogue durant quinze ou vingt

---

(3) Je n'ignore pas que la manière dont je parle du Théophraste moderne, n'a pas été goûtée de tout le monde. Plusieurs critiques imprimées m'en ont averti. Mais il me paroît qu'on n'est point entré dans ma pensée, qui est que M. de la Bruyère, quant au style précisément, ne doit pas être lû sans défiance, parce qu'il a donné, mais pourtant avec une modération, qui de nos jours tiendroit lieu de mérite, dans ce style affecté, guindé, entortillé, qu'on peut regarder comme un mal épidémique parmi nos beaux esprits, depuis trente ou quarante ans. Je ne reprends que cela seul dans M. de la Bruyère.

ans, commencent-ils à n'être plus si recherchez ? Ce n'est pas que le Public se lasse enfin de tout, puisqu'aujourd'hui la Fontaine, Racine, Despréaux, ne sont pas moins lûs qu'autrefois. Pourquoi, dis-je, M. de la Bruyère n'a-t-il pas tout-à-fait le même avantage ?

Prenons-nous-en, du moins en partie, à la malignité du cœur humain. Tant qu'on a cru voir dans ce livre les portraits de gens vivans, on l'a dévoré, pour se nourrir du triste plaisir que donne la Satire personnelle. Mais à mesure que ces gens-là ont disparu, il a cessé de plaire si fort par la matière. Et peut-être aussi que la forme n'a pas suffi toute seule pour le sauver ; quoiqu'il soit plein de tours admirables, & d'expressions heureuses, qui n'étoient pas dans notre langue auparavant.

Quand je dis qu'elles n'étoient pas dans notre langue avant M. de la Bruyère, ce n'est pas que je l'accuse d'avoir fait des mots nouveaux. Personne n'a ni droit, ni besoin d'en faire. Vaugelas & d'Ablancourt n'ont-ils pas dit excellemment tout ce qu'ils ont voulu ? Et ne l'ont-ils pas dit sans faire des mots nouveaux ? Mais, lorsqu'une langue a tous les mots nécessaires pour exprimer toutes les idées simples & distinctes, le secret de l'enrichir ne consiste plus que dans l'usage de la métaphore, qui, joignant à propos les idées, fait tantôt les aggrandir & les fortifier, tantôt les diminuer & les affoiblir l'une par l'autre.

M. de la Bruyère seroit un parfait modèle en cette partie de l'art, s'il en avoit toujours respecté assez les bornes, & si, pour vouloir être trop énergique, il ne sortoit pas quelquefois du naturel. Car voilà par où l'usage des métaphores est dangereux. Elles sont dans toutes les langues une source intarissable, mais source que l'imagination doit se contenter d'ouvrir, & où le jugement seul a droit de puiser.

Tout est mode en France : les Caractères de la Bruyère n'eurent pas plutôt paru, que chacun se mêla d'en faire ; & je me souviens que dans ma jeunesse c'étoit la fureur des Prédicateurs, mauvaises copies du P. Bourdaloue. Ce grand Orateur, le premier qui ait réduit parmi nous l'éloquence à n'être que ce qu'elle doit être, je veux dire, à être l'organe de la raison, & l'école de la vertu ; n'avoit pas seulement banni de la Chaire les *concetti*, productions d'un esprit faux ; mais encore les matières vagues, & de pure spéculation, amusemens d'un esprit oisif. Pour aller droit à la réformation des mœurs, il commençoit toujours par établir sur des principes bien liez & bien déduits, une proposition morale : & après, de peur que l'auditeur ne se fît point l'application de ces principes, il la faisoit lui-même par un détail merveilleux, où la vie des hommes étoit peinte au naturel. Or ce détail étant ce qu'il y avoit de plus neuf, & ce qui par conséquent frappa d'abord le plus dans le P. Bourdaloue, ce fut aussi ce que les jeunes Prédicateurs tâchérent le plus d'imiter. On ne vit que portraits, que caractères dans leurs Sermons. Ils ne songérent pas que dans le P. Bourdaloue, ces peintures de mœurs viennent toujours, ou comme preuves, ou comme conséquences ; que sans cela elles y seroient hors d'œuvre ; & qu'un Sermon, qui n'est qu'un tissu de caractères, ne prouve rien. De l'accessoire ils en firent le principal ; & d'une très-petite partie, le tout.

Je ne reviens à M. de la Bruyère, que pour dire un mot de sa mort. Quatre jours auparavant., il étoit à Paris dans une compagnie de gens qui me l'ont conté, où tout à coup il s'apperçut qu'il devenoit sourd, mais absolument sourd. Point de douleur cependant. Il s'en retourna à Versailles, où il avoit son logement à l'Hôtel de Condé ; & une apoplexie d'un quart d'heure l'emporta, n'étant âgé que de cinquante-deux ans. On trouva parmi ses papiers des *Dialogues sur le Quiétisme*, qu'il n'avoit qu'ébauchez, & dont M. du Pin, Docteur de Sorbonne, procura l'édition.

OUVRAGES DE M. DE LA BRUYERE.

I. *Les Caractères de Théophraste, traduits du Grec, avec les Caractères ou les Mœurs de ce siècle*. Paris, 12. 1687. Il y a des augmentations considérables dans les éditions suivantes, dont la meilleure est celle qui se fit immédiatement après la mort de l'Auteur.

II. *Dialogues sur le Quiétisme*. Paris, 12. 1699.

XXXVII.

PAUL PHILIPPE
de Chaumont,

Ancien Evêque d'Acqs, reçu à l'Académie en 1654, mort le 24 Mars 1697.

Il étoit allié de M. le Chancelier Seguier, & fils d'un Conseiller d'Etat, auteur de plusieurs ouvrages théologiques, Garde des livres du Cabinet. Il succéda à son pére en cette charge, & y joignit celle de Lecteur du Roi. Il donna sa jeunesse à la Prédication, fut nommé à l'Evêché d'Acqs en 1671, & s'en démit en 1684. Alors, de retour à Paris, & maître de se livrer plus que jamais à l'étude, il composa deux volumes, dont le style ne répond pas moins à sa qualité d'Académicien, que le sujet à son caractère d'Evêque. Ils ont pour titre : *Réflexions sur le Christianisme enseigné dans l'Eglise Catholique*. Paris, 12. 1693.

XXXVIII.

CLAUDE BOYER,

Reçu à l'Académie en 1666, mort le 22 Juillet 1698.

Pendant cinquante ans il a travaillé pour le Théatre, sans que jamais la médiocrité du succès l'ait rebuté. Toujours content de lui-même, rarement du Public. On dit que (1) la première de ses Tragédies enleva tout Paris : la dernière fut aussi très-bien reçûe : mais les autres, pour la plufpart, n'eurent pas un sort heureux.

Trop de choses doivent concourir au succès constant d'une pièce de Théatre : la bonté réelle de la pièce ; la manière dont elle est jouée ; la disposition d'esprit où se trouve actuellement le parterre, tant à l'égard de la pièce, qu'à l'égard de l'auteur.

Pour éprouver donc si la chute de ses ouvrages ne devoit pas être imputée à la mauvaise humeur du parterre, le stra-

(1) Voyez le Discours que fit M. l'Abbé Genest, lorsqu'il fut reçu à l'Académie.

tagême dont ufa M. Boyer, fut (2) d'afficher fon *Agamemnon* fous le nom de *Pader d'Afézan*, jeune Gafcon, nouveau débarqué à Paris. Qu'en arriva-t-il ? Que la pièce fut généralement applaudie : d'où l'amour propre de l'Auteur lui fit aifément, mais fauffement conclure qu'il n'avoit contre lui que la fatalité de fon nom.

Mais, dira-t-on, comment a-t-il fourni une fi longue carrière, fans être foutenu par des fuccès éclattans ? Je répons à cela, qu'il en eft ordinairement du parti que l'on prend dans les Lettres, comme de toute autre vocation. Tout dépend des premiers pas que l'on fait dans le monde : mais ces premiers pas, on les fait fans connoiffance ; & après il y a une forte d'enchantement, qui fait qu'on vieillit dans le genre de vie, à quoi l'on étoit d'ailleurs le moins propre. Puifque M. Boyer avoit du génie, de l'inclination au travail, de bonnes mœurs, & qu'il portoit l'habit eccléfiaftique : n'auroit-il pas dû choifir dans les Lettres une autre route que le Théatre, plus convenable à fes talens, à fon honneur, & à fa fortune ?

(2) Voyez la Préface de fon *Artaxerxe*.

Il étoit d'Alby. L'aimable vivacité de sa province ne s'est point démentie en lui jusques à l'âge de quatre-vingts ans. Si de jeunes auteurs alloient pour le consulter, ils le trouvoient toujours prêt à leur donner ses avis, la seule chose qu'il eût à donner.

Ouvrages de M. Boyer.

I. *La Porcie Romaine*, Tragédie. 1646. II. *La Sœur généreuse*, 1647. III. *Aristodème*, 1649. IV. *Tyridate*, 1649. V. *Ulysse dans l'Isle de Circé*, 1650. VI. *Clotilde*, 1659. VII. *Frédéric*, 1660. VIII. *La Mort de Démétrius*, 1661. IX. *Policrite*, 1662. X. *Oropaste, ou le faux Tonaxare*, 1663. XI. *Les Amours de Jupiter & de Sémélé*, 1668. XII. *La Fête de Vénus*, 1669. XIII. *Le jeune Marius*, 1670. XIV. *Policrate*, 1670. XV. *Le fils supposé*, 1672. XVI. *Le Comte d'Essex*, 1672. XVII. *Lisimène*, 1672. XVIII. *Agamemnon*, 1680. XIX. *Artaxerxe*, 1683. XX. *Jephté*, 1692. XXI. *Judith*, 1695.
XXII. *Les Caractères des Prédicateurs, des prétendans aux dignitez ecclésiastiques, de l'ame délicate, de l'amour prophane, de l'amour saint : avec quelques autres Poësies Chrétiennes*. Paris. 8. 1695.
XXIII. *Méduse*, Opéra. 1697.
XXIV. *Poësies diverses*, en feuilles volantes, & dans les Recueils de son temps.

XXXIX.

JEAN RACINE,

Tréforier de France, Secrètaire du Roi, & Gentilhomme ordinaire de fa Chambre, reçu à l'Académie le 12 Janvier 1673, mort le 22 Avril 1699.

Une lettre que M. de Valincour n'a pu refuser à mes importunitez, fera le fort de cet article. Tout ce que j'y ajoûte, ce font quelques apoftilles, & une courte réponfe. J'ai cru que les mémoires qui fe trouvent dans ce volume fur la vie du grand Corneille, étant de fon neveu; il feroit agréable que ceux qu'on va lire fur la vie de M. Racine, fuffent de fon meilleur ami.

Lettre de M. DE VALINCOUR.

Puifque je l'ai promis, Monfieur, il faut vous parler de l'illuftre Racine, avec qui j'ai paffé la plus belle partie de mes jours. Mais, quoique je fois à la campagne, les affaires ne m'interrompent guère moins qu'à la ville. Ainsi vous n'aurez de moi qu'un amas informe d'anecdotes, cousues bout à bout, & sans ordre, à mesure que j'en pourrai rappeler l'idée.

Vous savez que Racine étoit (1) de la Ferté-Milon, & que dès son enfance il fut mis à Port-Royal des Champs, où M. le Maistre prit un soin particulier de son éducation. Le Sacristain de cette Abbaye, homme très-habile, mais dont le nom m'est échappé, lui apprit le Grec, & dans moins d'une année le mit en état d'entendre les Tragédies de Sophocle & d'Euripide. Elles l'enchantèrent à un tel point, qu'il passoit les journées à les lire, & à les apprendre par cœur, dans les bois qui sont autour de l'étang de Port-Royal. Il trouva moyen d'avoir le Roman de *Théagène & Chariclée* en Grec : le Sacristain lui prit ce livre, & le jeta au feu. Huit jours après, Racine en

────────

(1) Il naquit le 21 Décembre 1639. Son pére, après avoir été élevé dans le Régiment des Gardes en qualité de Cadet, s'étoit établi à la Ferté-Milon, & y avoit épousé *Marie des Moulins*, qui, veuve de bonne heure, se retira à Port-Royal des Champs.

eut un autre, qui éprouva le même traitement. Il en acheta un troisième, & l'apprit par cœur : après quoi il l'offrit au Sacristain, pour le brûler comme les deux autres.

Je crois qu'en sortant de Port-Royal, il vint à Paris, & fit sa Logique au Collége d'Harcourt. C'est un temps dont je ne saurois vous dire des nouvelles positives. Mais ce qu'il y a de certain, c'est qu'en 1660, tous nos Poëtes d'alors s'étant évertuez sur le mariage du Roi, l'Ode de Racine fut trouvée ce qu'on avoit fait de meilleur. Il la porta manuscrite à Chapelain, qui lui donna de bons avis, le prit en amitié, & fit si bien valoir son Ode dans l'esprit de M. Colbert, que ce Ministre envoya d'abord cent louis de la part du Roi au jeune auteur, & peu de temps après le mit sur l'état pour une pension de six cents livres, qu'on lui a conservée jusqu'à sa mort.

Je n'ai point à faire ici l'examen de ses Tragédies ; car que pourrois-je dire sur cela, qui ne vous soit connu, & que vous ne puissiez, Monsieur, traiter infiniment mieux que moi ? Je me bornerai donc à quelques traits historiques, dont vous égaierez votre ouvrage : bien sûr qu'en parlant d'un aussi grand homme que Racine, les plus petits faits intéressent, & ne sauroient manquer de plaire.

Par exemple, quand Madame des Houlières eut lâché ce fameux (2) Sonnet contre la *Phédre* de Racine, & lui & Despréaux l'attribuérent mal à propos au Duc de Nevers; & ce qu'ils firent plus mal à propos encore, ils y répondirent d'une manière peu sensée, & qui leur attira de terribles inquiétudes. Car M. de Nevers faisoit courir le bruit qu'il les faisoit chercher par-tout pour les faire assassiner. Ils étoient l'un & l'autre gens fort susceptibles de peur. Ils désavouérent hautement la réponse. Sur quoi M. le Duc Henri-Jules, fils du grand Condé, leur dit : *Si vous n'avez pas fait le Sonnet, venez à l'Hôtel de Condé, où M. le Prince saura bien*

___

(2) Le Sonnet de Madame des Houlières, celui que Racine & Despréaux lui opposérent, & un troisième Sonnet sur les mêmes rimes, attribué à M. le Duc de Nevers, pour servir de réplique au précédent, sont rapportez tout au long dans les nouvelles éditions de Despréaux, à la fin de l'Epître VII.

vous garantir de ces menaces, puisque vous êtes innocens. Et si vous l'avez fait, ajoûta-t-il, venez aussi à l'Hôtel de Condé, & M. le Prince vous prendra de même sous sa protection, parce que le Sonnet est très-plaisant, & plein d'esprit.

Mais que pensez-vous, Monsieur, du sort qu'eut la Phédre de Racine aux cinq ou six premières représentations ? Vit-on jamais mieux ce que c'est que la prévention, & jusqu'où la cabale est capable de porter les hommes les plus éclairez ? Car il est bien vrai que durant plusieurs jours Pradon (3) triompha, mais tellement que la pièce de Racine fut sur le point de tomber, & à Paris, & à la Cour. Je vis Racine au désespoir. Cependant, si jamais ouvrage parfait fut mis sur le Théatre, c'est sa Phédre ; & s'il y eut jamais Tragédie impertinente, & méprisable de tout point, c'est celle de Pradon.

Racine avoit éprouvé la même cho-

───

(3) Pradon fit jouer sa Phédre, précisément dans le temps qu'on jouoit celle de Racine ; & même dans sa Préface, il dit effrontément : *Ce n'a point été un effet du hazard qui m'a fait rencontrer avec M. Racine, mais un pur effet de mon choix.*

se à ses *Plaideurs*, pièce où règne admirablement le goût Attique pour la fine satire. Aux deux premières représentations, les Acteurs furent presque sifflez, & n'osèrent hazarder la troisième. Molière, qui étoit alors brouillé avec lui, alla à la seconde ; mais ne se laissa pas entraîner au jugement de la Ville, & dit en sortant, que ceux qui se moquoient de cette pièce, méritoient qu'on se moquât d'eux. Un mois après, les Comédiens étant à la Cour, & ne sachant quelle petite pièce donner à la suite d'une Tragédie, risquérent les *Plaideurs*. Le feu Roi, qui étoit très-sérieux, en fut frappé ; y fit même de grands éclats de rire ; & toute la Cour, qui juge ordinairement mieux que la Ville, n'eut pas besoin de complaisance pour l'imiter. Les Comédiens, partis de Saint-Germain dans trois carrosses à onze heures du soir, allérent porter cette bonne nouvelle à Racine, qui logeoit à l'Hôtel des Ursins. Trois carrosses après minuit, & dans un lieu où jamais il ne s'en étoit tant vû ensemble, réveillérent tout le voisinage. On se mit aux fenêtres ; & comme on vit que les carrosses étoient

à

à la porte de Racine, & qu'il s'agissoit des *Plaideurs*, les Bourgeois se persuadérent qu'on venoit l'enlever pour avoir mal parlé des Juges. Tout Paris le crut à la Conciergerie le lendemain. Et ce qui donna lieu à une vision si ridicule, c'est qu'effectivement un vieux Conseiller des Requêtes, dont je vous dirai le nom à l'oreille, avoit fait grand bruit au Palais contre cette Comédie.

J'oubliois de vous dire encore touchant la *Phédre* de Racine, que M. Arnauld ayant lû cette Tragédie, l'admira, & convint même que de pareils spectacles ne seroient pas contraires aux bonnes mœurs. Il ajoûta seulement : *Pourquoi a-t-il fait son Hippolyte amoureux ?* Et ce mot seul marque le grand sens avec lequel M. Arnauld jugeoit de toutes choses. Car il faut avouer que ce caractère d'Hippolyte amoureux affadit la pièce, & en diminue le Tragique : quoique cet amour ait donné lieu à des vers admirables, & que le caractère d'Aricie soit parfaitement beau.

On a reproché à Racine qu'il avoit trop mis d'amour dans ses pièces, & qu'il en avoit trop donné à ses héroïnes. Deux causes de cet excès: le caractère même de l'Auteur, qui étoit né plein de passion; & le goût du temps où il écrivoit, car la Cour de France alors ne connoissoit que l'amour & la galanterie.

Touchant l'Histoire (4) du feu Roi, dont vous me demandez particuliérement des nouvelles, je n'ai, Monsieur, qu'un mot à vous répondre. Despréaux & Racine, après avoir quelque temps essayé ce travail, sentirent qu'il étoit tout à fait opposé à leur génie: & d'ailleurs ils jugérent avec raison, que l'Histoire d'un Prince tel que le feu Roi, & remplie d'événemens si grands, si extraordinaires en tout genre, ne pouvoit, ni ne devoit être écrite que cent ans après sa mort; à moins que de vouloir ne donner que de fades extraits de Gazettes, comme ont fait les misérables écrivains, qui ont voulu se mêler de faire cette Histoire.

Pour revenir donc aux Tragédies de Racine: la haute idée qu'il avoit de Sophocle, lui persuadoit qu'on ne pouvoit l'imiter sans le gâter; & effecti-

(4) Racine & Despréaux furent nommez en 1677 pour écrire l'Histoire de Louis XIV.

vement il n'a jamais osé toucher à aucune de ses pièces; quoiqu'il n'ait pas craint de joûter contre Euripide, qu'il a souvent égalé, & quelquefois surpassé.

Je me souviens à ce sujet, qu'étant un jour à Auteuil chez Despréaux avec M. Nicole & quelques autres amis d'un mérite distingué, nous mîmes Racine sur l'Oedipe de Sophocle. Il nous le récita tout entier, le traduisant sur le champ : & il s'émut à un tel point, que tout ce que nous étions d'auditeurs, nous éprouvâmes tous les sentimens de terreur & de compassion, sur quoi roule cette Tragédie. J'ai vû nos meilleurs acteurs sur le Théatre ; j'ai entendu nos meilleures pièces : mais jamais rien n'approcha du trouble où me jeta ce récit : & au moment même que je vous écris, je m'imagine voir encore Racine avec son livre à la main, & nous tous consternez autour de lui.

Il possédoit au suprême degré le talent de la déclamation. C'étoit même assez sa coûtume de déclamer ses vers avec feu, à mesure qu'il les composoit. Il m'a plusieurs fois conté que pendant qu'il faisoit sa Tragédie de *Mithridate*, il alloit tous les matins aux Tuileries, où travailloient alors toutes sortes d'ouvriers ; & que récitant ses vers à haute voix, sans s'appercevoir seulement qu'il y eût personne dans le jardin, tout d'un coup il s'y trouva environné de tous ces ouvriers. Ils avoient quitté leur travail pour le suivre, le prenant pour un homme qui par désespoir alloit se jeter dans le bassin.

Un autre fait, qui mérite plus d'attention, & que je tiens encore de lui, c'est qu'étant allé lire au grand Corneille la seconde de ses Tragédies, qui est *Alexandre*, Corneille lui donna beaucoup de louanges, mais en même temps lui conseilla de s'appliquer à tout autre genre de Poësie qu'au Dramatique, l'assurant qu'il n'y étoit pas propre. Corneille étoit incapable d'une basse jalousie : s'il parloit ainsi à Racine, c'est qu'il pensoit ainsi : mais vous savez qu'il préféroit Lucain à Virgile. D'où il faut conclure que le talent de faire excellemment des vers, & l'art de juger excellemment des Poëtes, & de la Poësie, peuvent quelquefois ne pas se rencontrer dans la même tête.

Racine, au reste, étoit d'une taille médiocre, la physionomie agréable, le visage ouvert. Il avoit le nez pointu, ce qui marque, selon Horace, un esprit porté à la raillerie. Il étoit en effet railleur, & d'une raillerie amère : mais dans les dernières années de sa vie, la piété, dont il faisoit profession, l'avoit porté à se modérer. D'ailleurs, autant qu'il relevoit avec plaisir la fatuité d'un homme heureux, autant étoit-il plein de compassion, & toujours disposé en faveur de ceux qui souffroient.

Pour peu qu'il fût échauffé dans la conversation, il avoit l'éloquence la plus vive & la plus persuasive du monde. Aussi m'a-t-il souvent dit qu'il regrettoit de ne s'être pas fait Avocat au Parlement.

Quatre ou cinq mois avant sa mort, il fut attaqué d'une fièvre violente, dont on le guérit à force de quinquina. Il se croyoit hors d'affaire, lorsqu'il lui perça tout d'un coup à la région du foie une espèce de petit abscès, qui jetoit tous les jours un peu de matière, à quoi les Chirurgiens ignorans ne firent pas assez d'attention. Un matin, étant entré dans son cabinet pour prendre du thé selon sa coutume, & s'appercevant que cet abscès étoit séché, & refermé, il fut frappé d'effroi, & s'écria qu'il étoit un homme mort. Il descendit dans sa chambre, & se mit au lit, d'où en effet il n'est pas relevé depuis. On reconnut bien-tôt que c'étoit un abscès formé dans le foie. Ses douleurs devinrent si cruelles, qu'une fois il demanda s'il ne seroit pas permis de les faire cesser, en terminant sa maladie & sa vie par quelque remède. Tous les jours nous y étions Despréaux & moi, ou plustôt nous n'en sortions pas. Il conserva jusqu'à la fin une parfaite connoissance, animée des sentimens les plus chrétiens.

Par son (5) Testament, il avoit ordonné que son corps fût porté à Port-Royal des Champs, ce qui fut exécuté; mais lorsqu'on ruina cette maison, ses os furent rapportez à S. Etienne du Mont, & enterrez vis-à-vis la Chapel-

― ― ― ― ―

(5) Il est rapporté tout entier, ce Testament, dans les *Hommes illustres* de Perrault, à l'article de Racine.

le de la Vierge, proche l'endroit où est enterré M. Pascal.

Voilà, Monsieur, ce que ma mémoire a pu me fournir. Je ne croyois pas même aller si loin, quand j'ai pris la plume. Au lieu d'exiger de moi cette corvée, vous auriez bien dû venir me voir à Saint Cloud ; & peut-être qu'à l'ombre de ces allées couvertes, où vous trouvez la promenade si agréable, il me seroit revenu dans la conversation divers traits, qui présentement ne s'offrent pas à mon esprit.

Réponse à M. DE VALINCOUR.

Je me doutois bien, Monsieur, qu'à force de persécutions je réussirois à vous arracher des mémoires sur la vie de votre illustre ami. En remarquant avec quel plaisir ils se font lire, j'ai senti, mieux que jamais, la différence qu'il y a entre une Lettre & une Histoire. Une Lettre parle à un particulier, souvent à un ami : on peut lui dire ce qu'on veut, & comme on veut : avec lui tout détail a bonne grace ; & même, plus les détails sont petits, plus ils sont le partage d'une Lettre. Mais une Histoire parle au Public, & ce Public veut de nous un respect, qui ne nous laisse pas toute notre liberté, ni pour le choix des choses, ni pour la manière de les dire. Aussi M. Pellisson donna-t-il son Histoire de l'Académie en forme de Lettre adressée à un de ses parens, afin d'acquérir par-là le droit de relever avec bienséance jusqu'aux moindres particularitez, sous prétexte qu'il en instruisoit un de ses parens, & non pas le Public. Je pouvois bien prendre le même tour; j'en ai été cent fois tenté dans le cours de mon ouvrage; mais de tout ce qu'il y a d'heureux dans M. Pellisson, comme je n'en pouvois attrapper que cela seul, ce n'étoit pas la peine de me faire imitateur pour si peu.

Venons donc à M. Racine. J'ai eu la curiosité de parcourir ce qui reste de ses papiers dans sa famille. Il n'y a rien qui puisse être publié. Ce sont des collections d'Homère & de Sophocle, avec de petites notes à son usage. C'est une Traduction (1) du Banquet

___

(1) On a imprimé à Paris en 1732, un petit volume intitulé, *Le Banquet de Platon, traduit un tiers par feu M. Racine, & le reste*

de Platon, mais il en manque la moitié. Ce sont trente à quarante lettres, qu'il écrivoit (2) d'Uzès à ses amis de Paris en 1661, & 1662. Je ne vous dirai pas que ces lettres sont pleines d'esprit, vous le devinez aisément : mais ce qui m'a étonné, c'est d'y trouver une exactitude, une beauté de style, qui est ordinairement le fruit d'un long exercice. Dans M. Racine, c'étoit l'ouvrage de l'éducation. Heureux ceux qui comme lui, remportent de leurs premières études la connoissance des langues, & un goût qui commence à se former sur les bons auteurs ! Un homme de Lettres ne fait plus que bâtir toute sa vie sur ces fondemens-là : mais s'il ne les a pas jetez de bonne heure, il n'y revient plus, & ne fait rien de solide.

A propos d'Uzès, vous ne dites point, Monsieur, à quelle occasion M. Racine fit sa Comédie des *Plai-*

---

par Madame de *** Cette Dame est l'illustre Marie-Madeleine-Gabrielle de Rochechouart de Mortemart, Abbesse de Fontevrauld, morte en 1704.

(2) Il y en a une d'imprimée dans les *Oeuvres diverses de M. de la Fontaine*, Tome III. pag. 322. Edition de Paris, 1729.

deurs. Peut-être ne vous a-t-il jamais conté qu'à l'âge de vingt-deux ans, se voyant sans père ni mère, & avec peu de biens, il se retira chez un de ses oncles, Chanoine Régulier, Official, & Vicaire général d'Uzès, qui lui résigna (3) un Prieuré de son Ordre, dans l'espérance qu'il en prendroit l'habit. Il accepta le Prieuré : mais pour l'habit, il différoit toujours à le prendre : de sorte qu'à la fin un Régulier lui disputa ce bénéfice, & l'emporta. Voilà le procès, *que ni ses Juges, ni lui n'entendirent jamais bien*, à ce qu'il dit dans la Préface de ses Plaideurs.

Vous n'avez sans doute pas voulu faire mention de sa brouillerie avec Messieurs de Port-Royal, parce que vous savez mieux que personne, le repentir qu'il en a marqué. Mais les monumens de cette querelle étant publics, & méritant de passer à la dernière postérité, c'est à tort, permettez-moi de vous le dire, que nous en voudrions

―――――――

(3.) Racine, dans le Privilége de son *Andromaque*, qui est du 28 Décembre 1667, prend le titre de *Prieur de l'Epinay* : mais il ne le prend plus dans le Privilége des *Plaideurs*, qui est du 5 Décembre 1668.

effacer le souvenir. Car je ne sais, Monsieur, si nous avons rien de mieux écrit, rien de plus ingénieux en notre langue, que sa première lettre, qui s'adresse à l'auteur des Visionnaires; & quoique la seconde, qui s'adresse à Messieurs du Bois & d'Aucour, ne soit pas tout à fait d'une égale force, il faut avouer que si nous avions en ce genre dix-huit Lettres de M. Racine, nous pourrions dire de lui & de M. Pascal ce qu'on a dit (4) de Démosthène & de Cicéron.

Rien de plus sincére, au reste, que sa réconciliation avec Port-Royal, quand il eut une fois quitté, & la Comédie, & les Comédiennes : deux articles, sur lesquels la Mére (5) Agnès ne cessoit de l'exhorter. Il se rendit à ses instances, & se maria (6) en

___

(4) *Demosthenes tibi* (M. Tulli) *præripuit ne esses primus orator : tu illi, ne solus.* Saint Jerôme.

(5) C'étoit une Tante de M. Racine, sœur unique de son pére. Elle a été Abbesse de Port-Royal des Champs. Sa mére s'y étant aussi retirée, comme je l'ai dit ci-dessus, voilà bien des motifs qui l'attachoient à cette maison.

(6) Il épousa *Catherine Romanet*, fille d'un

1677. Il passa les dix années suivantes dans le tumulte de la Cour, sans faire autre chose que se préparer à écrire l'Histoire du Roi. Il se remit ensuite à la Poësie, mais seulement pour composer des Tragédies saintes, & des Cantiques spirituels. Après quoi, par reconnoissance pour l'éducation qu'il avoit reçûe à Port-Royal des Champs, il employa les dernières années de sa vie à écrire l'Histoire (7) de cette fameuse Abbaye. Vous savez qu'à sa mort l'Histoire dont je veux parler, fut déposée par ses ordres entre les mains de gens intéressez à la conserver : & sur l'échantillon que j'en ai vû de mes yeux, je m'assure que si jamais elle s'imprime, elle achèvera de lui donner parmi ceux de nos auteurs qui ont le mieux écrit en prose, le même rang qu'il tient parmi nos Poëtes.

Trésorier de France d'Amiens. Il en a eu trois filles, & deux fils, le plus jeune desquels est auteur d'un *Poëme de la Grace*, où l'on retrouve le génie & le goût de son pére.

(7) Une partie de cette Histoire parut l'année dernière, sous ce titre, *Abrégé de l'Histoire de Port-Royal*. On la croit imprimée dans Paris, mais furtivement.

Il a mis, dites-vous, trop d'amour dans ſes Tragédies. C'eſt par cet endroit ſeul, qu'il s'eſt éloigné de ſes modelles. J'entens Sophocle & Euripide. Ces grands hommes, ſans avoir beſoin que la Religion leur mît un frein à cet égard, avoient bien compris que l'amour n'a point aſſez de gravité, ou pluſtôt, ſi j'oſe ainſi dire, que c'eſt quelque choſe de trop badin, pour entrer dans le Tragique. L'amour peut bien être une des paſſions les plus ſérieuſes, & même les plus violentes, pour celui qui l'a dans le cœur : mais qu'étant de ſens froid, nous entendions raconter tout ce qu'il produit dans les perſonnes de notre connoiſſance, l'effet naturel de ces récits eſt de nous faire rire. Auſſi les Anciens plus ſages que nous, quoiqu'on en diſe, avoient relégué l'amour dans les Comédies. Et M. Racine lui-même, long-temps avant que de ſonger à manier des ſujets de l'Écriture, s'étoit déterminé à faire une Tragédie ſans amour. Il vouloit auſſi rétablir les Prologues & les Chœurs. C'eſt ſur ce plan qu'il travailloit à un *Alceſte* d'après Euripide, lorſque ſon mariage, les remontrances de la Mére Agnès, & l'honneur d'être nommé Historiographe du Roi, l'engagérent à renoncer pour toujours au Théatre.

Quant au parallèle de Corneille & de Racine, vous n'ignorez pas le mot de M. le Duc de Bourgogne. Que Corneille étoit *plus homme de génie*; Racine *plus homme d'esprit*.

Un homme de génie ne doit rien aux préceptes, & quand il le voudroit, il ne sauroit presque s'en aider : il se passe de modelles, & quand on lui en proposeroit, peut-être ne sauroit-il en profiter : il est déterminé par une sorte d'instinct à ce qu'il fait, & à la manière dont il le fait. Voilà Corneille, qui, sans modelle, sans guide, trouvant l'art en lui-même, tire la Tragédie du cahos où elle étoit parmi nous.

Un homme d'esprit étudie l'art : ses réflexions le préservent des fautes où peut conduire un instinct aveugle : il est riche de son propre fonds, & avec le secours de l'imitation, maître des richesses d'autrui. Voilà Racine, qui venant après Sophocle, Euripide, Corneille, se forme sur leurs différens caractères ; & sans être, ni copiste, ni original, partage la gloire des plus grands originaux.

Il est vrai que le génie s'élève où l'esprit ne sauroit atteindre : mais l'esprit embrasse au-delà de ce qui appartient au génie.

Avec du génie, on ne sauroit être, s'il faut ainsi dire, qu'une seule chose. Corneille n'est que Poëte : il ne l'est même que dans ses Tragédies, à prendre le mot de Poëte dans le sens (8) d'Horace.

Avec de l'esprit, on fera tout ce qu'on voudra, parce que l'esprit se plie à tout. Racine a réussi dans le Tragique, & dans le Comique ; son Discours (9) à l'Académie est admira-

(8) *Ingenium cui sit, cui mens divinior, atque os*
Magna sonaturum. I. Sat. IV.

(9) Je parle du Discours qu'il fit à la réception de T. Corneille & de Bergeret : car pour celui qu'il fit à la sienne, il n'a point paru. Fléchier, Gallois, & Racine furent reçus le même jour. Fléchier parla le premier, & fut infiniment applaudi : Racine parla le second, & gâta son Discours par la trop grande timidité avec laquelle il le prononça ; ensorte

ble ; ſes deux Lettres contre Port-Royal, ſes petites Epigrammes, ſes Préfaces, ſes Cantiques, tout eſt marqué au bon coin.

Ajoûtons que le génie, dans la force même de l'âge, n'eſt pas de toutes les heures, & que ſur-tout il craint les approches de la vieilleſſe. Corneille, dans ſes meilleures pièces, a d'étranges inégalitez ; & dans les dernières, c'eſt un feu preſque éteint.

Au contraire, l'eſprit ne dépend pas ſi fort des momens ; il n'a preſque ni haut ni bas ; & quand il eſt dans un corps bien ſain, plus il s'exerce, moins il s'uſe. Racine n'a point d'inégalité marquée ; & la derniére de ſes piéces, *Athalie*, eſt ſon chef-d'œuvre.

On me dira que Racine n'eſt point parvenu comme Corneille, juſqu'à une vieilleſſe bien avancée. Je l'avoue : mais que conclure de-là contre ma dernière obſervation ? Car l'âge où Racine produiſit *Athalie*, répond préciſément à l'âge où Corneille produiſit *Oedipe* ; & par conſéquent la vigueur de l'eſprit ſubſiſtoit encore tout

que ſon Diſcours n'ayant pas réuſſi, il ne voulut point le donner à l'Imprimeur.

entiére dans Racine, quand l'activité du génie commençoit à décliner dans Corneille.

Mais de tout ce que j'ai dit, il ne s'enfuit pas que Corneille manque d'efprit, ou Racine de génie. Ce font deux qualitez inféparables dans les grands Poëtes. L'une feulement l'emporte dans celui-ci, l'autre dans celui-là. Or il s'agiffoit de favoir par où Corneille & Racine devoient être caractérifez ; & après avoir vû ce que les Critiques ont penfé fur ce fujet, j'en fuis revenu au mot de M. le Duc de Bourgogne.

Racine étant le dernier Académicien mort dans le dix-feptième fiècle, c'eft par lui que je finis. Vous, Monfieur, qui avez pris la peine de revoir mon manufcrit, vous favez que j'avois d'abord pouffé cette Hiftoire beaucoup plus loin. Mais il faut que je vous ouvre mon cœur. Quand j'ai confidéré que l'illuftre Pelliffon, l'homme du monde le plus circonfpect, le plus poli, ne laiffa pas d'éprouver (10) la mauvaife humeur de fes contemporains, je vous avoue que j'ai tremblé pour

(10) Voyez ci-deffus, pag. 271.

moi. Je me trouvois même dans une situation plus dangereuse que la sienne ; car il n'a parlé que d'un très-petit nombre d'Académiciens, la plufpart defquels étoient des auteurs ifolez : au lieu que dans ces derniers temps de l'Académie, je me voyois accablé de noms qui tiennent à toute la France. J'ai eſſayé dans nos aſſemblées publiques une bonne partie des articles qui entrent dans ce volume ; il ne m'eſt jamais arrivé de contenter tout le monde ; les uns ſe plaignoient que j'avois trop loué, & les autres que je n'avois pas loué affez. Pour l'ordinaire, j'en ai conclu que j'avois donc attrapé ce juſte milieu, où la vérité ſe plaît. Mais enfin, puiſque l'Académie ne manquera jamais d'un Hiſtorien, qui ait moins de timidité que je ne m'en ſens, & plus de bonheur que je n'oſe en attendre, vous m'approuverez ſans doute, Monſieur, d'avoir généreuſement, & prudemment condamné au feu la ſuite que vous avez vûe de mon ouvrage.

J'en excepte un ſeul fragment, qui concerne M. Huet. Perſonne n'ignore les raiſons que j'ai de vouloir que cet article qui a déjà été imprimé plus d'une fois, reparoisse ici.

OUVRAGES DE M. RACINE.

I. *La Nymphe de la Seine à la Reine*, Ode. 1660.
II. *La Thébaïde, ou les Frères ennemis*, Tragédie. 1664.
III. *La Renommée aux Muses*, Ode. 1664.
IV. *Alexandre*, Tragédie. 1666.
V. *Lettre à l'Auteur des Hérésies imaginaires.* 1666.
VI. *Réponse* à Messieurs du Bois & d'Aucour, qui avoient répliqué à la lettre précédente. Elle n'a paru pour la première fois, que dans le Boileau de Hollande, en 1722.
VII. *Andromaque*, Tragédie. 1668.
VIII. *Les Plaideurs*, Comédie. 1668.
IX. *Britannicus*, Tragédie. 1670.
X. *Bérénice*, Tragédie. 1671.
XI. *Bajazet*, Tragédie. 1672.
XII. *Mithridate*, Tragédie. 1673.
XIII. *Iphigénie*, Tragédie. 1675.
XIV. *Phédre*, Tragédie. 1677.
XV. *Idylle sur la Paix.* 1685.
XVI. *Esther*, Tragédie. 1689.
XVII. *Cantiques spirituels.* 1689.
XVIII. *Athalie*, Tragédie. 1691.
XIX. *Epigrammes diverses*, dans les Recueils de son temps.

XL.

PIERRE-DANIEL HUET,

Ancien Evêque d'Avranches, reçu à l'Académie le 13 Août 1674, mort le 26 Janvier 1721.

Il naquit (1) à Caen le 8 de Février 1630. L'amour de l'étude prévint en lui, ne difons pas tout-à-fait la raifon, puifque nous ignorons quand elle commence, mais au moins l'ufage de la parole. *A peine*, dit-il, *avois-je* (2) *quitté la mamelle, que je portois envie à ceux que je voyois lire.* Il perdit fon pére à dix-huit mois; fa mére quatre ans après. Il fut livré à des tuteurs négligens, qui le mîrent dans une penfion bourgeoife, où, avec peu de fecours, & n'ayant que de mauvais exemples, il ne laiffa pas d'achever la carrière des Humanitez, avant que d'avoir treize ans faits.

(1) De Daniel Huet, Ecuyer, & d'Ifabelle Pillon de Bertouville.
(2) Huetiana, pag. 3. *Commentar.* pag. 16.

Pour sa Philosophie, il tomba sous un excellent (3) Professeur, qui, à la manière de Platon, voulut qu'il commençât par apprendre un peu de Géométrie. Mais le disciple alla plus loin qu'on ne souhaitoit. Il prit un tel goût à la Géométrie, qu'il en fit son capital, & méprisa presque les écrits que dictoit son maître, qui heureusement étoit assez sage & assez habile, pour ne lui en savoir pas mauvais gré. Il parcourut tout de suite les autres parties des Mathématiques ; & quoique cette science ne fût pas encore accréditée dans les Colléges, ni même dans le monde, au point qu'elle l'a été depuis, on lui en fit soûtenir des thèses publiques, les premières qui aient été soûtenues à Caen.

Il devoit, au sortir de ses classes, étudier en Droit, & y prendre des degrez. Deux ouvrages qui parurent (4) en ce temps-là, interrompirent cette étude utile, & le jetèrent dans une autre plus amusante. Ces deux ouvra-

(3) Le P. Mambrun, connu par ses vers Latins, & par un Traité du Poëme Epique.
(4) Les Principes de Descartes, en 1643 : & le Phaleg de Bochart, en 1646.

ges étoient les *Principes de Descartes*, & la *Géographie sacrée de Bochart*. Une preuve qu'on ne doit jamais avoir de préjugez, ou du moins s'y opiniâtrer, puisqu'un même homme, & un homme très-judicieux, peut quelquefois, dans ses âges différens, penser si différemment; c'est que M. Huet, qui a vivement censuré Descartes long-temps après, le goûta d'abord, l'admira, & le suivit durant plusieurs années. Quant à la Géographie de Bochart, elle fit une double impression sur lui, & par l'érudition immense de l'ouvrage, & par la présence de l'Auteur, Ministre des Protestans à Caen. Tout ce livre étant plein d'Hébreu & de Grec, aussi-tôt il voulut savoir ces deux langues, alla saluer l'Auteur, lui demanda ses conseils, son amitié, & se fit son disciple, mais disciple prêt à devenir émule. Souvent un jeune homme, avec de l'esprit & du courage, n'a besoin que d'un modelle vivant, pour déterminer le genre de ses études. Tel, qui n'a fait toute sa vie que des Madrigaux, auroit été un Savant du premier ordre, s'il avoit eu de bonne heure un Bochart devant les yeux.

Qu'on ne croie pas cependant, que M. Huet fût ennemi des amusemens, & des exercices, qui conviennent à la jeunesse. Il voyoit (5) le monde, il avoit soin de se bien mettre, il cherchoit à plaire. Véritablement, il n'avoit pas de grace à danser ; mais il primoit à la course, il étoit meilleur homme de cheval, il faisoit mieux des armes, il sautoit mieux, il nageoit mieux, dit-il, que pas un de ses égaux.

A vingt ans & un jour, la Coûtume de Normandie le délivra enfin de ses tuteurs, qui lui épargnoient sordidement tout ce qu'ils pouvoient. Sa plus forte passion, & la première qu'il satisfit, dès qu'il se vit son maître, fut de voir Paris : non pas tant par curiosité, que pour se fournir de livres, & pour connoître *les Princes* (6) *de la Littérature*. C'est une de ses expressions. Il rendit d'abord ses devoirs au P. Sirmond, plus que nonagénaire. Cet aimable & respectable vieillard joignoit à son grand savoir une grande candeur, qui lui venoit de son propre fonds ;

(5) *Commentar.* lib. I. p. 55, 56, 57.
(6) Huetiana, p. 4. *Comment.* p. 58.

& une grande politesse, que la Cour de Rome & celle de France lui avoient donnée. Le P. Petau, bien moins âgé, mais naturellement plus rigide que son confrére, se dérida le front en faveur d'un jeune provincial, qui non-seulement étoit déjà digne de l'écouter, mais qui osoit même quelquefois (7) n'être pas de son avis, & lutter, presque enfant, contre un si grand homme.

Je nommerois tous nos Savans d'alors, si je nommois tous ceux que M. Huet connut, & dont il s'acquit l'éstime à son premier voyage de Paris. Deux ans après, il eut occasion de connoître ceux du Nord. Car la Reine de Suède ayant invité Bochart à l'aller voir, il se joignit à lui, & partit au mois d'Avril 1652. Bochart arriva en des circonstances, où il ne fut pas si gracieusement reçu, qu'il avoit lieu de s'y attendre. La santé de cette Princesse chanceloit. Trop d'application à l'étude, car elle y passoit les nuits entières, lui avoit échauffé le sang. Bourdelot son Médecin, habile courtisan, & qui avoit étudié autant

(7) Voyez ses Dissertations sur diverses matières, &c. Tom. II, pag. 432, &c.

son esprit que sa complexion, l'obligea de rompre tout commerce avec les gens de Lettres, dans l'espérance de la gouverner lui seul. Bochart en souffrit. Pour M. Huet, sa jeunesse l'empêcha de paroître si redoutable à ce Médecin. Il vit souvent la Reine, elle voulut même se l'attacher : mais l'humeur changeante de Christine lui fit peur. Il aima mieux au bout de trois mois revenir en France ; & le principal fruit qu'il y rapporta de son voyage, fut un manuscrit d'Origène, qu'il avoit copié à Stockholm.

Parmi les Savans qu'il connut en Hollande, Saumaise tient le premier rang. Diroit-on, à l'emportement qui règne dans les écrits de Saumaise, que c'étoit au fond un homme facile, communicatif, & la douceur même ? Jusque-là qu'il se laissoit dominer par une femme hautaine & chagrine, qui se vantoit d'avoir pour mari, mais non pas pour maître, *le plus savant de tous les Nobles, & le plus noble de tous les Savans.*

Quand M. Huet fut de retour dans sa patrie, il reprit ses études avec plus de vivacité que jamais, pour se mettre en état de nous donner son manuscrit d'Origène. Deux sortes d'Académies, l'une qui s'étoit formée en son absence pour les belles Lettres, l'autre qu'il fonda lui-même pour la Physique, servoient à le délasser : ou plustôt, le faisoient de temps en temps changer de travail. En traduisant Origène, il médita sur les règles de la traduction, & sur les diverses manières des plus célèbres Traducteurs. C'est ce qui donna lieu au premier livre qu'il publia, & par lequel il fit, si j'ose ainsi dire, son entrée dans le pays des Lettres. On y admire ce qu'on a depuis admiré dans ses autres ouvrages, une lecture sans bornes, une judicieuse critique, & sur-tout une Latinité, qui feroit honneur au siècle d'Auguste. Enfin, seize ans après son retour de Suède, il mit son Origène au jour. Ces seize ans, il les passa dans sa patrie, sans emploi, tout à lui & à ses livres ; ne se dérangeant que pour venir tous les ans se montrer un ou deux mois à Paris.

Pendant ce temps-là, il eut des lueurs de fortune, dont il ne fut point ébloui. La Reine de Suède, qui, après avoir abdiqué la Couronne, s'étoit transplantée à Rome pour toujours, voulut l'attirer auprès d'elle en 1659. Mais l'avanture de Bochart, demandé avec tant d'ardeur, & puis oublié dès qu'il parut, l'empêcha de succomber à la tentation de voir l'Italie. On le souhaita en Suède pour lui confier l'éducation du jeune Roi, qui remplaça en 1660 Charles Gustave, successeur de Christine. Mais il eut la force de remercier : & ceux qui jugent des actions par l'événement, trouveront qu'il fit très-bien de se tenir en France. Car dix ans après, il fut nommé Sous-précepteur de M. le Dauphin, sans avoir d'autres patrons que son mérite, & le discernement de M. de Montauzier.

Il arriva à la Cour en 1670, & y demeura jusqu'en 1680, qui est l'année que M. le Dauphin fut marié. Plus il sentit que ce nouveau séjour l'exposoit à de fréquentes distractions, plus il devint avare de son temps. A peine donnoit-il quelques heures au sommeil. Tout le reste de son loisir alloit, ou aux fonctions nécessaires de son emploi, ou à sa *Démonstration Evangélique*, commencée & achevée parmi les embarras de la Cour.

Je ne dois pas oublier ici le service qu'il rendit aux Lettres, en nous procurant cette suite de Commentaires, qui se nomment communément *les Dauphins*. Quoique la première idée en fût venue à M. de Montauzier, on est redevable à M. Huet d'en avoir tracé le plan, & dirigé l'exécution, autant que l'a permis la docilité, ou la capacité des ouvriers.

Tout occupé depuis si long-temps, & de compositions, & de lectures, qui avoient directement la Religion pour objet, il prit enfin, à l'âge de quarante-six ans, les Ordres sacrez. Après quoi il eut l'Abbaye d'Aunay, où il se retiroit tous les étez, lorsqu'il eut quitté la Cour. Un des ouvrages qu'il y composa, sous le titre de *Quæstiones Alnetanæ*, immortalisera le nom de cette solitude, agréablement située dans le Bocage, qui est le canton le plus riant de la basse Normandie.

Il fut nommé à l'Evêché de Soissons en 1685. Avant que ses Bulles fussent expédiées, M. l'Abbé de Sillery ayant été nommé à l'Evêché d'Avranches, ils permutérent avec l'agrément du Roi. Mais à cause de quelques brouilleries entre la Cour de France & celle de Rome, ils ne purent être sacrez qu'en 1692. Je m'imagine qu'un si long délai ne chagrina que fort peu M. Huet; car la vie qu'il avoit toujours menée, & la seule qu'il aimoit, ne sympathisoit pas avec les fonctions épiscopales. Aussi ne fut-il pas long-temps à s'en dégoûter. Il se démit de son Evêché d'Avranches en 1699.

Pour le dédommager, le Roi lui donna l'Abbaye de Fontenay, qui est aux portes de Caen. L'amour de M. Huet pour sa patrie, lui inspira de s'y fixer : & dans cette vûe, il embellit les jardins, & la maison de l'Abbé. Sa patrie lui avoit paru très-aimable, tant qu'il n'y avoit eu que des amis. Mais, du moment qu'il y posséda des terres, les procès l'assaillirent (8) de tous côtez, & le chassérent ; quoiqu'il eût aussi, grace à son air natal, quelque ouverture pour le jargon de la chicane.

Alors il revint à Paris, & se logea

(8) *Commentar. lib. V. p.* 370.

dans la maison Professe des Jésuites, où il a vécu ses vingt dernières années, pendant lesquelles il s'est appliqué principalement à faire des notes sur la Vulgate. Il ne regardoit pas seulement la Bible comme la source de la Religion; mais il croyoit que c'étoit (9) de tous les livres le plus propre à former, & à exercer un Savant. Il avoit lu vingt-quatre fois le texte Hébreu, en le conférant avec les autres textes Orientaux. Tous les jours, dit-il, sans un seul d'excepté, il y employa deux ou trois heures, depuis 1681 jusqu'en 1712.

Une cruelle maladie, dont il fut attaqué cette année-là, & qui le tint au lit près de six mois, lui affoiblit considérablement, non pas l'esprit, mais le corps & la mémoire. Cependant, dès qu'il eut un peu recouvré ses forces, il se mit à écrire sa vie; & il l'écrivit avec toute l'élégance, mais non pas avec tout l'ordre, ni avec toute la précision de ses autres ouvrages, parce que sa mémoire n'étoit plus la même qu'autrefois. Elle alla toujours en diminuant. Ainsi, n'étant plus capable d'un ouvrage suivi, il ne fit plus

(9) *Ibid.* p. 354. Huetiana, p. 182.

que jeter sur le papier des pensées détachées, travail proportionné à son état.

Quoiqu'il m'en ait confié son unique copie, pour la publier (10) sous le titre d'*Huétiana*, je ne me flatte point qu'a ce sujet on me permît de rapporter ici avec quelle complaisance il m'a souffert, depuis que j'eus l'honneur de le connoître en 1708. On doute, lorsqu'il s'agit des grands hommes, si c'est amour propre, ou reconnoissance, qui fait que nous parlons de leur amitié ; & souvent, de peur d'être soupçonnez d'une foiblesse, nous renonçons à un devoir.

Je ne saurois pourtant ne pas avouer que c'est moi qui procurai la cinquième édition de ses Poësies en 1709. Je m'en ressouviens d'autant plus volontiers, que sans cette édition, qui *réveilla ses Muses endormies*, vrai-semblablement il n'eût jamais songé aux cinq (11) nouvelles Métamorphoses,

(10) Je n'ai pris la liberté, ni d'y ajoûter, ni d'y changer un seul mot : & la copie, toute de la propre main de l'Auteur, est demeurée chez Jacques Estienne, Libraire, qui l'a imprimée.

(11) *Lampyris, Galerita, Mimus*, &c.

qu'il composa en 1710 & 1711. Tout son esprit s'y retrouve. Quelle délicatesse, & pour un Savant de ce rang-là, & dans un âge si avancé ! Quelle fleur, &, si nous osions parler ainsi, quelle jeunesse d'imagination !

Au reste, si l'on veut bien considérer qu'il a vécu quatre-vingt-onze ans moins quelques jours ; qu'il se porta dès sa plus tendre enfance à l'étude ; qu'il a toujours eu presque tout son temps à lui ; qu'il a presque joüi toujours d'une santé inaltérable ; qu'à son lever, à son coucher, durant ses repas, il se faisoit lire par ses valets ; qu'en un mot, & pour me servir de ses termes, *ni le feu* (12) *de la jeunesse, ni l'embarras des affaires, ni la diversité des emplois, ni la société de ses égaux, ni le tracas du monde, n'ont pu modérer cet amour indomptable de l'érudition, qui l'a toujours possédé :* une conséquence, qu'il me semble qu'on pourroit tirer de-là, c'est que M. d'Avranches est peut-être de tous les hommes qu'il y eut jamais, celui qui a le plus étudié.

Outre qu'il étoit naturellement ro-

(12) Huetiana, p. 4. Voyez aussi *Commentar. lib.* I. p. 15. & *lib.* V. p. 278.

buſte, il vivoit de régime. Dès l'âge de quarante ans il ne ſoupoit point. Encore dînoit-il ſobrement. Il ne mangeoit que des viandes communes, point de ragoûts, & à peine mettoit-il dans ſon eau une huitième partie de vin. Sur le ſoir il prenoit une ſorte de bouillon (13) médicinal. A la vérité, lors même qu'il ſe portoit le mieux, il avoit le teint d'une pâleur à faire craindre qu'il ne fût malade.

Une ſingularité bien remarquable, c'eſt que deux ou trois jours avant ſa mort, tout ſon eſprit ſe ralluma, toute ſa mémoire lui revint. Il employa ces précieux momens à produire des actes de piété, & mourut tranquille, plein de confiance en Dieu.

Je ne connois de ſes manuſcrits, que ceux-ci. Une Traduction Latine des *Amours de Daphnis & de Chloé*, faite à dix-huit ans : un Roman intitulé, *Le faux Yncas*, fait à vingt-cinq : un Traité Philoſophique *de la foibleſſe de l'eſprit humain*, fait dans le même temps que ſes *Quæſtiones Alnetana* : une Réponſe à M. Régis, touchant la Métaphyſique

(13) C'eſt un bouillon connu ſous le nom de *Bouillon rouge du Médecin de Lorme*.

de Descartes : ses Notes sur la Vulgate, & un recueil de cinq à six cents lettres, tant Latines que Françoises, écrites à des Savans.

ADDITION.

Voilà mon éloge de M. Huet, tel qu'il fut pour la première fois imprimé à la tête d'*Huétiana*, en 1722. J'y rapporte, en qualité d'Historien, quels sont les Manuscrits du savant Prélat : je mets de ce nombre son *Traité Philosophique de la foiblesse de l'esprit humain* : & là-dessus, quand ce livre a vû le jour, il a plû à un Journaliste de me prendre à partie, comme si j'en étois, ou l'auteur, ou l'approbateur. Mais j'oublie (1) ce qui me regarde personnellement. Venons à M. Huet.

Qu'enseigne-t-il dans cet ouvrage posthume ? Trois propositions.

I. *Que la Foi, pur don de Dieu, est seule infaillible.*

II. *Que la raison humaine n'a d'elle-*

---

(1) *Si id ex levitate processerit, contemnendum est : si ex insania, miseratione dignissimum : si ab injuria, remittendum.* Cod. lege unica *Si quis imperatori.*

même nul moyen de parvenir certainement & indubitablement à la connoissance d'aucune vérité.

III. *Que par conséquent, dans les points où la Foi paroît opposée à la raison, il est juste de ne pas déférer aux prétendues lumières de la raison, & nécessaire de s'attacher uniquement à l'infaillibilité de la Foi.*

Pour la première de ces trois propositions, l'illustre Auteur ne la touche que superficiellement, parce qu'il la suppose établie dans sa *Démonstration Evangélique*. Pour la troisième, c'est une suite incontestable des deux autres. Ainsi la seconde étoit la seule qui demandât d'être prouvée ; & c'est à quoi il emploie ce dernier Traité, où il n'y a proprement de lui que la méthode & le style, car les Anciens lui en ont fourni le fonds.

Quelque vénération que je conserve pour la mémoire de ce grand homme, j'avoue que sa deuxième proposition, prise dans un sens relatif à la Foi, souffre de grandes difficultez : parce qu'en nous ôtant tout droit de nous appuyer sur notre raison, & sur le témoignage de nos sens, on affoiblit, ce me semble, l'impression que les motifs de crédibilité peuvent, & doivent faire sur nous. Je m'en étois (2) assez expliqué, long-temps avant que son ouvrage donnât lieu à cette question. Mais enfin, de ce que le Journaliste & moi nous ne goûtons pas une doctrine, il ne s'ensuit pas qu'elle soit digne d'anathème : sur-tout quand d'autres gens que le Journaliste & moi, mais gens d'une tout autre autorité dans les matières Théologiques, sont les auteurs, & les apologistes de cette doctrine.

Or l'auteur, qui est-il ? Un saint & savant Evêque.

Mais l'idée qu'il a eûe, n'est-ce point de ces idées passagères, dont quelquefois l'homme le plus sage peut se laisser éblouir pour un moment, & qu'on rejette ensuite avec horreur ? Point du tout : il avance cette opinion

―――――――――

(2) On peut voir mes *Remarques sur la Théologie des Philosophes Grecs*, article DE-MOCRITE, où je dis formellement : „ Qu'un „ Chrétien sensé & zélé, qui comprend jus-„ qu'à quel point sa Religion est appuyée „ sur le témoignage des sens, ne se laissera „ engager *qu'avec frayeur* dans les routes du „ Scepticisme.

dans sa *Démonstration* (3) *Evangélique*, dans le début même du livre, & sans la moindre ambiguité ; il la répéte dans ses *Quæstiones* (4) *Alnetanæ* ; il en fait enfin un Traité particulier ; & près de quarante ans avant sa mort, ce Traité étoit (5) annoncé, souhaité, prêt à paroître.

Mais, depuis qu'il paroît, a-t-il été approuvé par quelque Théologien orthodoxe ? Par plusieurs ; & nommément par le P. Baltus, dont les veilles sont depuis long-temps consacrées à la défense de la Religion, & qui a été choisi entre tous les Jésuites de France, pour exercer à Rome l'emploi de Censeur général des livres composez par des auteurs de sa Compagnie. Il a lû, il a examiné le Traité Philosophique de M. Huet, il déclare (6) n'y avoir trouvé que ce qu'enseignent communément les Péres & les Docteurs de l'Eglise.

(3) Préface, article IV.
(4) Pag. 3, & 43, tout au bas.
(5) Voyez les *Nouvelles de la République des Lettres*, art. VI, Mai 1686.
(6) Voyez la Dissertation du P. Baltus, imprimée à Paris dans les *Mémoires de Littérature & d'Histoire*, Tom. II.

Quand donc le Journaliste & moi nous voyons des hommes d'un rare savoir, & d'une vertu non suspecte, penser autrement que nous ; le sens commun nous dicte d'être fort retenus à les condamner : principalement, s'il s'agit d'une opinion, qui se présente à différens esprits sous des faces toutes différentes. Permis à nous, en pareil cas, de nous en tenir à notre sentiment, parce qu'il est bon, & que même nous le croyons le plus sûr. Permis à nous, par conséquent, de combattre le sentiment contraire, pourvû que ce soit avec cette modération, qui est toujours amie de la raison, & de la vérité.

Mais, que l'on en soit venu, comme a fait le Journaliste, aux invectives les plus violentes, & que l'on ait traité un homme tel que M. Huet, comme on traiteroit un Bodin & un Spinoza ; je doute si c'est assez d'en demander pardon à Dieu, & s'il n'est pas d'une nécessité absolue d'en demander pardon aux hommes, pour effacer, autant qu'on le peut, le scandale qu'on a causé.

Quel scandale, en effet, qu'un soupçon d'irréligion, jeté sur l'Auteur de la *Démonstration Evangélique* ! Mais non, l'Impiété n'en jouira pas. Graces au Ciel, j'écris dans un temps où Paris est plein encore de gens qui ont connu le savant & le pieux Evêque d'Avranches. Qui savent que toute sa vie a été l'innocence même, la vie d'un homme à qui le monde n'est rien, & que ses livres occupent tout entier. Qui savent que ses immenses travaux ont eu pour objet la Religion, & que les saintes Ecritures ont toujours été sa principale étude. Qui savent que depuis qu'il fut Prêtre, tous les Dimanches, après s'y être disposé par le Sacrement de Pénitence, il approchoit des saints Autels. Qui savent que tous les jours, depuis qu'il fut Evêque, il avoit ses heures réglées avec son Aumônier, pour réciter ensemble l'Office divin. Et comme en matière de Religion, les plus petites choses nous conduisent à imaginer du grand, lorsqu'elles se trouvent dans un génie supérieur : j'ajoûte, pour faire mieux connoître encore M. Huet, que tous les jours il récitoit le Chapelet en trois fois, un tiers le matin, un tiers à midi, & un tiers le soir, aux coups de l'*Angelus*. Or il y a loin certainement, il y a loin d'un Savant qui dit son Chapelet, à un homme qui étend le Pyrrhonisme sur les points essentiels de la Foi.

Au reste, ce n'est point là le langage officieux d'un ami : c'est la déposition toute simple d'un témoin oculaire. Je ne cherche point à louer M. Huet, car je le crois fort au-dessus des louanges qu'on peut lui donner : je ne veux que le montrer ici, précisément tel que je l'ai connu. Mais ne m'est-il pas bien doux de n'avoir qu'à me renfermer dans les bornes de la vérité la plus scrupuleuse, pour satisfaire en même temps aux devoirs de la reconnoissance & de l'amitié ?

OUVRAGES DE M. HUET.

I. De Interpretatione libri duo. *Paris*, 4. 1661.

II. Origenis Commentaria in Sacram Scripturam. *Rouen*, fol. 1668.

III. De l'Origine des Romans. *Paris*, 12. 1670. L'édition de Paris 1709, faite sous les yeux de l'Auteur, est augmentée ou retouchée dans plusieurs endroits.

IV. Animadversiones in Manilium, & Scafigeti notas : *à la fin du Manile Dauphin.* Paris, 4. 1679.

V. Demonstratio Evangelica. *Paris, fol. 1679.* Il y a des rettanchemens & des additions remarquables dans la troisième édition de Paris, faite en 1690.

VI. Censura Philosophiæ Cartesianæ. *Paris, 12. 1689.* Edition augmentée, Là-même. 1694.

VII. Quæstiones Alnetanæ. *Caen, 4. 1690.*

VIII. *De la situation du Paradis terrestre.* Paris, 12. 1691.

IX. *Nouveaux Mémoires pour servir à l'Histoire du Cartésianisme.* Paris, 12. 1692.

X. *Statuts Synodaux pour le Diocèse d'Avranches.* 1693. 1695. 1696. 1698.

XI. Carmina, *Ultrajecti*, 8. 1665. L'édition la plus complette & la plus correcte est la dernière, sous ce titre : *Poëtarum ex Academia Gallica, qui Latinè aut Græcè scripserunt, Carmina.* Paris, 12. 1738.

XII. De Navigationibus Salomonis, *Amsterdam*, 8. 1698.

XIII. Notæ in Anthologiam Epigrammatum Græcorum : *à la fin de ses Poësies, édition de Grævius.* Utrecht, 1700.

XIV. *Origines de Caen.* Rouen, 8. 1702. Seconde édition fort augmentée. Là-même, 1706.

XV. *Dissertations* (dont plusieurs avoient été imprimées séparément) *sur diverses matières de Religion, & de Philologie.* Deux vol. Paris, 12. 1712.

XVI. *Histoire du Commerce & de la Navigation des Anciens.* Paris, 12. 1716.

XVII. Commentarius de rebus ad eum pertinentibus. *Amsterdam*, 12. 1718.

XVIII. *Huetiana*. Paris, 12. 1722.

XIX. *Traité Philosophique de la foiblesse de l'esprit humain*. Amsterdam, 12. 1723.

XX. Quæstionum Alnetanarum liber IV. Præfatio. Dans les *Mémoires de Littérature & d'Histoire*, Tom. II.

XXI. *Diane de Castro, ou le faux Yncas*. Paris, 12. 1728.

XXII. De imbecillitate mentis humanæ libri tres. *Amsterdam*, 12. 1738. C'est le même Ouvrage, dont la Traduction Françoise, que l'Auteur lui-même en avoit faite, est indiquée *Num*. XIX.

XXIII. *Gisberto Cupero Epistola tredecim*, à la fin du livre intitulé : Lettres de Critique, d'Histoire, de Littérature, &c. écrites à divers Savans de l'Europe par feu M. Cuper, &c. *Amsterdam*, 4. 1742.

On voit par la Liste suivante l'état présent de l'Académie Françoise. Les quarante Académiciens vivans y sont rangez selon leur ancienneté dans la Compagnie. Ils y ont chacun à leur suite ceux qui les ont précédez dans la place qu'ils occupent. Le chifre de la première colonne marque l'année de la réception ; & celui de la seconde, l'année de la mort.

LISTE DE L'ACADÉMIE FRANÇOISE.

Au mois d'Octobre M. DCC. XLIII.

PROTECTEURS.

1715	Le Roi.	
1672	Louis XIV.	1715
1642	M. le Chancelier Seguier.	1672
	M. le Cardinal de Richelieu.	1642

ACADÉMICIENS.

I.

1691	Bernard DE Fontenelle, de l'Académie des Sciences.	
1659	Jean-Jacques Renouard de Villayer, Doyen des Conseillers d'Etat.	1691
	Abel Servien, Sur-intendant	1659

des Finances, Chancelier des Ordres du Roi.

II.

1704	Armand Gaston Cardinal DE ROHAN, Grand Aumônier de France, Evêque & Prince de Strasbourg, Commandeur des Ordres du Roi.	
1671	Charles PERRAULT.	1703
1670	Jean DE MONTIGNY, Evêque de Léon.	1671
1659	Gilles BOILEAU, Contrôleur de l'Argenterie du Roi.	1669
	Guillaume COLLETET, Avocat au Parlement, & au Conseil.	1659

III.

1708	Edme MONGIN, Evêque de Bazas.	
1673	Jean GALLOYS, Abbé de Saint Martin de Cores.	1707
	Amable DE BOURZEYS, Abbé de Saint Martin de Cores.	1672

IV.

1712	Antoine DANCHET, de l'Académie des Belles-lettres.	
1666	Paul TALLEMANT, Prieur d'Ambierle, & de Saint Albin.	1712
	Jean Ogier DE GOMBAULD.	1666

V.

1715 Claude GROS DE BOZE, Garde des Médailles du Cabinet du Roi.
1693 François DE SALIGNAC DE LA MOTTE FENELON, Archevêque Duc de Cambray. | 1715
1652 Paul PELLISSON-FONTANIER, Maître des Requêtes. | 1693
Jacques DE SERIZAY. | 1653

VI.

1718 Nicolas-Hubert MONGAULT, Abbé de Chartreuse & de Ville-neuve.
1704 Gaspar ABEILLE, Prieur de Notre-Dame de la Mercy. | 1718
1694 Charles BOILEAU, Abbé de Beaulieu. | 1704
1693 Philippe GOIBAUD DU BOIS. | 1694
1681 Nicolas POTIER DE NOVION, premier Président du Parlement de Paris. | 1693
1640 Olivier PATRU, Avocat au Parlement. | 1681
François D'ARBAUD DE PORCHE'RES. | 1640

VII.

1719 Nicolas GEDOYN, Chanoine de la Sainte Chapelle de Paris, Abbé de Baugency.

	LISTE	
1708	Jacques Louis VALON, Marquis DE MIMEURE, Lieutenant général des Armées du Roi.	1719
1697	Louis COUSIN, Président en la Cour des Monnoies.	1707
1654	Paul Philippe DE CHAUMONT, ancien Évêque d'Acqs.	1697
	Honorat LAUGIER DE PORCHE'RES.	1654

VIII.

1720	Louis François Armand DU PLESSIS, Duc de RICHELIEU, & de FRONSAC, Pair de France, Chevalier des Ordres du Roi.	
1668	Philippe de COURCILLON, Marquis de DANGEAU, Chevalier des Ordres du Roi.	1720
1650	George DE SCUDERY, Gouverneur de Notre-Dame de la Garde.	1667
	Claude FAVRE DE VAUGELAS, Chambellan de Gaston Duc d'Orléans.	1650

IX.

1721	Jean Joseph LANGUET DE GERGIS, Archevêque de Sens.	
1718	Marc René DE PAULMY, Marquis D'ARGENSON, Garde des Sceaux de France.	1721
1711	Jean D'ESTRE'ES, Abbé de Saint Claude, & de Préaux.	1718

1684	Nicolas BOILEAU DESPREAUX.	1711
1643	Claude BASIN DE BEZONS, Conseiller d'Etat.	1684
	Pierre SEGUIER, Chancelier de France, Académicien dès l'année 1635, élu Protecteur de l'Académie en 1642.	

X.

1723	Philippe NERICAULT DES TOUCHES.	
1701	Jean Galbert DE CAMPISTRON, Chevalier de l'Ordre de Saint Jacques, Secrétaire général des Galères.	1723
1662	Jean RENAUD DE SEGRAIS.	1701
	François LE ME'TEL DE BOISROBERT, Abbé de Châtillon sur Seine, Conseiller d'Etat.	1662

XI.

1723	Joseph D'OLIVET, Conseiller d'Honneur en la Chambre des Comptes de Franche-Comté.	
1688	Jean DE LA CHAPELLE, Secrétaire des Commandemens de M. le Prince de Conty.	1723
1662	* *Antoine* FURETIE'RE, *Abbé de Chalivoy.*	
	Pierre DE BOISSAT, Chevalier & Comte Palatin.	1662

XII.

1723	Charles Jean François HENAULT, Président honoraire au Parlement de Paris.	
1722	Guillaume Cardinal DU BOIS, premier Ministre.	1723
1695	André DACIER, Garde des livres du Cabinet du Roi.	1722
1671	François DE HARLAY, Archevêque de Paris, Duc & Pair de France, Commandeur des Ordres du Roi.	1695
1654	Hardouin DE PE'RE'FIXE, Archevêque de Paris, Chancelier des Ordres du Roi.	1670
	Jean Louis GUEZ DE BALZAC, Conseiller du Roi en ses Conseils.	1654

XIII.

1723	Pierre Joseph ALARY, Prieur de Gournay sur Marne.	
1710	Jean Antoine DE MESMES, premier Président du Parlement de Paris.	1723
1679	Louis VERJUS, Comte de CRECY, Conseiller d'Etat.	1709
1662	Jacques CASSAGNES, Docteur en Théologie, Garde de la Bibliothèque du Roi.	1675
	Marc Antoine GE'RARD DE SAINT-AMANT, Ecuyer du Roi, & Gentilhomme ordinaire de la Reine de Pologne.	1661

XIV.

XIV.

1726 Jean-Baptiste MIRABAUD, Secrètaire des Commandemens de S. A. R. Madame la Duchesse d'Orléans.

1714 Henri Jáques Nompar DE CAUMONT, Duc de LA FORCE, Pair de France. | 1726

1705 Fabio BRULART DE SILLERY, Evêque de Soissons. | 1714

1691 Etienne PAVILLON, ci-devant Avocat général au Parlement de Metz. | 1705

1674 Isaac DE BENSERADE, Conseiller d'Etat. | 1691

Jean CHAPELAIN, Conseiller du Roi en ses Conseils. | 1674

XV.

1727 Paul-Hippolyte DE BEAUVILLIERS, Duc de SAINT-AIGNAN, Pair de France, Chevalier des Ordres du Roi.

1721 Jean BOIVIN, Académicien de la Crusca, Garde de la Bibliothèque du Roi, Professeur Royal en langue Grecque. | 1726

1674 Pierre Daniel HUET, ancien Evêque d'Avranches. | 1721

Marin LE ROY de GOMBERVILLE, Secrètaire du Roi. | 1674

XVI.

1723 Jean BOUHIER, ancien Préfident à Mortier au Parlement de Dijon.
1701 Nicolas DE MALEZIEU, Chancelier de Dombes. | 1723
1694 François DE CLERMONT-TONNERRE, Evêque & Comte de Noyon, Pair de France, Commandeur des Ordres du Roi. | 1701
1683 Jean BARBIER D'AUCOUR, Avocat au Parlement. | 1694
1648 François EUDES DE MEZERAY, Hiftoriographe de France. | 1683
Vincent VOITURE, Maître d'Hôtel ordinaire chez le Roi, & Introducteur des Ambaffadeurs chez M. le Duc d'Orléans. | 1648

XVII.

1727 Jean-Jâques AMELOT, Secrètaire & Miniftre d'Etat.
1710 Henri DE NESMOND, Archevêque de Toulouse. | 1727
1972 Efprit FLECHIER, Evêque de Nîmes. | 1710
Antoine GODEAU, Evêque de Vence & de Graffe. | 1672

XVIII.

1728 Charles Louis SECONDAT DE MONTESQUIEU, ci-devant Pré-

	...fident à Mortier au Parlement de Guyenne.	
1701	Louis DE SACY, Avocat au Conseil.	1727
1675	Touſſaint ROSE, Secrètaire du Cabinet du Roi, Préſident en la Chambre des Comptes de Paris.	1701
	Valentin CONRART, Conſeiller & Secrètaire du Roi.	1675

XIX.

1728	Charles D'ORLE'ANS DE ROTHELIN, Abbé de Cormeille.	
1708	Claude François FRAGUIER.	1728
1678	Jâques Nicolas COLBERT, Archevêque de Rouen.	1707
1639	Jâques ESPRIT, Conſeiller du Roi en ſes Conſeils.	1678
	Philippe HABERT, Commiſſaire des Guerres.	1638

XX.

1729	Claude SALLIER, Profeſſeur Royal en Hébreu, Garde de la Bibliothèque du Roi.	
1693	Simon DE LA LOUBE'RE, ci-devant Ambaſſadeur du Roi à Siam.	1729
1651	François TALLEMANT, Abbé du Val-Chrétien.	1693
1649	Jean DE MONTEREUL, Chanoine de Toul, Secrètaire de M. le Prince de Conty.	1651

LISTE

	Jean SIRMOND, Historiographe du Roi.	1649

XXI.

1730	Jacques HARDION, Garde des Livres du Cabinet du Roi.	
1729	Michel PONCET DE LA RIVIERE, Evêque d'Angers.	1730
1713	Bernard DE LA MONNOYE.	1728
1670	François-Séraphin REGNIER DES MARAIS, Académicien de la Crusca, Abbé de Saint Laon de Thouars.	1713
	Marin CUREAU DE LA CHAMBRE, Médecin ordinaire du Roi.	1669

XXII.

1731	Prosper JOLIOT DE CREBILLON.	
1730	Jean François LERIGUET DE LA FAYE, Secrètaire du Cabinet du Roi.	1731
1699	Jean-Baptiste-Henri DU TROUSSET DE VALINCOUR, Académicien de la Crusca, Secretaire général de la Marine.	1730
1673	Jean RACINE, Secrètaire du Roi, & Gentilhomme ordinaire de sa Chambre.	1699
1639	François DE LA MOTHE-LE-VAYER, Conseiller d'Etat.	1672
	Claude-Gaspar BACHET DE MEZIRIAC.	1638

XXIII.

1732 Jean TERRASSON, Professeur Royal en Philosophie.
1723 Charles-Jean-Baptiste FLEURIAU, Comte de MORVILLE, Chevalier de la Toison d'or. 1732
1682 Louis DE COURCILLON DE DANGEAU, Abbé de Fontaine-Daniel. 1723
1655 Charles COTIN, Conseiller & Aumônier du Roi. 1682
Germain HABERT, Abbé & Comte de Notre-Dame de Cérisy. 1655

XXIV.

1733 Jean-Baptiste SURIAN, Evêque de Vence.
1710 Henri-Charles DU CAMBOUT, Duc de COISLIN, Pair de France, Evêque de Metz, Commandeur des Ordres du Roi, premier Aumônier de Sa Majesté. 1733
1702 Pierre DU CAMBOUT, Duc de COISLIN, Pair de France. 1710
1652 Armand DU CAMBOUT, Duc de COISLIN, Pair de France, Chevalier des Ordres du Roi, Lieutenant général de ses Armées. 1702
Claude DE L'ETOILE. 1652

XXV.

1733	François-Augustin Paradis de Moncrif, Secrètaire ordinaire de M. le Duc d'Orléans.
1694	Jean-François-Paul Le Fevre de Caumartin, Evêque de Blois.	1733
1679	Louis Irland de Lavau, Trésorier de Saint Hilaire le Grand de Poitiers, Garde des Livres du Cabinet du Roi.	1694
	Henri-Louis Habert de Montmor, Maître des Requêtes.	1679

XXVI.

1733	Nicolas-François Dupré de Saint-Maur, Maître des Comptes.
1725	Pierre de Pardaillan de Gondrin d'Antin, Evêque & Duc de Langres, Pair de France.	1733
1720	Henri-Emmanuel de Roquette, Abbé de Saint Gildas de Ruis.	1725
1689	Eusèbe Renaudot, Prieur de Frossay, Académicien de la Crusca.	1720
1650	Jean Doujat, Doyen des Lecteurs du Roi, Historiographe de sa Majesté.	1688
	Balthasar Baro, Gentilhomme de Mademoiselle de Montpensier.	1650

XXVII.

1734 Honoré-Armand Duc DE VIL-
LARS, Pair de France, Chevalier de la Toison d'or, Gouverneur de Provence.

1714 Louis-Hector DE VILLARS, Duc, | 1734
Pair, & Maréchal de France,
Chevalier des Ordres du Roi,
& de la Toison d'or, Gouverneur de Provence.

1702 Jean-François CHAMILLART, | 1714
Evêque de Senlis.

1651 François CHARPENTIER. | 1702

Jean BEAUDOIN, Historiographe | 1650
du Roi.

XXVIII.

1736 Joseph SEGUY, Abbé de Gen-
lis, Chanoine de Meaux.

1723 Jáques ADAM, Secrétaire des | 1735
Commandemens de M. le Prin-
ce de Conty.

1696 Claude FLEURY, Prieur d'Ar- | 1723
genteuil.

1693 Jean DE LA BRUYE'RE. | 1696

1670 Pierre CUREAU DE LA CHAM- | 1693
BRE, Curé de S. Barthelemi.

Honorat DE BUEIL, Marquis de | 1670
RACAN.

XXIX.

1736 Jean-François BOYER, ancien

	Évêque de Mirepoix, Précepteur de M. le Dauphin.	
1714	Jean-Roland MALLET, Gentilhomme ordinaire de la Chambre du Roi.	1736
1692	Jâques DE TOURREIL.	1714
662	Michel LE CLERC, Avocat au Parlement.	1691
1639	Daniel DE PRIE'ZAC, Conseiller d'État.	1662

* *Auger* DE MAULE'ON DE GRANIER, *exclus le 14. Mai 1636.*

XXX.

1736	Pierre-Claude NIVELLE DE LA CHAUSSE'E.	
1724	Antoine PORTAIL, premier Président du Parlement de Paris.	1736
1687	François-Timoléon DE CHOISY, Prieur de Saint Lô de Rouen.	1724
1663	François DE BEAUVILLIERS, Duc de SAINT-AIGNAN, Pair de France, Chevalier des Ordres du Roi, premier Gentilhomme de sa Chambre.	1687
1655	Hippolyte-Jules PILET DE LA MESNARDIERE, Lecteur ordinaire de la Chambre du Roi.	1663
1648	François TRISTAN L'HERMITE, Gentilhomme ordinaire de Gaston Duc d'Orléans.	1655
	François DE CAUVIGNY DE COLOMBY, Conseiller du Roi en ses Conseils d'État & Privé.	1648

XXXI.

XXXI.

1737 Etienne LAUREAULT DE FON-
CEMAGNE, de l'Académie des
Belles-lettres.
1732 Michel-Celſe-Roger DE RABU- 1736
TIN, Comte de BUSSY, Evê-
que de Luçon.
1710 Antoine HOUDART DE LA 1732
MOTTE.
1685 Thomas CORNEILLE. 1709
1647 Pierre CORNEILLE, Avocat du 1684
Roi à la Table de Marbre de
Rouen.
François MAYNARD, Préſident 1646
au Préſidial d'Aurillac, &
Conſeiller d'Etat.

XXXII.

1741 Armand Prince DE ROHAN DE
VENTADOUR, Coadjuteur de
Straſbourg.
1738 Henri DE LA TREMOILLE, Duc 1741
& Pair de France, premier
Gentilhomme de la Chambre
du Roi.
1715 Victor-Marie D'ESTRE'ES, Duc, 1738
Pair, Maréchal, & Vice-
Amiral de France, Cheva-
lier des Ordres du Roi, Grand
d'Eſpagne.
1658 Céſar Cardinal D'ESTRE'ES, 1714
Commandeur des Ordres du
Roi.

Tome II. M m

	LISTE	
1646	Pierre du RYER.	1658
	Nicolas FARET, Secrètaire de M. le Comte d'Harcourt.	1646

XXXIII.

1742	Odet-Joseph GIRY DE SAINT-CYR, Sous-précepteur de M. le Dauphin, Conseiller d'Etat.	
1704	Melchior Cardinal DE POLIGNAC, Commandeur des Ordres du Roi, Archevêque d'Auch.	1742
1671	Jâques-Benigne BOSSUET, Evêque de Meaux.	1704
	Daniel HAY DU CHASTELET, Abbé de Chambon.	1671

XXXIV.

1742	Jean-François DU RESNEL, Abbé de Sept-Fontaines.	
1720	Jean-Baptiste DU BOS, Abbé de Ressons, Chanoine de Beauvais.	1742
1698	Charles-Claude GENEST, Abbé de Saint Vilmer.	1719
1666	Claude BOYER.	1698
	Louis GIRY, Avocat au Parlement, & au Conseil.	1665

XXXV.

1743	Louis-Jules-Barbon MAZARINI MANCINI, Duc de Nivernois.	

DE L'ACADÉMIE. 411

1719	Jean-Baptiste MASSILLON, Evêque de Clermont.	1743
1707	Camille LE TELLIER DE LOUVOIS, Bibliothécaire du Roi, Abbé de Bourgueil & de Vauluisant.	1718
1688	Jean TESTU DE MAUROY, Abbé de Fontaine-Jean, & de Saint Chéron.	1706
1676	Jean-Jâques DE MESMES, Comte d'Avaux, Président à Mortier au Parlement de Paris, Prévôt & Maître des Cérémonies des Ordres du Roi.	1688
	Jean DES MARETS, Contrôleur général de l'Extraordinaire des Guerres, & Secrètaire général de la Marine du Levant.	1676

XXXVI.

1743	Pierre DE MARIVAUX.	
1723	Claude-François HOUTTEVILLE, Abbé de Saint Vincent de Bourg.	1743
1714	Guillaume MASSIEU, Professeur Royal en Langue Grecque.	1722
1695	Jules DE CLERAMBAULT, Abbé de Saint Taurin d'Evreux, de Notre-Dame du Lieu en Jard, & de Saint-Savin.	1714
1684	Jean DE LA FONTAINE.	1695
1667	Jean-Baptiste COLBERT, Ministre & Secrètaire d'Etat.	1683
	Jean SILHON, Conseiller d'Etat.	1667

XXXVII.

1743 Jean-Jâques DORTOUS DE MAI-
RAN, de l'Académie des
Sciences.
1706 François-Joseph DE BEAUPOIL, | 1743
Marquis de SAINT AULAIRE,
Lieutenant général au Gou-
vernement de Limosin.
1665 Jâques TESTU, Abbé de Belval. | 1706
Guillaume DE BAUTRU, Comte | 1665
de Seran, Conseiller d'Etat.

XXXVIII.

1743 Paul D'ALBERT DE LUYNES,
Evêque de Bayeux.
1717 André - Hercule Cardinal DE | 1743
FLEURY, Ministre d'Etat.
1689 François DE CALLIE'RES, Con- | 1717
seiller du Roi, Secrétaire du
Cabinet de sa Majesté.
1670 Philippe QUINAULT, Auditeur | 1688
en la Chambre des Comptes
de Paris.
1644 François-Henri SALOMON, Pré- | 1670
sident à Mortier au Parle-
ment de Guyenne.
1636 Nicolas BOURBON, Chanoine | 1644
de Langres, Professeur Royal
en Langue Grecque.
Pierre BARDIN. | 1635

XXXIX..

1743	Armand-Jerôme BIGNON, Maître des Requêtes, Bibliothécaire du Roi.	
1693	Jean-Paul BIGNON, Abbé de S. Quentin, Bibliothécaire du Roi, Doyen du Conseil.	1743
1665	Roger DE RABUTIN, Comte de BUSSY, Lieutenant général des Armées du Roi.	1693
1637	Nicolas PERROT D'ABLANCOURT.	1664
	Paul HAY DU CHASTELET, Conseiller d'Etat.	1636

XL..

1743	Pierre-Louis MOREAU DE MAUPERTUIS, de l'Académie des Sciences.	
1695	*Charles CASTEL DE SAINT-PIERRE, Abbé de Tiron.*	1743
1685	Jean-Louis BERGERET, Secrétaire de la Chambre & du Cabinet du Roi.	1694
1675	Géraud DE CORDEMOY, Lecteur de M. le Dauphin.	1684
1648	Jean BALLESDENS, Avocat au Parlement, & au Conseil.	1675
	Claude DE MALLEVILLE, Secrétaire du Roi.	1647

TABLE
DES MATIÉRES.

A.

ABLANCOURT (*Nicolas Perrot d'*) reçu à l'Académie, Tom. I. 205. Sa patrie, &c. 343. Ses ouvrages. 373

Académiciens. Qui furent les premiers, assemblez d'abord chez M. Conrart, I, 12. Invitez par le Cardinal de Richelieu à faire un Corps, & à s'assembler réguliérement, 16. Ils l'acceptent, mais avec peine, 17. Augmentent leur nombre, 20. Qualitez que doit avoir un Académicien, 28. Ils écrivent au Cardinal, & lui présentent le Projet de leur Académie, 30. Font imprimer ce Projet, pour l'examiner chacun en particulier, 31. Le Cardinal leur renvoie ce Projet avec des apostilles, 33. Ils ne se conforment pas à deux de ces apostilles, 34. Ils travaillent séparément aux Statuts de l'Académie, 36. Remettent leurs mémoires entre les mains de quatre Commissaires de la Compagnie, 38. Le nombre des Académiciens limité à quarante, 42. Ont droit de *Committimus* aux Requêtes de l'Hôtel, & du Palais, 40. Si leurs ouvrages doivent être approuvez par la Compagnie, pour y pouvoir mettre à la tête le titre d'Académicien, 77. En quel nombre, & comment se doit faire l'élection, ou la destitution d'un Académicien, 78. Il ne sauroit être élu, qu'il ne soit agréable au Protecteur, 79. 200. Si les Académiciens qui n'assistent pas à l'assemblée pour cause de maladie, étant dans Paris, peuvent envoyer leur suffrage par écrit, 79. Quand un Académicien est reçu, il doit entendre la lecture des Statuts, & signer l'acte de sa réception, 80. Promesse qu'il doit signer en même temps, *ibid.* Hors des élections, les Académiciens doivent dire leur avis tout haut, 81. Sont obligez d'envoyer s'excuser, lorsqu'ils s'absentent, 83. S'ils négligent absolument de se trouver aux assemblées, l'usage est qu'en cas de besoin on leur refuse un certificat, ou tel autre acte qu'ils pourroient demander, *ibid.* Peuvent être destituez, ou interdits selon l'importance de leurs fautes, *ibid.* Doivent être au nombre de vingt pour délibérer sur la publication d'un ouvrage de l'Académie, *ibid.* & douze pour l'ouvrage d'un Académicien, 84. Furent obligez en 1635 de faire chacun un Discours, 89. Trois s'en dispensèrent, 100. Quand fut rempli le nombre de quarante, auquel ils étoient fixez, 211.

Comment ils reçoivent la Reine de Suède, II, 13. Six d'entre eux ont des places réservées aux représentations des Pièces de théatre qui se jouent à la Cour, 26. Le Roi ordonne que les quarante Académiciens aient des fauteuils dans l'Académie, 27. Vingt-deux d'entre eux compris dans le nombre des soixante gens de Lettres gratifiez par le Roi, 26, 153. Leurs remercimens se prononçoient à huis clos, avant que l'Académie fût logée au Louvre, 175. Portraits des quarante Académiciens par Benserade, 256. Réglement touchant le Service qui se doit faire pour un Académicien mort, 295.

Académiciens étrangers, où ils siégent dans l'Académie Françoise, I, 82.

Académie d'Arles. Par qui procurée, & de qui composée, II, 239.

Académie de Caen pour la Physique, dirigée par M. Huet, II, 237.

Académie de la Crusca. Combien elle a mis de temps à son Vocabulaire, II, 45.

Académie des Inscriptions & Belles-Lettres, Son origine, II, 16.

Académie des Sciences. Son origine. II, 16.

Académie Françoise. Son but, I, 8. Son établissement, 10. Son origine, 11. Ses Officiers, quels, & quand créez, 21. Prend le nom d'Académie Françoise, 23. D'autres la nomment Académie des beaux esprits, Académie de l'Eloquence, Académie Eminente, *ibid*. Projet qu'elle présente au Cardinal, 26. Le Cardinal lui accorde sa protection, 31. Elle travaille à ses Statuts, & charge les Académiciens d'en faire chacun des mémoires à pàrt, 36. Approuve la forme qu'y donna M. Conrart, 38. Lettres patentes pour sa fondation, 39. Le Roi permet au Cardinal d'autoriser les Statuts de l'Académie, 42. Elle a peine à obtenir la vérification de ses Lettres patentes, 47. Ses Lettres patentes sont vérifiées avec restriction, 53. Est accusée d'inventer des mots nouveaux, & d'être établie pour soutenir la domination du Cardinal, 56. On fait des Satires contre elle, 63. Elle n'y répond pas, ayant fait un réglement dès son commencement pour empêcher qu'on n'y répondît, 71. 85. Son Sceau, & son Contre-sceau, 73. 74. Fonctions de ses Officiers, *ibid.* Durée de leurs fonctions, 75. Comment ils sont élus, 77. Lettres de l'Académie, de deux sortes, 75. Les matières de Religion ne doivent point être traitées dans ses assemblées, 81. Forme de son approbation pour les ouvrages, 84. Ne juge que des ouvrages de ceux du Corps, *ibid.* Prenoit autrefois des vacations, 87. Divers lieux où elle s'est assemblée, *ibid.* Elle voudroit ne point examiner les Observations de Scudéry sur le Cid, & pourquoi, 112. Le Cardinal l'oblige à cet examen, 114. Elle nomme des Commissaires pour cela, *ibid.* Compose ses Sentimens sur le Cid, 115. Les retouche, 117. Les publie, 119. Y emploie des mots vieillis, 129. Approuve le plan du Dictionnaire, proposé par M. Chapelain, 132. Fait un catalogue des Auteurs à citer dans son Dictionnaire, 137. Abandonne le dessein de citer, 138. Néglige en 1638 le travail du Dictionnaire, 139. Reprend ce travail l'année suivante, 141. On lit à ses assemblées divers ouvrages d'Académiciens, 151. Elle s'occupe à examiner des Stances de Malherbe, 158. Se propose, mais sans effet, de faire deux Recueils, l'un de Vers, l'autre de Lettres d'Académiciens, 166. Rend les devoirs funèbres au Cardinal de Richelieu, 170. Choisit en sa place pour Protecteur le Chancelier Seguier, 172. Fait deux nouveaux Réglemens au sujet des élections, 200. Ne reçoit personne qui ne l'ait fait demander, 198. Oblige ceux qui ont été reçus depuis M. Patru à faire un Discours de remerciment, 211. Liste des ouvrages qui ont été faits contre elle, 63. De ceux qui lui ont été dédiez, 175. Où le Cardinal de Richelieu avoit dessein de la loger, 90.

La continuation de son Histoire, pourquoi difficile, II, 8. Lettre de la Reine de Suède à l'Académie, 12. La Reine de Suède lui rend visite elle-même chez M. le Chancelier Seguier, où se tenoient ses assemblées. Ordre de cette séance, 14. L'Académie fournit des Académiciens pour travailler aux Médailles du Roi, 16. Harangue le Roi pour la première fois; quand & à quelle occasion, 17. Origine des prix qu'elle distribue, *ibid.* Offre au Roi Louis XIV le titre de Protecteur, 21. Le Roi l'accepte, *ibid.* Il lui donne une Salle au Louvre pour s'assembler, & veut qu'il lui soit fait un fonds pour ses menus besoins, & que pour chaque séance il y ait quarante jetons, 25. Commencement de sa Bibliothèque, *ibid.* La confirmation de son droit de *Committimus*, 26. Placet de l'Académie au Roi touchant le Cérémonial, 28. Ses élections nulles sans l'agrément du Protecteur, 30. Exemple de sa fermeté à rési-

DES MATIERES.

ster aux sollicitations, 37. De quoi dépend sa destinée, 38. Quelle sorte de travaux il est raisonnable d'attendre d'elle, 43. Histoire de son démêlé avec Furetière, 46. Dans quelle vûe elle a fait son Dictionnaire, 55. Différente manière d'arranger les mots, dans la première, & dans la seconde édition de son Dictionnaire, 58. Pourquoi elle ne cite point d'auteurs, 59. Son orthographe, 64. Quand son premier Dictionnaire parut, & quand elle commença le second, 66. Elle s'occupe à recueillir & résoudre des doutes sur la Langue Françoise, *ibid.* Nombre des ouvrages sortis de l'Académie, 70. Fruits de ses assemblées, 71. Elle député au Cardinal de Richelieu, pour demander le retour de l'Abbé de Boisrobert exilé, 103. Elle veut faire rendre des honneurs extraordinaires à M. Colbert après sa mort, 203. Elle ne veut pas que l'Abbé de la Chambre succéde à son pére, pourquoi, 289. Elle défend qu'à ses assemblées publiques on lise des ouvrages étrangers, 295. Quel parti elle prit en 1687 dans la querelle au sujet des Anciens & des Modernes, 296.

Allatius (Leo) l'un des gratifiez par le Roi, II. 152.

Amyot, son Plutarque critiqué par Méziriac, I. 98.

Approbation (forme de l') de l'Académie pour les ouvrages des Académiciens, I. 84.

ARBAUD (*François d'*) Sieur de PORCHERES, reçu à l'Académie, I, 199. Fait un Discours Académique, 100. Son éloge, 239. Ses ouvrages, 374.

TABLE

ARGENSON (M. d') pourquoi dispensé de faire un discours à l'Académie, II, 175.

Arnauld (*Antoine*) écrit contre M. du Bois, II, 304. Son jugement sur la Phédre de Racine, 353.

Assemblées de l'Académie, commencées chez M. Conrart, I, 12. Le Cardinal demande qu'elles se fassent réguliérement, & sous l'autorité publique, 16. Les jours de ces assemblées, 85. Le lieu, 87. La forme, 91. Nul étranger n'y est admis, 82. Assemblées extraordinaires, 86. 142.

AVAUX. Voyez MESMES.

AUCOUR (*Jean Barbier d'*) son éloge, II, 306. Ses ouvrages, 311.

Avis (manière de recueillir les) à l'Académie, I, 74. Hors des élections on doit les donner tout haut, 81. Quand ils sont partagez, on renvoie aux assemblées suivantes; quelquefois au Protecteur, *ibid*.

Auteurs (Catalogue des) à citer dans le Dictionnaire, 137. Les cinq Auteurs que le Cardinal faisoit travailler ensemble à des Comédies, 107.

B.

BALLESDENS (*Jean*) proposé en même temps que P. Corneille, écrit à l'Académie en faveur de son Concurrent, I, 208. Est reçu à l'Académie, 209. Sa patrie, &c. 354. Ses ouvrages, 375.

Baltus (le P.) défend M. Huet contre un Journaliste de Trévoux, II, 407.

BALZAC (*Jean-Louis Guez de*) reçu à l'Académie, I, 199. Se dispense de faire un

Discours à l'Académie, & lui envoie de ses ouvrages, 101. Fait lire à l'Académie son Aristippe, 151. Sa brouillerie avec Nicolas Bourbon, 246. Ses ouvrages, 384.

Fonde le prix d'Eloquence, II, 18. 87. Son éloge, 76. Ses ouvrages, 89.

BARBIER. Voyez AUCOUR.

BARDIN (*Pierre*) reçu à l'Académie, I, 199. Fait un mémoire sur les Statuts, 37. Fait un Discours Académique, 96. A sa mort il est réglé qu'il se fera un Service pour chaque Académicien décédé, 168. Son éloge par Godeau, 214. Son épitaphe par l'Abbé de Cérisy, 218. Par Chapelain, 219. Ses ouvrages, 376.

BARO (*Balthasar*) nommé par l'Académie pour revoir les vers du Cid, I, 115. Lit à l'Académie un Sonnet sur la Sorbonne, 171. Son éloge, 296. Ses ouvrages, 377.

BAUDOIN (*Jean*) reçu à l'Académie, I, 197. Fait un mémoire sur les Statuts de l'Académie, 37. Son éloge, 297. Ses ouvrages, 378.

BAUTRU (*Guillaume de*) reçu à l'Académie, I, 21. 197. Sa patrie, &c. 333.

Bayle (*Pierre*) censuré au sujet de son goût pour la médisance, II, 198.

BEAUVILLIERS. Voyez SAINT-AIGNAN.

BENSERADE (*Isaac de*) son éloge, II, 251. Vers qu'il avoit mis à sa maison de campagne, 260. Ses ouvrages, 261. Bon mot de lui à Racine, touchant le Service de Pierre Corneille, 296. Contre Bergeret, 313.

BERGERET (*Jean-Louis*) sa réception à l'Académie, II, 312.

TABLE

Bezons (*Claude Basin de*) reçu à l'Académie, I, 206. Sa patrie, &c. 350. Ses ouvrages, 383.

Bibliothécaire de l'Académie, II, 25.

Blot (le Baron de) Ses Couplets sur Voiture, I, 269.

Bochart (*Samuel*) sa Géographie sacrée, II, 373. Son voyage en Suède, 376.

Boëclerus (*Jean-Henri*) l'un des gratifiez par le Roi, II, 153.

Boileau (*Gilles*) Son éloge, II, 118. Ses ouvrages, 125. Etoit ami de Cotin, 184.

Boileau (*Nicolas*) Voyez Despreaux.

Bois (*Philippe Goibaud du*) son éloge, II, 299. Ses ouvrages, 305.

Boisrobert (*François le Métel de*) chargé par le Cardinal d'inviter les premiers Académiciens à former un corps, I, 15. Présente au Cardinal le Projet de l'Académie, 25. Est député à Ruel pour faire autoriser les Statuts, 47. Sollicite la vérification des Lettres Patentes auprès du premier Président, de la part du Cardinal, 49. L'Académie s'assemble chez lui, 88. Il fait un Discours Académique, 95. Travaille aux Pièces dites *des cinq Auteurs*, 107. Presse M. Corneille de consentir à être jugé par l'Académie sur le Cid, 113. Propose au Cardinal Messieurs de Vaugelas & Faret pour travailler au Dictionnaire, & demande une pension pour eux, 140.

Son éloge, II, 101. Ses ouvrages, 104.

Boissat (*Pierre de*) reçu à l'Académie, I, 199. Fait un Discours Académique, 98.

Son affaire chez le Comte de Sault, depuis Duc de Lesdiguières, 180.
Son éloge, II, 90. Ses ouvrages, 100.

BOSSUET (*Jaques-Benigne*) aimoit la Philosophie de Descartes, II, 231. Plaça M. de la Bruyère chez M. le Duc, 337.

Bouhours (le P.) auteur de l'éloge de Patru, II, 172. Critiqué par Barbier d'Aucour, 308.

BOURBON (*Nicolas*) reçu à l'Académie, I, 205. Son éloge, 242. Sa brouillerie avec Balzac, 246. Ses ouvrages, 384.

Bourbon (*Henri-Jules*, *Duc de*) protége Racine & Despréaux, II, 350.

Bourdaloue (le P.) Caractère de son éloquence, II, 168. Réflexion sur la manière dont il peint les mœurs, 340.

Bourdelot, Médecin de la Reine de Suède, II, 376.

Bourgogne (*M. le Dauphin*, *auparavant Duc de*) ses bienfaits envers M. de la Fontaine, II, 330. Son jugement sur Corneille & Racine, 366.

BOURZEYS (*Amable de*) chargé d'examiner le plan du Dictionnaire & de la Grammaire, I, 36. Chargé de revoir le travail de M. du Chastelet sur les Statuts, 37. Fait un Discours Académique, 95. Nommé pour examiner le Cid, 115. Sa patrie, &c. 311. Ses ouvrages, 384.

BOYER (*Claude*) Son éloge, II, 344. Ses ouvrages, 346.

BRUYE'RE (*Jean de la*) Son éloge, II, 336. Ses ouvrages, 342.

BUEIL. Voyez RACAN.

Burlesque. Combien le style burlesque fut autrefois à la mode, I, 102. Erreur de Gabriel Naudé sur un ouvrage appelé *burlesque*, 103.

Bussy (*Roger de Rabutin, Comte de*) Son éloge, II, 297. Ses ouvrages, 300.

C.

Camusat, premier Libraire de l'Académie, son éloge, I. 22. Sa veuve conservée dans son emploi, 166. L'Académie lui fait un service, 168.

Cassagnes (*Jâques*) Son éloge, II, 170. Ses ouvrages, 174.

Cauvigny. Voyez Colomby.

Cerisy (l'Abbé de) Voyez Habert.

Chambon (l'Abbé de) Voyez Hay.

Chambre (*Marin Cureau de la*) reçu à l'Académie, I, 201. Fait un Discours Académique, 96. Chargé de faire l'éloge du Cardinal, 171. Sa patrie, &c. 320. Ses ouvrages, 386. Directeur de l'Académie, harangue la Reine de Suède, II, 15.

Chambre (*Pierre Cureau de la*) Son éloge, II, 289. Ses ouvrages, 292.

Chancelier de l'Académie, ses fonctions, I, 74. Leur durée, 75. Manière de l'élire, 77. Sa place, quand le Protecteur est présent, 92.

Chapelain (*Jean*) l'un des premiers Académiciens, opine pour l'érection de l'Académie en Corps, I, 17. Son avis sur la fonction de l'Académie, 35. Est chargé de faire un plan pour le Dictionnaire & la Grammaire, 36. Fait un mémoire sur
les

les Statuts, 37. Commissaire pour revoir ceux des autres, 38. Fait un Discours Académique, 97. Critique des vers du Cardinal, 106. Commissaire pour l'examen du Cid, 115. Met la dernière main aux sentimens de l'Académie sur le Cid, 119. Dresse le projet du Dictionnaire, 132.

Avoit un Brevet de Comte Palatin, II, 99. Son éloge, 145. Ses ouvrages, 157. Occasion de la haine de Despréaux contre lui, 183. Obligations que Racine lui avoit, 349.

Charles IX. se trouve à une assemblée de gens de Lettres à Saint Victor, & leur permet d'être assis devant lui, II, 14.

CHARPENTIER (*François*) reçu à l'Académie, I, 209. Son éloge, 363. Ses ouvrages, 387.

Nommé Commissaire par l'Académie dans l'affaire de Furetière, II, 48.

CHASTELET (*Paul Hay du*) travaille le premier par ordre de la Compagnie aux Statuts, I, 37. Fait le premier Discours Académique, 95. Son éloge, 221. Ses ouvrages, 388.

Chaulieu (*l'Abbé de*) sollicite une place à l'Académie, II, 40.

CHAUMONT (*Paul-Philippe de*) nommé Commissaire de l'Académie dans l'affaire de Furetière, II, 48. Son éloge, 343.

CHOISY (*François Timoléon de*) Ses remarques sur la Langue Françoise, II, 66.

Chorier (*Nicolas*) auteur de la Vie de M. de Boissat, II, 90.

Christine, Reine de Suède, écrit à l'Académie Françoise, II, 12. Lui rend visite, 13. Peu contente d'une Harangue de M. de Boissat, 96. Ses bontez pour M. Huet, 377. 378.

Cid (la Tragi-comédie du) critiquée par Scudéry, I, 111. Par l'Académie, 119.

Citations : pourquoi non nécessaires dans le Dictionnaire, II, 59.

Citois, Médecin du Cardinal, ce qu'il dit sur l'Abbé de Boisrobert, I, 15.

CLERC (*Michel le*) Son éloge, II, 263. Ses ouvrages, 268.

CLERMONT-TONNERRE (*François de*) fonde le prix de Poësie, II, 19.

COISLIN (*Armand du Cambout de*) reçu à l'Académie, I, 210. Sa patrie, &c. 367.

COLBERT (*Jean-Baptiste*) chargé par Louis XIV. de faire un fonds pour les besoins de l'Académie, II, 24. Consulte M. Chapelain sur les gratifications des Savans, 152. Ses bienfaits envers l'Abbé Cassagnes, 167. Pourquoi dispensé de haranguer le jour de sa réception, 175. Fâché contre Mézeray, 193. Son éloge, 200. Procure à l'Abbé de Lavau une place d'Académicien, 294. Récompense de la part du Roi une Ode de M. Racine, 349.

COLLETET (*Guillaume*) reçu à l'Académie, I, 197. Fait un mémoire sur les Statuts, 37. Fait un Discours Académique, 100. Travaille aux Pièces dites *des cinq Auteurs*, 107. Le Cardinal pour deux vers lui donne cinquante pistoles, 108. Refuse au Cardinal de changer une de ses expressions, *ibid.* Sa patrie, &c. 334. Ses ouvrages, 388.

COLOMBY (*François de*) l'un des premiers Académiciens, I, 197. Ce que Malherbe jugeoit de lui, 260. Son éloge, 283. Ses ouvrages, 391.

Committimus (Droit de) aux Requêtes de l'Hôtel ou du Palais, accordé aux Académiciens, I, 44.
    Confirmé, II, 26.

CONRART (*Valentin*) le premier chez qui les Académiciens se soient assemblez, I, 12. Premier Secrètaire perpétuel de l'Académie, 21. Couche par écrit les Statuts, & les Lettres Patentes de l'Académie, 39. Sa Lettre à M. de Racan, 180. à M. de Boissat, 192.
    Fait l'éloge de M. de Gombauld, II, 112. Son éloge, 158. Ses ouvrages, 166.

Conringius (*Hermannus*) l'un des gratifiez par le Roi, II, 153.

CORDEMOY (*Geraud de*) Son éloge, II, 231. Ses ouvrages, 234.

Contre-Sceau de l'Académie, I, 74.

CORNEILLE (*Pierre*) travaille aux Pièces dites *des cinq Auteurs*, I, 107. Invité par l'Abbé de Boisrobert à donner son consentement pour être jugé par l'Académie sur le Cid, 113. Y résiste d'abord, & enfin y consent, 114. N'est pas content des Sentimens de l'Académie, 122. Ses vers sur la mort du Cardinal, 127. On lui préfére Messieurs Salomon & du Ryer pour être de l'Académie, 207. Il y est reçu, 208.
    Son éloge par M. de Fontenelle, II, 205. Ses ouvrages, 229. Dispute au sujet de son Service, 295. Ce qu'il pensoit de Racine, 356. Parallèle de Corneille & de

Racine, 366.

CORNEILLE (*Thomas*) nommé Commissaire dans l'affaire de Furetière, II, 48. Met au net les Observations de l'Académie sur les Remarques de Vaugelas, 68.

COTIN (*Charles*) Son éloge, II, 182. Ses ouvrages, 188.

D.

DACIER (*André*) Secrètaire perpétuel de l'Académie, II, 36.

Dati (*Carlo*) l'un des gratifiez par le Roi, II, 152.

Descartes (*René*) suivi par M. Bossuet, II, 231. Par M. de Cordemoy, *ibid*. Par M. Huet, qui l'attaque ensuite, II, 374.

DES MARESTS. Voyez MARESTS.

DESPREAUX (*Nicolas Boileau*) Son élection, II, 33. Est député par l'Académie à Furetière, 50. Sa naissance, 118. Fait l'éloge de son frère, 121. Son avis sur les traductions, 122. Sur M. de Tourreil, 124. Sur Malherbe & Racan, 128. Sur les Anciens, 123. 298. Patru s'oppose au dessein de son Art poëtique, 178. Origine de sa haine contre Chapelain, Ménage, & Cotin, 183. Son jugement sur Quinault, 247. Sur le Tasse, 266. Sur Rabelais, 324. Entre dans la querelle de Racine au sujet de Phédre, 350. Nommé pour écrire l'Histoire de Louis XIV, 354.

Destitution d'un Académicien, quelle en est la forme, I, 78. Quel le motif, 83.

Dictionnaire, premier travail de l'Académie, I, 36. Plan du Dictionnaire, 133. Qu'il

n'y faut point citer d'autoritez, 138. Vaugelas chargé d'y travailler, 141. Utilité du Dictionnaire, 149.
Quel en est le but, & le plan, II, 55. En quoi la seconde édition est différente de la première, 58. Pourquoi les citations d'auteurs en sont bannies, 59.

Directeur de l'Académie, ses fonctions, I, Leur durée, 75. Comment il est élu, 77. Sa place, quand le Protecteur est présent, 92.

Discours Académiques, faits en 1635 : combien il s'en fit, & sur quels sujets, I, 95. On se lasse de cet usage, 103. Le Discours de M. Patru à sa réception, donne lieu d'obliger les Académiciens qui le suivroient, à en faire de semblables, 211.

DOUJAT (*Jean*) reçu à l'Académie, I, 209. Son éloge, 361. Ses ouvrages, 92.

E.

Election des Officiers, I, 77. D'un Académicien, 78. Nouveaux réglemens à ce sujet, 200.

Eloquence. Prix d'Eloquence, quand & par qui fondé, II, 17.

ESPRIT (*Jáques*) reçu à l'Académie, I, 206. Sa patrie, &c. 345. Ses ouvrages, 394.

ESTOILE (*Claude de l'*) reçu à l'Académie, I, 197. Fait un Discours Académique, 96. Travaille aux Pièces dites *des cinq Auteurs*, 107. Nommé pour examiner la versification du Cid, 115. Son compliment au Chancelier Seguier, pour le

TABLE

prier d'être Protecteur, 174. Son éloge, 305. Ses ouvrages, 394.

F.

FARET (*Nicolas*) l'un des premiers Académiciens, I, 13. 197. Chargé de dresser le Projet de l'Académie, 25. Fait un mémoire sur les Statuts, 37. Nommé pour revoir les mémoires des autres, 38. Proposé au Cardinal pour travailler avec Vaugelas plus particulièrement au Dictionnaire, 139. Son éloge, 148. Il est invité par Coeffeteau à continuer l'Histoire Romaine, 251. Et par Malherbe à écrire l'Histoire de France, 252. Ses ouvrages, 394.

Fayette (Madame *de la*) Ce qu'elle disoit des mauvais Traducteurs, II, 123.

Ferrari (*Ottavio*) l'un des gratifiez par le Roi, II, 152.

FLECHIER (*Esprit*) Son éloquence, II, 168. Par qui placé auprès de M. le Dauphin, 232. Son Histoire de Théodose, *ibid.*

FONTAINE (*Jean de la*) Son élection, II, 31. Fait présenter une Balade au Roi, 32. Est député par l'Académie à Furetière, 51. Patru le détourne de faire ses Fables, 178. Son sentiment sur les Anciens, 297. Son éloge, 314. Ses ouvrages, 332.

FONTANIER. Voyez PELLISSON.

FONTENELLE (M. de) Sa Vie de Corneille, II, 205.

FRAGUIER (*Claude-François*) Difficultez sur son élection à l'Académie, II, 34.

François I. L'estime qu'il marquoit pour les

gens de Lettres, II, 23.
FURETIERE (*Antoine*) Son démêlé avec l'Académie, II, 46. Est destitué, 52. Sa mort, 54.

G.

Gaston d'Orléans tient chez lui des conférences de Gens de Lettres, II, 92.

Gevartius (*Gaspar*) l'un des gratifiez par le Roi, II, 153.

GIRY (*Louis*) l'un des premiers Académiciens, I, 12. 205. Sa patrie, &c. 341. Ses ouvrages, 395.

GODEAU (*Antoine*) l'un des premiers Académiciens, I, 12. Fait un Discours Académique, 95. Sa patrie, &c. 314. Ses ouvrages, 396.

GOIBAUD. Voyez BOIS.

GOMBAULD (*Jean Ogier de*) l'un des premiers Académiciens, I, 12. Chargé d'examiner le plan du Dictionnaire, 36. Et de revoir le travail de M. du Chastelet sur les Statuts, 37. Fait un mémoire sur ce sujet, *ibid*. En quel point il n'est pas suivi, *ibid*. Fait un Discours Académique, 95. Nommé pour examiner les vers du Cid, 115. Trouve une règle de Poësie, inconnue à Malherbe, 164. Souffre avec peine que Malherbe soit censuré, 165. Son éloge, II, 112. Ses ouvrages, 117.

GOMBERVILLE (*Marin le Roi de*) reçu à l'Académie, I, 197. Son aversion pour la particule *Car*, 70. Fait un Discours Académique, 96. Souffre avec peine la censure de Malherbe, 165. Sa patrie, &c.

322. Ses ouvrages, 406.

Gravius (*Jean-George*) Son sentiment sur Chapelain, I, 154.

Grammaire Françoise, l'un des projets de l'Académie : Bureaux établis pour se disposer à y travailler, II, 66. L'Abbé Regnier chargé d'y travailler, 68.

GRANIER (*Auger de Mauléon, Sieur de*) reçu à l'Académie, I, 203 : Exclus, *ibid.* Ouvrages dont il a procuré l'édition, 204.

Gratifications accordées par Louis XIV. aux gens de Lettres, II, 152.

Graziani (*Girolamo*) l'un des gratifiez par le Roi, II, 152.

Gronovius (*Jean-Frédéric*) l'un des gratifiez par le Roi, II, 153.

H.

HABERT (*Germain*) l'un des premiers Académiciens, I, 12. Fait un Discours Académique, 100. Nommé pour examiner la versification du Cid, 115. Et pour revoir les Observations de l'Académie, 117. Le Cardinal est prévenu contre lui, 118. Il est chargé de faire l'Oraison funèbre du Cardinal, 171. Sa patrie, &c. 326. Ses ouvrages, 401.

HABERT (*Henri-Louis*) Sieur de MONTMOR, reçu à l'Académie, I, 201. Fait un Discours Académique, 95. Son éloge, 318. Ses ouvrages, 401.

HABERT (*Philippe*) l'un des premiers Académiciens, I, 12. Nommé pour examiner le Projet de l'Académie, 31. Son éloge, 227. Ses ouvrages, 401.

HARLAY

HARLAY (*François* DE) Archevêque de Paris, est député au Roi pour le supplier d'agréer le titre de Protecteur de l'Académie, II, 21. Prend les intérêts de l'Académie contre le Maître des Cérémonies, 23. Son éloge, 334.
HAY (*Daniel*) reçu à l'Académie, I, 203. Sa patrie, &c. 341.
HAY (*Paul*) Voyez DU CHASTELET.
Heinsius (*Nicolas*) l'un des gratifiez par le Roi, II, 153. Son sentiment sur Chapelain, 154.
Hévélius (*Jean*) l'un des gratifiez par le Roi, II, 153.
HUET (*Pierre-Daniel*) Son éloge de l'Abbé de Boisrobert, II, 101. Opinion qui lui est particulière, sur la multiplicité des livres, 268. Il établit une Académie de Physique à Caen, 237. Son sentiment sur les Anciens, 297. Son éloge, 372. Ses ouvrages, 392.
Huygens (*Christien*) l'un des gratifiez par le Roi, II, 153.

L.

Lamoignon (M. le Président *de*) refuse une place à l'Académie, pourquoi, II, 39.
LAVAU (*Louis-Irland de*) Son éloge, II, 293.
LAUGIER (*Honorat*) Sieur de PORCHERES, reçu à l'Académie, I, 199. Fait deux Discours Académiques, 96. 97. Point aimé du Cardinal, 200. Sa patrie, &c. 326. Ses ouvrages, 402.
Launoy (*Jean de*) travaille à l'Abrégé de Mézeray, II, 93.

TABLE

Lettres patentes pour l'établissement de l'Académie, dressées par M. Conrart, I, 38. Leur teneur, 39. Leur enregîtrement, combien différé, 48. Le Cardinal écrit sur ce sujet au premier Président, 49. Le Roi envoie des Lettres de jussion au Parlement, 51. Les Lettres patentes de l'Académie sont enregîtrées avec restriction, 53. Raisons de l'opposition du Parlement, 55. Mot de M. Scarron à ce sujet, 62.

Lettres écrites par l'Académie, sont de deux sortes, I, 75. 169.

Libraire de l'Académie, est perpétuel, mais sous le bon plaisir de la Compagnie, I, 76. Quelle est sa charge, *ibid.* Prête serment à l'Académie, 77. A sa mort on lui fait un Service, 168.

Linière (*Pajot de*) critique la Pucelle de Chapelain, II, 151.

Longueville (M. le Duc *de*) fait une pension à Chapelain, II, 149. Double cette pension, 152.

Louis XIV. Prend le titre de Protecteur de l'Académie Françoise, II, 10. Choisit dans cette Académie des Sujets, pour former celle des Inscriptions & Belles-lettres, 16. Ordonne que l'Académie Françoise le haranguera, comme les Compagnies supérieures, *ibid.* Agrée d'être Protecteur de l'Académie Françoise, 21. Lui donne une Salle dans le Louvre : Médaille à ce sujet, 24. Ordonne des jetons pour les Académiciens, 25. Envoie à l'Académie des livres de sa Bibliothèque, *ibid.* Veut qu'il y ait des places pour six Académiciens aux représentations des Pièces de

DES MATIERES,

Théatre qui se jouent à la Cour, 26. Ordonne des fauteuils pour les Académiciens, 27. Donne son attention aux élections, 30. Répare le refus de M. de Lamoignon en présentant M. le Cardinal de Rohan, 41. Fait des gratifications aux gens de Lettres, 152. Racine & Despréaux chargez d'écrire son Histoire, 354.

M.

Malherbe. Une de ses Odes censurée par l'Académie, I, 158. Avis qu'il donnoit à Faret, 251. Son jugement sur Colomby, Maynard, & Racan, 260.

Ne connoissoit point de cadence dans la Prose, II, 85. Son jugement sur Maynard, & sur Racan, 127. Jugement de Despréaux sur Malherbe, 128. Celui de la Fontaine, 322.

MALLEVILLE (*Claude de*) l'un des premiers Académiciens, I, 12. Fait connoître à Faret leurs assemblées particulières, 13. Refuse les assemblées régulières, pourquoi, 16. Son éloge, 265. Ses ouvrages, 402.

MARESTS (*Jean des*) l'un des premiers Académiciens, I, 14. 197. Est le premier Chancelier de l'Académie, 21. Est continué dans cette charge pendant quatre ans, 76. Fait un Discours Académique, 97. Travaille à des Pièces de Théatre par l'ordre du Cardinal, 104. Est nommé pour examiner le Cid, 115. Sa patrie, &c. 327. Ses ouvrages, 402.

Marin. Chapelain fait une Préface sur l'*Adone* du Cavalier Marin, II, 147.

Marot (*Clément*) l'un des modelles de la Fontaine, II, 324.

Médaille frappée sur le logement que Louis XIV. accorde à l'Académie dans le Louvre, II, 24.

Ménage, attaqué par Gilles Boileau, II. 119. Par Molière, 184. Par Cotin, 185. Concurrent de Bergeret, pour une place à l'Académie, 310.

MESMES (*Jean-Jâques de*) Son éloge, II, 241.

MESNARDIERE (*Hippolyte-Jules Pilet de la*) Ce qu'il dit des projets du Cardinal de Richelieu par rapport à l'Académie, I, 90. Son éloge, II, 106. Ses ouvrages, 110.

ME'ZERAY (*François Eudes de*) reçu à l'Académie, I, 209. Choisi après la mort de Vaugelas pour travailler au Dictionnaire, 143.
Faussement soupçonné d'avoir prêté sa plume à M. de Péréfixe, II, 131. Son éloge, 189. Ses ouvrages, 199.

ME'ZIRIAC) *Claude-Gaspar Bachet de*) reçu à l'Académie, I, 197. Son Discours Académique, 98. Prétend qu'il y a 2000 fautes dans le Plutarque d'Amyot, *ibid*. Son éloge, 230. Ses ouvrages manuscrits, 98. imprimez, 406.

Molière : pourquoi irrité contre Cotin & Ménage, II, 184. Combien la Comédie lui doit, 206. Ce qu'il pensoit de la Fontaine, 327. Et des Plaideurs de Racine, 352.

Montauzier) M. le Duc *de*) veut faire Chapelain Précepteur de M. le Dauphin, II, 156. Cotin & Ménage veulent insinuer

qu'il est l'original du Misantrope, 184.
Forme le dessein des Commentaires à la Dauphine, 380.

MONTEREUL (*Jean*) reçu à l'Académie, I, 209. Son éloge, 299.

MONTMOR. Voyez HABERT.

MONTIGNY (*Jean de*) Son éloge, II, 133. Ses ouvrages, 135.

MOTHE-LE-VAYER) *François de la*) reçu à l'Académie, I, 206. Attaque les Remarques de Vaugelas, 292. Son éloge, II, 135. Ses ouvrages, 142.

N.

NOVION (*Nicolas Potier de*) prend d'abord les intérêts de Furetière, II, 48. Et ensuite le condamne, 51. Sa réception, 292.

O.

Observations de l'Académie sur les Remarques de Vaugelas, II, 67.

Officiers de l'Académie, quels, & quand créez, I, 21. Vont remercier le Parlement, 54. Leurs fonctions, 74. Forme de leur élection, 77. Où ils siégent en la présence du Protecteur, 92.

Orthographe. Quelle est celle que l'Académie se propose de suivre dans son Dictionnaire, I, 135. II, 64.

Ouville (le Sieur d') frére de l'Abbé de Boisrobert, II, 104.

Ouvrages. Il faut être vingt Académiciens pour délibérer sur la publication d'un ouvrage de l'Académie, & douze pour l'ouvrage d'un Académicien, I, 83. L'Académie ne juge que des ouvrages des Académiciens, 84. Liste des ouvrages qui ont été faits contre l'Académie, 63. De ceux qui ont été dédiez, ou présentez à l'Académie, 176.

P.

PATRU (*Olivier*) reçu à l'Académie, I, 206. Fait un Discours de remerciment à sa réception, & par là donne lieu d'obliger les Académiciens qui le suivroient, à en faire de semblables, 211.
Une de ses lettres, II, 63. Fait un apologue au sujet d'une élection, 164. Son éloge, 171. Ses ouvrages, 182.

PELLISSON-FONTANIER (*Paul*) Son Histoire de l'Académie Françoise, II, 8. 270. Fait les frais des premiers prix de Poësie, 18. Son éloge, 269. Ses ouvrages, 283.

PE'RE'FIXE (*Hardouin de*) Son éloge, II, 130. Ses ouvrages, 132.

PERRAULT (*Charles*) Bibliothécaire de l'Académie, II, 25. Commissaire dans l'affaire de Furetière, 48. Sa querelle sur les Anciens & les Modernes, 296.

Petau (le P.) II, 296.

PILET. Voyez MESNARDIERE.

Pintrel (M.) a traduit les Epîtres de Sénèque, II, 323.

Poësie. Prix de Poësie, quand & par qui fondé, II, 18.

Poëtique. Ce qu'une Poëtique Françoise peut avoir de particulier, II, 70.

PORCHERES (*François de*) Voyez ARBAUD.

PORCHERES (*Honorat de*) Voyez LAUGIER.

POTIER. Voyez NOVION.
Pradon : Sa Phédre, II, 351.
Prix de l'Académie, par qui fondez : en quoi ils consistent, & ce que doivent observer les auteurs qui travaillent pour les remporter, II, 18.
PRIE'ZAC (*Daniel de*) reçu à l'Académie, I, 206. Sa patrie, &c. 348. Ses ouvrages, 407.
Proposition d'un Académicien, comment elle se fait, I, 78. Pourquoi nécessaire avant l'élection, 200.
Proverbes, pourquoi ils entrent dans le Dictionnaire, II, 56.
Puy (M. *du*) travaille à l'Abrégé de Mézeray, II, 193.

Q.

QUINAULT (*Philippe*) Son éloge, II, 242. Ses ouvrages, 249.

R.

Rabelais, comment défini par Despréaux, II, 324.
RABUTIN. Voyez BUSSY.
RACAN (*Honorat de Bueil, Marquis de*) son Discours Académique, I, 97. Ses Mémoires sur la vie de Malherbe, 162. Envoie ses *Odes sacrées* à l'Académie, 180. Le jugement que Malherbe portoit de lui, 260. Prêt à être déclaré hérétique en Poësie, 263.
RACINE (*Jean*) député par l'Académie à Furetière, II, 50. Bon mot de lui sur M. de Tourreil, 124. Son sentiment sur

les Anciens, 297. Barbier d'Aucour écrit contre lui, 308. Son éloge, 347. Parallèle de Racine & de Corneille, 366. Ses ouvrages, 371.

REGNIER (*François Séraphin*) troisième Secrétaire de l'Académie, II, 36. Nommé Commissaire pour l'affaire de Furetière, 49. Travaille à la Grammaire Françoise, 68. Son sentiment sur les Anciens, 298.

Reinésius (*Thomas*) l'un des gratifiez par le Roi, II, 153.

RENOUARD. Voyez VILLAYER.

Rhétorique, l'un des objets du travail de l'Académie, II, 42. Ce qu'une Rhétorique Françoise peut avoir de particulier, II, 69.

RICHELIEU (*le Cardinal de*) propose l'établissement de l'Académie, I, 15. Laisse les premiers Académiciens maîtres d'augmenter leur nombre, & de faire leurs loix, 19. Accepte l'offre que l'Académie lui fait de le choisir pour son Protecteur, 31. Est déclaré Protecteur dans les Lettres patentes, avec pouvoir d'autoriser les Statuts, 42. Supprime par modestie le cinquième article des Statuts, 48. Ecrit pour la vérification des Lettres patentes au premier Président, 49. Disposition de la France pour le Cardinal, 55. Il étoit peu aimé du Parlement, 61. Son image & son nom sur le Sceau de l'Académie, 73. Il avoit dessein de faire bâtir un logement pour l'Académie, 90. Sa passion pour la Poësie dramatique, 104. Engage M. des Marests à faire des pièces de Théatre, *ibid.* Dépense qu'il fit pour la représentation de *Mirame*, 106. Travailloit lui-même à des pièces de Théatre, *ibid.* Fait critiquer de ses vers par Chapelain, *ibid.* S'offense d'abord de la critique, & s'y rend ensuite, *ibid.* Donne à Colletet pour deux vers cinquante pistoles, 108. Veut changer une expression de Colletet, qui s'y oppose : bon mot à cette occasion, 109. Soupçonné d'avoir été jaloux de Corneille, 111. Oblige l'Académie de prononcer sur le Cid, 114. Fait retoucher plus d'une fois les Sentimens de l'Académie sur le Cid, 117. Rétablit la pension de M. de Vaugelas, 140. Combien sa mort porte de préjudice aux travaux de l'Académie, 143. Vers de Corneille sur le Cardinal après sa mort, 127. Devoirs funèbres à lui rendus par l'Académie, 170.

Protége Boisrobert, II, 102. Procure une place dans l'Académie à Patru, 174. Assiste Mézeray, 192. Ses vûes sur Benserade, 252.

ROCHEFOUCAULD (le Duc *de la*) Pourquoi n'a point été de l'Académie, II, 176.

ROHAN (M. le Cardinal *de*) reçu à la place de M. Perrault, II, 41.

ROSE (*Toussaint*) procure à l'Académie Françoise l'honneur de haranguer le Roi, de même que les Compagnies supérieures, II, 16.

RYER (*Pierre du*) reçu à l'Académie par préférence à P. Corneille; pourquoi, I, 207. Sa patrie, &c. 352. Ses ouvrages, 408.

S.

Sablière (Madame *de la*) loge M. de la Fontaine chez elle, II, 316.

SAINT-AIGNAN (*François de Beauvilliers, Duc de*) Son éloge, II, 235.

SAINT-AMANT (*Marc-Gérard de*) se dispense en 1635 de faire un Discours à l'Académie, & se charge de faire la partie comique du Dictionnaire, I, 101. Temps de sa réception, 197, Sa patrie, &c. 358. Ses ouvrages, 411.

SALOMON) *François-Henri*) reçu à l'Académie par préférence à P. Corneille; pourquoi, I, 206. Sa patrie, &c. 350. Ses ouvrages, 411.

Sarasin : M. Pellisson fait la Préface de ses Oeuvres, II, 275. Lui fonde un Anniversaire, *ibid.*

Saumaise (*Claude*) Son caractère, II, 377.

Sceau de l'Académie, I, 73.

SCUDÉRY (*George de*) critique le Cid, & s'adresse à l'Académie pour avoir son jugement, I, 111. Dont il la remercie par une lettre, 120. Il est reçu à l'Académie, 209. Sa patrie, &c. 358. Ses ouvrages, 411.

Scudéry (Mademoiselle *de*) amie de M. Pellisson, II, 274.

Secrétaire de l'Académie, quand créé, I, 21. Sa fonction, 74. Il est perpétuel, 75. Comment élu, 78. Peut être Directeur ou Chancelier, *ibid.*

SEGUIER (*Pierre*) Chancelier & Garde des Sceaux de France, reçu à l'Académie,

DES MATIERES.

I, 202. Elu Protecteur, 172. L'Académie s'assemble chez lui, 88. Il assiste & préside souvent à l'Académie, 92. Ne veut point être traité de Monseigneur, 93. Laisse à l'Académie la liberté d'élire, 208. Demande une place pour M. de Coislin, 210.

Comment il reçoit la Reine de Suède, lorsqu'elle assiste à une assemblée de l'Académie, II, 14. Sa mort, 21.

SERISAY (*Jâques de*) l'un des premiers Académiciens, s'oppose à l'érection de l'Académie; pourquoi, I, 16. Est le premier Directeur de l'Académie, 21. Et il l'est quatre ans de suite, 76. Chargé de revoir l'ouvrage de l'Académie sur le Cid, 117. Chargé de faire l'épitaphe du Cardinal, 171. Sa patrie, &c. 324.

SERVIEN (*Abel*) reçu à l'Académie, I, 197. Sa patrie, &c. Ses ouvrages, 413.

SILHON (*Jean*) l'un des premiers Académiciens, I, 197. Propose un plan de Dictionnaire, 136. Sa patrie, &c. 336. Ses ouvrages, 414.

SIRMOND (*Jean*) l'un des premiers Académiciens, I, 197. Fait un mémoire sur les Statuts, 37. N'est pas suivi en un point, *ibid.* Nommé pour revoir l'ouvrage de l'Académie sur le Cid, 117. Le Cardinal n'est pas content de son style, 119. Son éloge, 279. Ses ouvrages, 415.

Sirmond (le P.) Conseil qu'il donne à M. Huet, II, 141. Son éloge, 375.

Spar (M. le Baron) est admis à saluer l'Académie, I, 194.

Statuts de l'Académie, digérez par M. Conrart, I, 38. Le Roi permet au Cardinal de les autoriſer, 42. Ils contiennent cinquante articles, 73. Quelques-uns des principaux, *ibid.* Quand un Académicien eſt reçu, on lui en fait lecture, I, 80.

Statuts de l'Académie *degl' Intronati*, I, 72.

T.

Tailles (l'exemption des) Pourquoi ne fut pas demandée pour les Académiciens, I, 45.

TALLEMANT (*François*) reçu à l'Académie, I, 211. Sa patrie, &c. 366. Ses ouvrages, 436.

TALLEMANT (*Paul*) publie des remarques de l'Académie ſur la Langue, II, 67. Fait l'éloge de M. Colbert, 204. Sa Vie de Benſerade, citée, 251.

Taſſe : Jugement de Deſpréaux ſur la Jéruſalem du Taſſe, II, 266.

Tillemont (M. *de*) auteur des notes qui ſont dans les Traductions de M. du Bois, II, 303.

TOURREIL (*Jâques de*) traverſe l'élection de l'Abbé de Chaulieu, II, 40. Jugement de Racine & de Deſpréaux ſur ſon ſtyle, 124.

TRISTAN (*François*) L'HERMITE, reçu à l'Académie, I, 209. Sa patrie, &c. 355. Ses ouvrages, 417.

Prend ſoin de former Quinault au Théatre, II, 243.

V.

VALINCOUR (M. *de*) Sa lettre fur Racine, II, 347.

VAUGELAS (*Claude Favre de*) reçu à l'Académie, I, 199. Tiroit des décisions de l'Académie plusieurs de ses Remarques, 69. Offre ses Remarques à l'Académie, qui les accepte, 131. Division de ses Remarques, *ibid.* Est proposé lui second au Cardinal pour travailler plus particulièrement au Dictionnaire, 139. On lui rétablit sa pension à ce sujet, 140. Sa mort nuit beaucoup au travail du Dictionnaire, 143. Ses mémoires saisis par ses créanciers: l'Académie plaide pour les ravoir, *ibid.* Son éloge, 186. Ses ouvrages, 418.

Observations de l'Académie sur ses Remarques, II, 67. Combien il estimoit M. Patru, 177.

VAYER. Voyez MOTHE.

VILLAYER (*Jean-Jâques Renouard de*) Sa réception à l'Académie, II, 250.

Viviani (*Vicenzo*) l'un des gratifiez par le Roi, II, 153.

VOITURE) *Vincent*) reçu à l'Académie, I, 199. Occasion de sa lettre sur *Car*, 70. Ses vers au sujet de *Muscardins*, 156. Son éloge, 268. Ses ouvrages, 419.

Parallèle de Balzac, & de Voiture, II, 82. Son Sonnet à Uranie, 257.

Vossius) *Isaac*) l'un des gratifiez par le Roi, II, 153.

Urfé (M. d') Son éloge par le P. Bou-

TABLE DES MATIERES.

hours, II, 172. Combien estimé par M. de la Fontaine, 325.

Vvagenseilius (*Jean-Christophle*) l'un des gratifiez par le Roi, II, 153.

Y.

Yveteaux (M. *des*) Précepteur de Louis XIII, II, 191.

F I N.

PRIVILEGE DU ROI.

LOUIS par la grace de Dieu, Roi de France & de Navarre : A nos amez & féaux Conseillers, les Gens tenans nos Cours de Parlement, Maîtres des Requêtes ordinaires de notre Hôtel, Grand-Conseil, Prevôt de Paris, Baillifs, Sénéchaux, leurs Lieutenans Civils, & autres nos Justiciers qu'il appartiendra, SALUT. L'Académie Françoise, dont à l'exemple du Roi Louis XIV. notre Prédécesseur & très-honoré Bisayeul, nous avons bien voulu nous déclarer le Chef & le Protecteur, nous ayant fait représenter qu'elle continue de donner tous ses soins à la perfection de la Langue Françoise; ensorte que non seulement elle a revû & augmenté son Dictionnaire, pour en donner une nouvelle Edition, mais qu'elle a fait aussi diverses observations sur la Langue, & travaillé à plusieurs Ouvrages de même nature, qu'elle desireroit faire imprimer, s'il nous plaisoit de lui accorder nos Lettres de Privilége, tant pour la réimpression de son Dictionnaire, que pour l'impression des autres Ouvrages qu'elle a entrepris;

offrant pour cet effet de les faire imprimer & réimprimer en bon papier & beaux caractères, suivant la feuille imprimée & attachée pour modèle sous le contrescel des Présentes A CES CAUSES, Voulant favorablement traiter ladite Académie, tant en considération du mérite & de la capacité des personnes qui la composent, qu'à cause de l'avantage que le Public peut retirer des Ouvrages ausquels elle s'applique, Nous avons permis & permettons par ces Présentes à ladite Compagnie de faire imprimer, vendre & débiter en tous les lieux de notre obéissance, par tel Imprimeur qu'elle voudra choisir, & autant de fois que bon lui semblera, son Dictionnaire revû & augmenté, & tous les autres Ouvrages qu'elle aura faits, & qu'elle voudra faire paroître en son nom; en un ou plusieurs Volumes, conjointement ou séparément, sur papier & caractères conformes à ladite feuille imprimée & attachée pour modèle sous notredit contrescel; & ce, pendant le temps & espace de vingt années consécutives, à compter du jour de la date des Présentes: Faisons très-expresses défenses à tous Imprimeurs, Libraires, & à toutes sortes de personnes, de quelque qualité & condition que ce soit, d'imprimer ou de faire imprimer en tout ni en partie aucun des Ouvrages de ladite Académie, ni d'en introduire, vendre ou débiter d'impression étrangère dans notre Royaume, sans le consentement par écrit de ladite Académie, ou de ceux qui auront son droit, à peine contre chacun des contrevenans, de trois mille livres d'amende, applicable un tiers à Nous, un tiers à l'Hôtel-Dieu de Paris, & l'autre tiers à ladite Académie, ou aux Libraires dont elle se sera servie; & à peine aussi de confiscation des Exemplaires, & de tous dépens, dommages & intérêts; à condition néanmoins que dans trois mois, à compter de ce jour, ces Présentes seront enregistrées tout au long sur le Régistre de la Communauté des Imprimeurs & Libraires de Paris: Que l'impression de chacun desdits Ouvrages de l'Académie sera faite dans notre Royaume, & non ailleurs: & qu'elle se conformera, ou ceux qui auront droit d'elle, en tout aux Reglemens de la Librairie, & notamment à celui du dixième Avril mil sept cent vingt-cinq; & qu'avant que de les expofer en vente, il en fera mis deux Exemplaires de chacun dans notre Bibliothéque publique, un dans celle de notre Château du Louvre, & un dans celle de notre très-cher & féal Chevalier Garde des Sceaux de France le Sieur CHAUVELIN ; le tout à peine de nullité des Préfentes. Du contenu defquelles vous mandons & enjoignons de faire jouïr pleinement & paifiblement ladite Académie, ou ceux qui auront droit d'elle ; fans fouffrir qu'il leur foit fait aucun trouble ou empêchement : Voulons que la copie defdites Préfentes, qui fera imprimée tout au long, au commencement ou à la fin de chacun defdits Ouvrages, foit tenue pour duement fignifiée, & qu'aux copies collationnées par l'un de nos amez & féaux Confeillers & Secrétaires, foi foit ajoûtée comme à l'Original : Commandons au premier notre Huiffier ou Sergent, de faire pour l'exécution d'icelles tous actes requis & néceffaires, fans demander autre permiffion, & nonobftant Clameur de Haro, Charte Normande, & Lettres à ce contraires : Car tel eft notre plaifir. DONNÉ à Paris le treizième jour du mois de Février, l'an de grace mil fept cent vingt-huit, & de notre Règne le treizième. Par le Roi en fon Confeil. SAINSON.

Regiftré, enfemble la Ceffion, fur le Regiftre VII. de la Chambre Royale des Libraires & Imprimeurs de Paris N°. 104. Fol. 93. conformément aux anciens Réglemens, confirmez par celui du 28. Février 1723. A Paris le 7. Avril 1728.

BRUNET, Syndic.

www.ingramcontent.com/pod-product-compliance
Lightning Source LLC
Chambersburg PA
CBHW051826230426
43671CB00008B/846